Burgenführer Brandenburg

Holde Frauen,
finstere Ritter,
verwunschene Schätze

Aufgezeichnet von
Jo Lüdemann

Trescher
Reihe Berlin-Brandenburg

1. Auflage 2001

Reinhardtstr. 9
10117 Berlin
www.trescherverlag.de
post@trescherverlag.de

ISBN 3-89794-006-X

Reihenentwurf: Robert Schumann
Satz und Bildbearbeitung:
Martina Sailer
Lektorat: Hinnerk Dreppenstedt
Umschlagkarte: Bernd Schwenkros
Fotonachweis: Bildnachweis: Jo Lüdemann, außer: Titel, S. 28, 29, 44, 47, 51, 52, 57, 58, 67, 69, 83, 89, 90, 100, 127, 133, 134, 145, 153, 162, 169, 181, 182, 193, 205, 206, 231, 244, 245, 264, 265, 266, 267 (Wolfgang Korall); S. 155, 163, 164, 190, 194 (Archiv Torsten Foelsch); S. 95 (Amt Drebkau); S. 149, 150 (Hotel Teupitz), S. 223, 224 (Jürgen Kontzke); S. 235 (Ulrich A. Rödiger).

Gedruckt auf chlorfrei gebleichtem Papier.
Printed in Germany.

Einführung 5
Brandenburg – Die Burg 13

Burgen im Barnim 17
Biesenthal 18
Grimnitz 22
Oranienburg (Bötzow) 26
Burg Werbellin und Askanierturm 32

Burgen im Fläming 37
Bärwalde – die Burg bei Wiepersdorf 38
Eisenhardt (Belzig) 42
Burg Rabenstein 50
Schloß Wiesenburg 55
Burg Ziesar 61

Burgen im Havelland 67
Friesack 68
Liebenwalde 73
Plaue 76

Burgen in der Niederlausitz 83
Bad Liebenwerda 84
Bornsdorf 87
Doberlug-Kirchhain 89
Drebkau 94
Finsterwalde 96
Fürstlich Drehna 99
Großkmehlen 102
Groß Leuthen 106
Lübben 109
Lübbenau 116
Mühlberg 123

Burgen im Oder-Spree-Dahme-Land 127
Beeskow 128
Friedland 132
Königs Wusterhausen 137
Lietzen 141

Storkow 144
Teupitz 148

Burgen in der Prignitz 153
Eldenburg 154
Freyenstein 160
Goldbeck 166
Kletzke 169
Lenzen 172
Meyenburg 179
Neuhausen 184
Perleberg 189
Die Plattenburg 192
Putlitz 196
Wittenberge 200
Wittstock 203

Burgen im Ruppiner Land 209
Festes Haus Badingen 210
Garz 213
Alt-Ruppin – die Planenburg 216

Burgen in der Uckermark 221
Boitzenburg 222
Gerswalde 226
Greiffenberg 231
Der Bergfried in Stolpe 233
Vierraden 237
Wolfshagen 241
Zichow 243

Special 247
Drense 248
Hakeburg in Kleinmachnow 251
Vehlefanz 256
Wildberg 261

Der Autor 264
Weiterführende Literatur 265
Register 268

Einführung – Das Burgenland Brandenburg

Burgen sind beliebte Ziele von Ausflüglern, sie werden gern als Kulisse für Volksfeste oder Fernsehsendungen genutzt, zahlreiche Städte und Institutionen schmücken sich mit einer Burg im Wappen. Diese Hinwendung begann bereits im Zeitalter der Romantik, als man das Mittelalter wieder entdeckte, und durch sie ist bis heute unsere Vorstellung von Burg und Rittertum bestimmt. Unser Bild vom mittelalterlichen Leben ist von farbenfrohen Turnieren, adligen Burgfrauen und Minnesängern geprägt, und sicherlich beeinflußt von den zahlreichen Märchen, Legenden und Sagen, die sich um die Burgen und ihre Bewohner ranken.

Das zeigt, daß die tatsächlichen und vermeintlichen Geschehnisse immer schon die Phantasie der Menschen angeregt haben, und nicht selten hat man den Alltag verklärt, und die Beschreibungen der höfischen Feste, etwa aus den mittelalterlichen großen Epen, generalisiert.

Der Alltag abseits der gesellschaftlichen Höhepunkte war jedoch wenig glanzvoll, er war vor allem unbequem und trist. Hinter den Burgmauern war es eng, kalt, zugig und unhygienisch. Die Notdurft etwa verrichtete man, über die Burgmauer hinweg, in Aborterkern, die in luftiger Höhe angebracht wurden und nur über lange Gänge und Treppen zu erreichen waren. Fensterverglasungen gab es kaum, auch im 13. Jahrhundert wurden die großen Burgenfenster meistens noch mit Holzläden geschlossen. Zwar wird in den Dichtungen zuweilen von Glasfenstern gesprochen – »an der Wand hatte die Kemenate viele Fenster, davor Glas«, heißt es im Parzival des Wolfram von Eschenbach –, dort werden aber eher die Wünsche und Träume des höfischen Publikums thematisiert als die Realität.

Auffällig ist auch, daß Chronisten nur wenige Möbel erwähnen und nur selten Feuerstellen. Tatsächlich konnten die meisten Räume nicht beheizt werden, und außer einigen Tischen, Bänken, Truhen und Laden bestand das Mobiliar hauptsächlich aus Betten. Die Festsäle waren farbenfroh eingerichtet, die Wände mit Bildern bemalt oder mit Teppichen behängt. Da die Stoffe aber empfindlich waren, ist davon fast nichts erhalten. Es ist also schwierig, sich heute ein einigermaßen realitätsnahes Bild vom dem Leben auf der Burg und von ihrer Einrichtung zu machen – ebenso wie von ihrer ursprünglichen äußeren Gestalt.

Burgen enstanden aus sehr unterschiedlichen Gründen und zu unterschiedlichen Zeiten, und sie waren und sind hinsichtlich Größe, Funktion und äußerer Gestalt sehr verschieden. In ihrer Gesamtheit spiegeln sie auch die Entwicklung eines Landes oder einer Region wieder, allerdings ist ihre Geschichte für den Laien auf den ersten Blick zumeist nicht erkennbar.

Das Gebiet des heutigen Landes Brandenburg war bereits seit der Steinzeit besiedelt, entvölkerte sich aber in den Wirren der Völkerwanderungszeit. In den darauf folgenden Jahrhunderten siedelten sich hier slawische Stämme an, die aus dem Osten zugewandert waren. Die Elbe bildete etwa die Grenze zwischen ihnen und den Germanen, die westlich von ihnen siedelten. Noch im 11. Jahrhundert wurde der Strom als Völkerscheide bezeichnet.

Bereits Karl der Große unternahm – allerdings erfolglose – Anstregungen, die östlich der Elbe gelegenen Gebiete seinem Reich anzugliedern. 928/29 fand unter dem deutschen König Heinrich I. ein erster großer Feldzug nach Osten statt, sein

Mittelalterfeste finden viele Besucher

Sohn gründete das Bistum Brandenburg (Havel). Diese Eroberungen waren allerdings nicht dauerhaft, durch einen Aufstand der Slawen 983 gingen die kurz zuvor gewonnenen Gebiete wieder verloren.

Erst nach 1134 kam es zu einer dauerhaften Eroberung der elbslawischen Gebiete. Der Askanier Albrecht der Bär (um 1100–1170) begründete hier eine deutsche Herrschaft, seine Nachfolger festigten sie. Sie schufen die Grundlagen für einen flächendeckenden Territorialstaat, der von der westelbischen Altmark bis zur Neumark östlich der Oder reichte. Sein Name: Mark Brandenburg.

Zur Sicherung und Verwaltung dieses Gebietes wurde das Burgensystem erneuert und ausgebaut. Die Burgen waren die Zentren der adligen Macht, und vor allem Symbol ihrer Stärke und ihrer Herrschaft über das jeweilige Gebiet. Das läßt sich auch daran ablesen, daß sich Adlige seit dem 11. Jahrhundert nach ihrer Burg nannten. Auch ganze Grafschaften wurden vielfach nach einer Burg benannt. Als im 12. Jahrhundert das Lehnswesen zu einer immer stärkeren Zersplitterung der Herrschaftsgebiete führte, bildeten die Burgen immer mehr die Verwaltungsspitze der größeren und kleineren Herren, zu denen die Güter, ursprünglich die Basis ihrer Herrschaft, nun als Zubehör (pertinentia, appendicia) gehörten. In dieser Zeit bildeten sich deutlich voneinander verschiedene Burgenlandschaften aus. Die anfänglichen Holz-Erde-Befestigungen, die aus verstärkten Erdwällen, Plankenwänden oder Palisaden bestanden, von einem oder mehreren Gräben umgeben waren und teilweise in slawischer Zeit angelegt worden waren, wichen nun Steinbauten.

Nicht alle Orte, in denen in dieser Zeit Bauten entstanden, waren also Neugründungen; manche gingen auch auf vorhandene slawische Anlagen zurück.

Tiefe Gräben, mehrgeschossige Türme und hohe Mauern, Zinnen und Befestigungen bestimmten das Erscheinungsbild der Burg, der Turm wurde zum zentralen Bauwerk einer Burganlage. Ihr militärischer Charakter ist offensichtlich; Burgen dienten der Verteidigung und stellten gleichzeitig eine Bedrohung dar. Kriegerische Auseinandersetzungen wurden im 12. und 13. Jahrhundert fast ausschließlich um Burgen und Städte geführt. Manche Burgen galten als uneinnehmbar, aber kaum eine Burg hat einer ernsthaften Belagerung länger standgehalten.

Im Zusammenhang mit den Kreuzzügen überschritten die Kreuzfahrer 1147 mit zwei Heeren die Elbe. Militärisch gesehen war der Fedzug nicht eben erfolgreich, lediglich die Missionierungsbemühungen waren von einigem Erfolg gekrönt. Aber im Zuge dieser Operationen hatten sich große und kleine Adlige im Grenzgebiet festgesetzt oder hatten zumindest die Aussicht, in slawischen Gebieten eigene Herrschaften zu begründen. Die bekanntesten unter ihnen sind sicherlich die Edlen Gans im Norden der Prignitz, die Edlen von Plotho und von Jerichow in Kyritz, Wusterhausen und Friesack und die Edlen von Arnstein im Land Ruppin. Sie spielten in der Folgezeit eine wichtige Rolle, ihre Namen sind in Brandenburg auch heute noch geläufig, in den Zentren ihrer Herrschaft allemal – häufig mit einem romantisierenden Beiklang.

Dennoch gilt erst der 11. Juni 1157 als die Geburtsstunde der Mark Brandenburg. Der Slawenfürst Jaxa hatte zwar Brandenburg an der Havel erobert, war aber von Albrecht dem Bären kurz darauf vertrieben worden. Damit war das Gebiet dauerhaft unter Albrechts Machtbereich gekommen, ein vordem nicht vorhandenes neues Landesfürstentum entstanden. Albrecht der Bär und sein ältester Sohn Otto nahmen unmittelbar darauf den Titel ›Brandenburger Markgraf‹ an und ließen sich Siegel mit diesem Titel stechen.

In den folgenden Jahren dehnten die Askanier ihren Machtbereich weiter nach Osten aus. Im frühen 13. Jahrhundert kamen die Landschaften Barnim und Teltow zur Mark, 1231 erlangten die Brüder Johann I. und Otto III. auch von Kaiser Frie-

Siegel der brandenburgischen Markgrafen Johann I. und Otto III.

drich II. die Lehenshoheit über das Herzogtum Pommern.

Zu diesem Zeitpunkt hatte sich die Bevölkerung in knapp 100 Jahren vervierfacht. Seit Mitte des 12. Jahrhunderts waren deutsche Siedler im Rahmen der sogenannten Ostkolonisation in die dünnbesiedelte Gegend zwischen Oder und Elbe gekommen: vorwiegend Sachsen, Schwaben und Westfalen, aber auch Thüringer, Friesen, Holländer und Flamen. Sie sicherten die Landnahme der Markgrafen ab. Durch die gezielte Förderung von Wirtschafts- und Handelsorten, die planmäßige Gründung von Märkten und den Ausbau von Handelswegen wurde die Mark belebt. Dennoch waren die folgenden Jahrhunderte keine nur friedlichen Zeiten. Immer wieder gab es Grenzstreitigkeiten, und im 14. Jahrhundert gingen beträchtliche Teile der Mark wieder an Mecklenburg, Pommern und den deutschen Ordensstaat verloren.

Auch im Innern waren die Machtverhältnisse ständigen Veränderungen unterworfen. Zwar setzten sich die Askanier allmählich als unumstrittene Fürsten durch, doch das späte Mittelalter war auch die Zeit der kleinen Territorialherrscher, von denen heute vor allem die bekannt sind und unser Interesse wecken, die unter dem Begriff Raubritter firmieren. Denn zum einen empfinden wir ihre Geschichte und Geschichten als spannend, geradezu abenteuerlich, zum anderen ist ihre Familienhistorie vergleichsweise gut dokumentiert.

Nicht nur weltliche Herrscher mit unterschiedlichen Titeln und unterschiedlich großen Machtbereichen haben den Bau von Burgen veranlaßt oder vorangetrieben. Seit Mitte des 12. Jahrhunderts wurden eine Reihe von Klöstern in der Mark gegründet. Zisterzienser, Benediktaner, Franziskaner und Dominikaner kamen ins Land und suchten ihre neuen Standorte, zu denen mitunter ausgedehnte Ländereien gehörten, auch zu sichern. Der Bau heute noch erhaltener fester Anlagen geht auch auf ihre Tätigkeit zurück, galten doch die Bischöfe als bedeutende Bauherren brandenburgischer Burgen. Anfänglich in den Zentren der Hochstifte in stark befestigten Anlagen residierend – Brandenburg, Havelberg, Lebus im heutigen Polen –, errichteten sie in diesem Bereich befestigte Wohnsitze bzw -bauten.

Die meisten Burgen wurden bis zum 14. Jahrundert errichtet, seitdem gab es praktisch keine Neugründungen mehr. Bedeutende Neubauten wie das Berliner Stadtschloß der Hohenzollern, dessen Grundlage 1443–48 gelegt wurde, waren bereits eine Besonderheit. Die Erweiterung der Burgen als befestigte Wohnsitze war in der Mark um 1525 abgeschlossen. Als das wohl letzte Beispiel wird der umfangreiche Ausbau der Burg Beeskow 1519–24 durch den Bischof von Lebus angesehen.

Bereits zu dieser Zeit war die Anzahl von Burgenanlagen wieder zurückgegangen. Burgen, die keine militäriche Bedeutung mehr besaßen, wurden teilweise im 13. Jahrhundert wieder aufgegeben, vor allem Anlagen im Kernbereich der Mark. Zudem festigten die Markgrafen – nunmehr waren es nach des Askaniern, Wittelsbachern und Luxemburgern die Hohenzollern – im 15. Jahrhundert allmählich ihre Herrschaft und unterwarfen die Territorialherrscher, also auch die sogenannten Raubritter. Das Raubrittertum hatte sich zuvor durch die wirtschaftlichen Krisen, die insbesondere von den Pestwellen verursacht worden waren, stark ausgebreitet. Hinzu kam das Machtvakuum, das durch die schwachen Markgrafen entstanden war und die kleineren Herrscher stärkte. Erst als Burggraf Friedrich von Nürnberg – der spätere Friedrich I. – 1414 seine Herrschaft antrat, wurde das Raubrittertum in seine Schranken gewiesen. Nicht wenige Anlagen wurden dabei belagert, zerstört oder nach ihrer Eroberung geschliffen.

Eine einzigartige Momentaufnahme von der Anzahl, Funktion und Größe der Burgen finden wir in dem Landbuch Karls IV. von 1375. Ihm war daran gelegen, schriftliche Grundlagen für die Verwaltung und das Finanzwesen zu legen. So ließ er Brandenburg in sein Landbuch aufnehmen, in dem man sehr genau die der Landesherrschaft verbliebenen Rechte und Einkünfte sowie den jeweils tatsächlichen

Die Belehnung Kurfürst Friedrichs I. mit der Mark Brandenburg 1417

Besitzstand festhielt. Das Landbuch der Mark Brandenburg stellt die umfassendste Aufnahme der Herrschafts-, Besitz- und Abgabenverhältnisse eines Territorialstaates im 14. Jahrhundert dar. Eine Reihe von Dörfen, Städten und auch Burgen in Brandenburg sind zweifellos älteren Datums, aber viele von ihnen werden in diesem Buch erstmals urkundlich erwähnt. Für die heutige Kenntnis über die Herrschafts- und Besitzverhältnisss des späten Mittelalters ist dies die wichtigste Quelle.

Für die Folgezeit läßt sich die Entwicklung der Burgen kaum auf einen gemeinsamen Nenner bringen. Besitzer und Bewohner sowie die jeweilige Nutzung wechselten, zum Teil häufig, vielersorts wurden An-, Um- und Erweiterungsbauten vorgenommen und die Anlagen ganz oder teilweise dem jeweiligen Geschmack der Zeit angepaßt, einige Burgen verfielen.

Als Zäsuren, die die Mark insgesamt betreffen, lassen sich jedoch einzelne Daten und Phasen nennen. Es ist dies vor allem der Dreißigjährige Krieg, der die Mark an manchen Stellen geradezu entvölkert hinterließ. In dieser Zeit zogen Heere der verschiedenen kriegführenden Parteien durch das Land; Dörfer, Städte und ganze Landstriche wurden verwüstet, Burgen belagert, erobert und zerstört.

Im Ergebnis des Wiener Kongresses fielen 1815 einige Gebiete Sachsens an Preußen – Teile des Fläming und der Lausitz –, die auch heute noch zum Bundesland Brandenburg gehören.

Am Ende des Zweiten Weltkriegs wurden einige Anlagen durch Kriegshandlungen in Mitleidenschaft gezogen, unmittelbar danach in vielen Orten die Privatbesitzer enteignet oder vertrieben. Nach 1945 führte man viele Burgen einer neuen Nutzung zu, die zumeist nicht mit den Grundsätzen der Erhaltung oder der Denkmalpflege in Einklang zu bringen waren. So gab man viele historisch wertvolle Bauwerke dem Verfall preis. Nach der Wende 1989/90 änderten sich die Verhältnisse erneut, ohne daß auch hier die Entwicklung auf eine einfache Formel zu bringen wäre.

Dies alles führt dazu, daß die Burgen in Brandenburg, auch wenn ihre Gründung oftmals auf das 12. und 13. Jahrhundert zurückgeht, sich in ihrer äußeren Gestalt, ihrer Größe und in ihrem baulichen Zustand deutlich voneinander unterscheiden – so sie noch existieren.

Denn die Mark Brandenburg wird, im Gegensatz zu anderen deutschen Landschaften, kaum noch durch mittelalterliche Burgen geprägt. Vergleicht man ihre heutige Anzahl mit der wahrscheinlichen Anzahl des späten Mittelalters, die sich aus schriftlichen Quellen, historischem Kartenmaterial sowie archäologischen Grabungsergebnissen rekonstruieren läßt, muß man konstatieren, daß von dem ehemals relativ dichten Netz nurmehr wenige steinerne Reste erhalten sind.

Manche Burgen sind mit öffentlichen Einrichtungen wie Museum, Bibliothek oder Stadtverwaltung das lebendige Zentrum einer Stadt, andere dämmern als

Ruine dahin und warten auf bessere Zeiten, wieder andere wurden oder werden gerade renoviert oder neuen Nutzungen zugeführt. Viele Anlagen sind in öffentlicher Hand, manche in Privatbesitz oder von gemeinnützigen Vereinen verwaltet, bei manchen ist die Eigentumsfrage noch nicht entschieden oder ändert sich gerade – aber davon allein hängt es nicht ab, ob sie allgemein zugänglich sind oder nicht.

Einige sind das Ziel tausender Besucher im Jahr, andere liegen weitab der klassischen touristischen Routen, und nur, wer nach ihnen sucht, wird auch zu ihnen gelangen. Ihre Verteilung über das Land ist nicht gleichmäßig: Im Zentrum der Mark finden sich relativ wenige Anlagen, an der Peripherie deutlich mehr, mit deutlichen regionalen Schwerpunkten wie etwa in der Prignitz.

Mit dem Burgenführer Brandenburg wird zum ersten Mal der Versuch unternommen, eine Gesamtschau der noch vorhandenen brandenburgischen Burgen mit ihrer Geschichte und Gegenwart vorzulegen. In diesem Buch werden sowohl die gut erhaltenen wie auch die ruinösen Anlagen behandelt, die überregional bekannten wie auch die, die nur Spezialisten geläufig sind. Die Entwicklung jeder Anlage wird beschrieben, die Gründe für ihre Entstehung und die folgenden Zäsuren, die Besitzer und Nutzungen, Um- und Anbauten, Verfall und Neubeginn – bis hin zur unmittelbaren Gegenwart. Diese Beschreibungen sind eingebunden in die lokalen Ereignisse und die großen Zeitläufte.

Neben Beschreibungen zur äußeren Gestalt treten die Erläuterungen dessen, was von außen nicht unmittelbar einsichtig ist. Natürlich werden die Besitzer erwähnt, aber auch andere andere bedeutende Personen wie etwa Literaten oder Baumeister. Eingebunden werden neben historischen Berichten und Stichen auch Sagen und Märchen, die in ganz besonderer Weise die Geschichte einzelner Regionen und ihrer bedeutenden Vertreter beleuchten.

Mitunter ist mehr an Phantasievollem denn an Gesichertem überliefert. In manchen Fällen ist die Aktenlage dünn, können Deutungen und Vermutungen nicht zweifelsfrei belegt werden. Die Geschichte der Anlagen ist unterschiedlich gut dokumentiert und in Archiven oder Ortschroniken greifbar. Das Buch beschreibt die Burgen, über die ein Mindestmaß an Informationen recherchiert werden konnte. Spekulationen werden als solche ausgewiesen, unterschiedliche Interpretationen und Forschungsansätze skizziert und bewertet.

Die Beschreibung der Burgen verzichtet weitgehend auf Fachvokabular. Dort wo es gebraucht wird, ist es erläutert. Generationen von Historikern haben sich bemüht, die Vielzahl der Formen zu gliedern und Gattungsbegriffe zu etablieren, Kriterien zur Unterscheidbarkeit und Zusammenfassung zu Gruppen zu finden. Man kann Burganlagen nach Zahl, Art und Stand der Benutzer unterscheiden und benennt sie dann etwa als Volksburgen, Herrenburgen, Klosterburgen oder Ordensburgen. Auch eine Einteilung nach topographischen Kriterien ist geläufig, durch die man die Burgen beispielsweise als Höhenburgen, Talburgen, Gipfelburgen,

Stadtburgen, Wasserburgen oder Inselburgen voneinander unterscheidet. Einen weiteren Ansatz bietet die Klassifizierung nach architektonischen Gesichtspunkten, nach der man zu Bezeichnungen wie Turmburg, Hofburg oder Hausrandburg gelangt. Ferner kann man sie nach ihrer jeweiligen Aufgabe in Zwingburg, Paßburg oder Klause, Straßenwarte, Zollburg oder Grenzburg unterscheiden.

Es liegt auf der Hand, daß die Zuordnung einer Burg zu nur einem Typ selten möglich und eine Bennenung nach allen anerkannten Klassifizierungsansätzen kaum einmal sinnvoll ist, da sich oftmals Besitzverhältnisse und Nutzungen veränderten und Umbauten vorgenommen wurden. Im Burgenführer Brandenburg wird daher keine lexikalische Vollständigkeit angestrebt, Fachtermini werden nur dann verwendet, wenn sich mit ihnen die Besonderheiten der jeweiligen Anlage präzise zusammenfassen lassen.

Der Band wendet sich an Burgenliebhaber, an Touristen wie an Spezialisten gleichermaßen. Wer Lust hat, sich tiefer mit der Materie zu beschäftigen, sei auf das Literaturverzeichnis verweisen und auf die Adressen der Fördervereine oder der anderen Informationstellen, die am Ende eines jeden Kapitels immer dann zu finden sind, wenn es Einrichtungen gibt, die weiterhelfen können.

Das Buch folgt in seiner Gliederung der Einteilung des Landes in seine bekannten Regionen. Nur das letzte Kapitel weicht von dieser Gliederung ab: Dort werden die Burgreste vorgestellt, die heute nur noch an Erdaufschüttungen oder Ähnlichem erkennbar sind und daher Sonderfälle darstellen, die lediglich für Spezialisten von Interesse sein dürften.

All dies vorzustellen und die Bedeutung der Burgen für die Geschichte und die Gegenwart Brandenburgs, für seine Wurzeln und seine Identität deutlich zu machen, ist Anliegen des Burgenführers Brandenburg.

Jo Lüdemann

Danksagung

Neben den vielen Museen und ihren Mitarbeitern, zahlreichen weiteren Institutionen, Bibliothekaren und Heimatforschern möchte ich vor allem danken: Peter Feist, dem ich die ersten wesentlichen Anregungen verdanke; Heimo Schwilk, der als Berliner Redaktionsleiter der ›Welt am Sonntag‹ meine Buchidee in die entscheidende Richtung lenkte; dem Literaturagenten Thomas Karlauf, ohne dessen Hilfe es dieses Buch nie gegeben hätte.

Brandenburg – Die Burg

Es muß ein scharfer Ritt gewesen sein, den Albrecht der Bär im Jahr 1150 in kürzester Zeit zur Brennaburg galoppieren ließ. Der Grund war ebenso wichtig wie einsichtig: der Hevellerfürst Pribislaw – Heinrich – war gestorben und hatte Albrecht als Erben eingesetzt. Die Witwe Pribislaws, Petrissa, in der Ahnung, daß der slawische Fürst der Sprewanen, Jaxa von Köpenick, versuchen würde, das Erbe an sich reißen, hatte den Tod ihres Gatten solange verbergen können, bis der Graf von Ballenstedt und Aschersleben und Lehnsherr der Nordmark, der spätere Albrecht der Bär, die damalige Grenzburg erreichte und das Erbe antreten konnte.

Die Macht war allerdings nicht von Dauer. Bereits 1153 brachten die Heveller und die mit ihnen verbündeten polnischen Fürsten die Brennaburg wieder unter ihre Herrschaft, erst im Jahre 1157 gelang es dem Markgrafen Albrecht mit Unterstützung des Erzbischofs Wichmann von Magdeburg, die Burg zurückzugewinnen. Nun gingen Burg und Herrschaft endgültig in die Hand Albrechts des Bären über. Dieses Datum kann als Geburtsjahr des Landes Brandenburg angesehen werden.

Der jetzt wieder in Betrieb genommene Bischofssitz wurde das neue politische Zentrum der Mark. Nach dem Tode Albrechts (1170) erbte dessen Sohn, Otto I.,

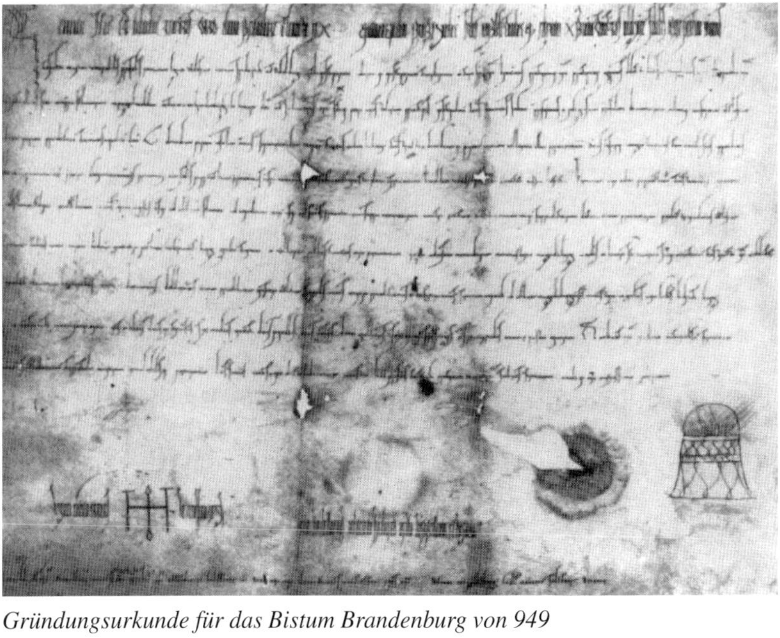

Gründungsurkunde für das Bistum Brandenburg von 949

einen Herrschaftsbereich, der deutlich kleiner war als das heute ›Mark Brandenburg‹ genannte Gebiet. Lediglich die Altmark, die Zauche, Teile des Havellandes und kleinere Landesteile der Prignitz gehören dazu, nicht aber so bedeutende Regionen wie das Bistum Havelberg und das Gebiet zwischen Potsdam und Spandau. Eine politische Größe wurden die Askanier erst im Jahr 1172, als Otto I. von König Friedrich I. (Barbarossa) den Markgrafentitel erhielt.

Die Historiker sehen dies freilich anders. Immer um die früheste Erwähnung bemüht, datiert die Geschichtsschreibung das Jahr 949 als Geburtsstunde von Brandenburg, als Kaiser Otto I. die Bistümer Brandenburg und Havelberg gründete. Im gleichen Jahr wurde die erste Kathedrale erbaut, die aber bereits 983 während des großen Slawenaufstandes zerstört wurde. Das Gebiet des heutigen Westbrandenburg kam dadurch, bis zum Sieg Albrechts des Bären über den Fürsten Jaxa von Köpenick über 100 Jahre später, wieder unter slawische Vorherrschaft.

Dennoch kann die Dominsel als der wohl wichtigste historische Ort Brandenburgs angesehen werden, als die Keimzelle späterer märkischer Geschichte. Auf

Von oben ist die Insellage des Doms gut zu erkennen

Betreiben Kaiser Friedrich Barbarossas wurde am 11. Oktober 1165 der Grundstein zum Brandenburger Dom gelegt. Als Mutter aller Kirchen in Brandenburg und Berlin – die erste urkundliche Erwähnung der heutigen Hauptstadt befindet sich ebenfalls im Domarchiv – gehört der Dom St. Peter und Paul zu den bedeutendsten Denkmälern des Landes.

Auch wenn der 1454–59 vorgenommene spätgotische Ausbau das äußere Erscheinungsbild der dreischiffigen Backsteinbasilika bestimmt, ist im Kern noch immer die Substanz der romanischen Bauphasen zu erkennen. Bemerkenswert ist darüber hinaus nicht nur die nach Rang und Zahl in der Mark einzigartige Ausstattung des Doms, sondern auch die ungewöhnlich gut erhaltene Einbeziehung der Kirche in ein ›geistliches Viertel‹ mit Domklausur, Kurien und Nebengebäuden, die zusammen die Dominsel bilden.

Bereits 1827 attestierte allerdings Preußens großer Baumeister Karl Friedrich Schinkel in einem denkmalpflegerischen Gutachten, daß der Dom weitere 100 Jahre nicht überleben würde. Die von Schinkel veranlaßten Stabilisierungen und die Restaurierungsarbeiten in den 60er Jahren des 20. Jahrhunderts hielten den Verfall zwar auf, stoppen konnten sie ihn aber nicht. Im Februar 1995 wurde daher der Förderverein ›Dom zu Brandenburg‹ ins Leben gerufen. Seine Aufgabe war vor allem, Mittel in Höhe von 80 Millionen Mark zusammenzubringen, um die Dominsel auf Dauer zu retten und die schinkelsche Prognose zu widerlegen. Quer durch die Parteienlandschaft, in der Region und in ganz Deutschland fanden sich schließlich über 300 Förderer. Unter ihnen der Ministerpräsident des Landes Brandenburg, Manfred Stolpe, und Altbischof Albrecht Schönherr, aber auch Loriot (als Vicco von Bülow in der Stadt geboren), Alt-Bundespräsident Richard von Weizsäcker und Otto Graf von Lambsdorff. Letzteren verbinden Kindheitserinnerungen mit der Dominsel: Von 1941 bis 1944 war Lambsdorff Zögling der hiesigen Ritterakademie, die 1706 als Ausbildungsstätte für die Söhne des märkischen Adels gegründet wurde, die später in den Staatsdienst eintreten sollten.

Als im Sommer 1997 der Dom für die Öffentlichkeit gesperrt werden mußte, hatte der Verein die notwendigsten Mittel zusammen. Die Mauern wurden stabilisiert, neue Fundamente für die metertief in den märkischen Boden reichende Pfeiler gegossen und die wegen Einsturzgefahr ausgebaute Wagner-Orgel von 1725 restauriert. Nach über einem Jahr der Sanierung wurde der Dom am 24. August 1998 mit einem Gottesdienst wieder eingeweiht. Zwar sind, wie die Außengerüste im Hof anzeigen, weder Dom noch Dominsel vollständig instand gesetzt, der Dom kann aber ohne Gefahr für Leib und Leben wieder betreten werden, und die landes- und kirchengeschichtliche Ausstellung im Dommuseum ist allemal sehenswert.

Chronologie

949
Gründung des Bistums Brandenburg.
1150
Nach dem Tod des Slawenherrschers Heinrich Pribislaw gelangt Brandenburg unter die Herrschaft Albrechts des Bären.
1153
Eroberung Brandenburgs durch die Heveller.
1157
Rückeroberung der Burg.
1165
Grundstein für den Dombau wird gelegt.
16. und 17. Jahrhundert
Ausschmückung des Innenraums, v. a. mit wertvollen Altären.
1998
Wiedereinweihung des Doms nach umfangreicher Renovierung.

Dommuseum, Mo bis So von 10 bis 19 Uhr, Führungen möglich.
Amt Schönewalde, Markt 48, 04916 Schönewalde, Tel. 03 53 62 / 2 81, Di 9 bis 12 und 13 bis 17.30 Uhr, Do 9 bis 12 und 13 bis 15.30 Uhr, Fr 9 bis 12.30 Uhr.
Hauptstr. 12, Tel. 03 53 63 / 2 61,

›Der Barbier von Brandenburg‹, Hauptstraße 21, 14470 Brandenburg/Havel, Tel. 0 33 81/22 98 54.
Restaurant Parduin im Sorat Hotel Brandenburg, Altstädter Markt 1, 14470 Brandenburg/Havel, Tel. 0 33 81/59 70.
Blaudruck Café, Steinstraße 21, 14470 Brandenburg/Havel, Tel. 0 33 81/22 57 34.

Burgen im Barnim

Biesenthal

In Biesenthal, wenige Minuten Bahnfahrt von Bernau entfernt, herrscht zumeist Stille. Burgtouristen suchen Wegweiser vergeblich, in der Bahnhofskneipe aber erhalten sie die Informationen. »Zwölf Kilometer. Immer geradeaus und dann beim Bäcker Franke rechts rin« lautet die Wegbeschreibung.

Man sollte sich nicht abschrecken lassen, denn in dieser Gegend werden die Entfernungen immer für den Hin- und Rückweg angegeben, schließlich spart das Zeit und berechnet den gesamten Aufwand. So schlendert man vorbei an halb verfallenen oder irgendwie unpassend herausgeputzten Villen und an Straßen, die dieser Idylle einen Namen geben: Ahornallee, Tannenweg, Steinstraße oder Kieferallee. Nach Stadtpark und Marktplatz – hier befindet sich die Stadtverwaltung und die Heimatstube, die nur donnerstags für zwei Stunden geöffnet hat – ist dann auch bald Bäcker Franke erreicht: ›Wehrmühle 700m und Schloßberg 50m‹ verheißen die verblaßten Schriftzeichen eher verhalten als auffordernd. Warum hier ausnahmsweise einmal Werbung mit ihrem Inhalt wirklich korrespondiert, ist nach wenigen Metern zu erfahren: Das grobe Kopfsteinpflaster geht fast fließend in den märkischen Sand über, und während sich rechter Hand ein Paar neugieriger Straußen am Drahtzaun drängeln, kommt auf der linken Seite ein überwuchertes Areal in Sicht.

Durch ein Loch im Zaun kommt man den beiden Burgbergen näher. Während auf dem kleineren keine Spuren mehr zu erkennen sind, steht auf dem wenige Meter entfernten größeren ein Aussichtsturm jüngeren Baudatums, worauf eine noch schwach erkennbare Datierung – 1315–1907 – schließen läßt. Es gibt noch einige frühmittelalterliche Mauerreste, ansonsten keine Hinweise, Tafeln oder ähnliches zur geschichtlichen Bedeutung dieses Ortes.

Lediglich Unrat deutet auf eine – allerdings zweckfremde – Nutzung hin. Es ist leider nicht das einzige Beispiel, das den allzu nachlässigen Umgang Brandenburgs mit seinen Kulturgütern deutlich vor Augen führt.

Auch wenn es sich für heutige Gewohnheiten etwas sperrig liest, sollte man sich in aller Ruhe an einem fast 150 Jahre alten Text des Berliner Märchen- und Sagensammlers Adalbert Kuhn versuchen.

»Auf dem Schloßberg, sagt man, habe vor alter Zeit ein starkes Räuberschloß gestanden, in welchem die Herren von Arnheim oder Arnim gewohnt, die alles, was auf der hier vorbeiführenden Landstraße von Neustadt-Eberswalde daherkam, überfielen und ausplünderten. War nun schon das Schloß auf dem kegelförmigen Berg und durch seine starken Feldsteinmauern, deren Reste ihn noch umkränzen, an und für sich fest, so kamen noch andere Verteidigungsmittel hinzu, die es fast unüberwindlich machten. Es gehörte nämlich noch eine in der Nähe gelegene Wehrmühle dazu, die davon ihren Namen erhalten hat, daß die Ritter hier, sobald das Schloß in Gefahr stand, das Wasser aufstauen ließen und dadurch die ganze Gegend ringsum unter Wasser setzten. Ferner waren sie aber auch mit allem Nötigen immer hinreichend versehen, denn außer dem eigentlichen Schloß, dessen tiefe Keller noch vorhanden sind, standen die Küche und die Wirtschaftsgebäude auf dem ersten Berg, der danach auch der Küchenberg geheißen, und unter dem Schloß in den Wiesen zeigt sich ebenfalls noch eine kleine Erhebung, auf der noch andere Gebäude gestanden haben sollen.«

Seitdem hat sich das äußere Erscheinungsbild kaum verändert, und auch der heutige Kenntnisstand geht über das Wissen Kuhns nicht hinaus.

Blick vom Aussichtsturm

Dem Standort Biesenthal wird bereits in vorgeschichtlicher Zeit eine große militärische Bedeutung beigemessen. Wie zahlreiche Gräberfunde beweisen, war Biesenthal bereits von der Steinzeit an besiedelt. Noch heute sind eindeutige Spuren von slawischen Burgwällen erkennbar. Zu Beginn des 13. Jahrhunderts, der Zeit der askanischen Vorstöße in Richtung Pommern, wurde eine – damals wahrscheinlich noch intakte – slawische Burganlage genutzt, bevor um 1230 mit dem Bau einer deutschen Anlage begonnen wurde.

Wie auch dem nicht weit entfernten Strausberg fallen Biesenthal bereits in dieser Zeit erste Vogteiaufgaben zu: Heinricus de Thenis ist bereits 1258 als Vogt

Der Aussichtsturm stammt von 1907

namentlich erwähnt. Der Vogt residierte auf dem Schloßberg, dem der sogenannte kleine Schloßberg oder auch Küchenberg vorgelagert war, auf dem sich bis heute einige Baureste erhalten haben. Bis zum Brand von 1928 war auch noch die frühere Wehrmühle an der Alten Finow erhalten. Mit der ständig wachsenen Bedeutung Berlins verlor die Burg Biesenthal ihren strategischen Wert und wurde deshalb relativ häufig verpfändet: So fiel die Burg 1370 denen von Steglitz zu, von 1426 bis 1577 gehörte sie den von Arnims, um dann in den Besitz des Kurfürsten Johann Georg überzugehen.

Die kriegerischen Ereignisse des 17. Jahrhunderts trafen den Ort schwer. So rückten etwa 1631 die Truppen König Gustavs von Schweden ein, ein Jahr später zerstörte ein Brand die Stadt fast völlig, und im gleichen Jahr entvölkerte die Pest nicht nur die Stadt und Burg, sondern fast den ganzen oberbarnimschen Landstrich.

Zu einer neuen, wenn auch sehr bescheidenen Bedeutung gelangte Biesenthal erst wieder im 19. Jahrhundert, als sich die Stadt mit der Entdeckung der Mineralquellen neben dem Schloßberg zu einem Kurort entwickelte. Heute macht das Städtchen einmal im Jahr Schlagzeilen: Seit Anfang der 90er Jahre trifft sich im Juli die Fan-Gemeinde der schwersten Motorräder der Welt in unmittelbarer Nähe von Biesenthal zur ›Harley Davidson Motorcycle Jamborre‹. Vielleicht hat sich der eine oder andere Biker dann schon einmal gefragt, warum das Örtchen zwar eine Burg im Wappen trägt, aber keine Burg zu sehen ist. Zu ihr findet man in Ludwig Bechsteins Deutschem Sagenbuch von 1873 neben einer Goldschatzsage, die sich so oder so ähnlich zu vielen Burgen findet, eine weitere:

»Auf dem Schloßberg zu Biesenthal zeigt sich gewöhnlich um Mittag, oft aber auch erst um Mitternacht, eine verwunschene Prinzessin, die geht ganz weiß gekleidet einher und hält ein goldenes Spinnrad in der Hand. Gar manchem ist sie schon dort erschienen, und so erging es vor mehreren Jahren auch einmal einem Gärtner. Dem trat sie einst um Mitternacht entgegen, als er eben in den Schloßgarten kam. Dahin hatte es den armen Mann unwiderstehlich getrieben, da er schon seit mehreren Nächten immer dieselbe Stimme vernommen hatte, die ihm zugerufen hatte, er solle auf den Schloßberg kommen. Er erschrak zwar anfänglich über ihre Erscheinung, allein, als sie ihn gar bewegend bat, er möge sie doch zur Kirche tragen, die unweit des Berges liegt, faßte er sich ein Herz und nahm sie auf den Rücken.

Wie er jedoch in die Kirchenpforte eintritt, fährt ihm plötzlich ein Wagen entgegen, der ist mit kohlschwarzen Rossen bespannt, welche Feuer aus Maul und Nase speien; da faßt ihn ein jäher Schrecken, und er schreit laut auf. In demselben Augenblick verschwand der Wagen, aber auch die Prinzessin entfloh mit dem Jammerrufe: ›Wieder auf ewig verloren!‹

Einige sagen, die weiße Frau auf dem Schloßberge sei keine verwünschte Prinzessin, sondern ein Fräulein von Arnheim; die sei mit ihrer Schwester die letzte des Stammes gewesen, und habe daher das Schloß geerbt. Warum sie aber verwünscht worden, weiß man nicht, denn sie ist überdies ein gar frommes Fräulein gewesen und hat den armen Biesenthalern allen Acker, den sie jetzt noch besitzen, geschenkt.«

Sollte diese Sage so stimmen, haben die Biesenthaler diese Großzügigkeit schlecht entgolten.

Chronologie

Um 1230
Bau einer deutschen Burganlage. Zuvor war vermutlich über eine lange Zeit eine slawische Burgwallanlage vorhanden.
1370
Die Burg fällt an die Familie von Steglitz.
1426–1577
Die Burg befindet sich in Besitz der Familie von Arnim.
1577
Burg geht in den Besitz des Kurfürsten Johann Georg über.
1907
Bau eines Aussichtsturms auf einem der Burgberge.

Amt Biesenthal, 16359 Biesenthal
Tel. 0 33 37/31 56, oder 20 03.
Heimatstube Biesenthal, 16359 Biesenthal,
Tel. 0 33 37/4 01 59 oder 31 62,
Do 10 bis 12 Uhr
oder nach Voranmeldung.

Waldhotel am Wukensee, Uhlandstraße 18/19, 16359 Biesenthal, Tel. 0 33 37/21 02.
Hotel Pension Alter Markt, August-Bebel-Str. 29, 16359 Biesenthal, Tel. 0 30/4 78 28 09.
Hotel und Pension Gasthaus Henning, Berliner Str. 2, 16359 Biesenthal, Tel. 0 33 37/21 62.

Grimnitz

»... Kleine Wellen schäumen ans Ufer vor uns, die breite Wasserfläche liegt noch im Licht, während sich nach Norden hin bläuliche Schatten über Wald und See breiten. Dorthin liegen auch die Trümmer des alten, halb zur Sage gewordenen Grimnitzschlosses.«

Fontane, Wanderungen durch die Mark Brandenburg; Zweiter Teil.

Wer nach Grimnitz will, muß in Joachimsthal ankommen. Schon vom Zug aus, kurz vor dem malerischen Dorfbahnhof, sieht man den malerisch gelegenen See, an dessen Ufern sich die sagenhafte Burg Grimnitz befinden soll.

Auf der Bahnhofstraße entlang, sich immer am zur linken Hand befindlichen Wasser orientierend, findet man bald ein erstes Schild, das die Entfernung zur Burg mit 600 Metern angibt. Durch einen alten Dorfkern über grobes Straßenpflaster wandernd, erreicht man dann das, was einmal eine der schönsten Burgen in diesem Teil der Mark gewesen sein soll und was heute zu den wohl traurigsten Kapiteln brandenburgischer Burgengeschichte gezählt werden muß.

Lediglich Reste der Mauern sind noch zu erkennenn, aber selbst in diesem ruinösen Zustand wirken sie noch eindrucksvoll. Diese einst anderthalb Meter dicken und sieben Meter hohe Wehrmauern umschlossen einen fast quadratischen Raum von 60 Meter Seitenlänge. Auf diesen Zeugnissen märkischer Geschichte befinden sich heute Einfamilienhäuser und parzellierte Schrebergärten. Wie zum Hohn steht am Beginn des Privatgeländes, unter dem sich der eigentliche Teil der Burg befindet, eine von Wetter und Wind gezauste Schautafel, auf der die große Geschichte der Askanierburg Grimnitz wiedergegeben wird. Auf einer quadratischen Grundfläche von 20 Metern Seitenlänge soll sie sich dreigeschossig über den Grimnitzsee erhoben haben.

Erhalten sind noch einige Kellergewölbe und der untere Teil des riesigen Kamins, allerdings nicht allgemein zugänglich. So braucht es schon viel Phantasie, sich vorzustellen, daß hier Geschichte geschrieben wurde.

»...Schloß Grimnitz, in unmittelbarer Nähe des ›Werbellin‹ am Grimnitzsee gelegen, war ebenso der bevorzugte Aufenthalt Ottos IV., des sogenannten Markgrafen mit dem Pfeil, wie Schloß Breden und Schloß Werbellin (beide schon lange nicht mehr existent – d.Vf.) die bevorzugten Plätze Markgraf Waldemars waren. ›Hier war es auch wohl‹, so schreibt F. Brunold, ›wo der Markgraf Otto mit seiner kühnen Gemahlin Heilwig von Holstein am Schachbrett saß, von Spielleuten umgeben, ganz so wie es uns ein Bild in der Manessischen Sammlung der Minnesänger noch heute zeigt‹. 1529 ward auf dem Schloß Grimnitz ein Friede zwischen der Mark und Pommern geschlossen, der ausdrücklich der Friede zu Grimnitz heißt, und 1549 brach hier Kurfürstin Hedwig, die Gemahlin Joachims II. (nicht die ›schöne Gießerin‹ wie andere erzählen) durch den morsch gewordenen Fußboden des ersten Stockes und nahm, auf die Hirschgeweihe der darunter befindlichen Halle niederstürzend, so schweren Schaden, daß sie von der Zeit ab an Krücken gehen mußte«.

So berichtet Fontane zutreffend in seinen ›Wanderungen‹ – natürlich gibt es zu Burg Grimnitz auch eine entsprechende Schatzsage, die man sich allerdings schon im Mittelalter erzählte: Markgraf Otto IV., der ›Sänger vom Grimnitz und Werbellin‹ (die Heimatdichterin Charlotte Haerecke), lag wieder einmal mit dem Erzbischof von Magdeburg in Fehde. Während eines Gefechts bei dem Dörfchen Frohse (1278), so wird erzählt, konnten die Mannen des Bischofs den Markgrafen gefangen nehmen und forderten ein Lösegeld von 400 Mark in Silber. Als die markgräfliche Gattin Heilwig von dieser exorbitant hohen Forderung hörte »verzehrte sie sich beinah' vor Grämen«, wie es in der Grimnitzsage Haereckes heißt. Die Summe war so hoch, daß selbst eine Markgräfin diese nicht aufbringen konnte. Was tun? Hilfe kam von ungeahnter Seite: Johann von Buch, Freund und Berater ihres bereits lange verstorbenen Schwiegervaters, führte die hohe Dame in die Marienkirche nach Angermünde. Hier war hinter dem Altar ein altes Gewölbe verborgen. Nachdem der Eingang aufgebrochen war, fand sich ›ein Kasten, gewaltig und eisenbeschlagen‹. Sagentypisch war die Kiste mit Gold und Silber bis an den Rand gefüllt und »Frau Heilwig stand staunend vor dieser Truhe, dann sank überwältigt sie auf die Knie«. Mit einem Teil des Schatzes wurde der Gatte ausgelöst, mit dem anderen wurde so manche Notzeit überwunden.

Die Mauerreste markieren heuten die Grenzen der Schrebergärten

Auch wenn Fontane schreibt, daß der Kanzler des Markgrafen Waldemar, Nikolaus von Buch, im Jahre 1314 von Schloß Werbellin aus zur Kaiserwahl an den Rhein geschickt wurde – belegen doch zahlreiche Untersuchungen, daß von Buch seine Reise in Grimnitz begann. Das Ergebnis der Wahl war für Waldemar ebenso enttäuschend wie für seinen Kanzler tödlich. Von Buch hatte entgegen der Weisung seines Herren, aber mit durchaus berechtigter Begründung, seine Stimme nicht Friedrich dem Schönen von Österreich gegeben, sondern dem Wittelsbacher Ludwig dem Bayern. ›Als Nikolaus nach Hause kam‹, heißt es bei der bereits zitierten Charlotte Haerecke, »da war's um ihn geschehn, da gleich man ihn gefangen nahm, und mußt in Ketten gehen«. Der Kanzler wird der Bestechlichkeit und Untreue angeklagt, von seinem Herren selbst verurteilt und in das Burgverlies gesteckt.

Diese Grausamkeiten an dem treuen von Buch sollten sich dann aber rächen: Der Sage nach hielt es Waldemar nicht mehr auf der Burg Grimnitz aus; sein Gewissen

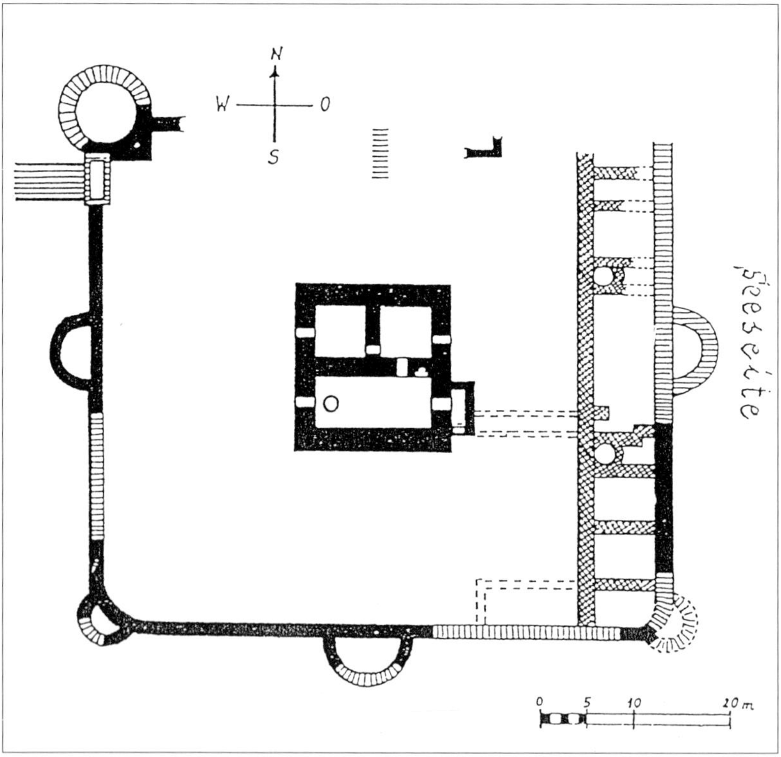

Grundriß der Burganlage. Der Flügel an der Seeseite stammt aus dem 16. Jahrhundert.

muß ihn dann doch zu sehr gequält haben. Den Kerkermeister traf es noch schlimmer: Für seine Taten wurde er verflucht, nirgends wieder Ruhe zu finden.

Auch heute noch, erzählen die Grimnitzer, soll er um den Berg streifen und seine Schuld sühnen. Schon deshalb wäre ein Besuch zu empfehlen. Wer nicht in den schauerlichen Genuß dieses Anblicks kommt, ist sicherlich versöhnt, wenn er am Ufer des Sees den wunderbaren Ausblick auf das Wasser genießt und den Anblick der heruntergekommenen Burg vergißt. Nochmals Fontane:

»Und wenn jetzt ein goldenes Schiff den See herunterkäme, und auf dem Deck des Schiffes, unter flatterndem Zeltdach, säße Markgraf Otto mit Heilwig von Holstein, scherzend und lachend über dem Schachspiel, wir ließen es vorübergleiten, vielleicht weniger verwundert über das goldene Schiff mit Segel und Zeltdach, als über das ärmliche Schifferboot, das eben jetzt mit Netz und Reuse des Weges kommt. Es ist ein Märchenplatz, auf dem wir sitzen…«

Chronologie

1247
Vermutliches Gründungsjahr von Burg Grimnitz.

1266–1307
Burg Grimnitz ist der Lieblingssitz von Otto IV.

1297
Erste Erwähnung als ›supra Grimnitz‹.

1302
Otto IV. (›mit dem Pfeil‹) und dessen Bruder Konrad bestätigen auf Burg Grimnitz zwei Schenkungen (der Stadt Oderberg und vom Dorf Neuendorf) an das Kloster Chorin.

1304 und 1317
Erwähnung als ›castellum‹ bzw. ›curia Grymmenitz‹.

1314
Nikolaus von Buch verhungert im Burgverließ von Grimnitz.

1340
Das Haus Wittelsbach huldigt Barnim von Stettin auf Grimnitz.

1375
Das Landbuch Karls IV. benennt zwar den See, aber nicht die Burg.

1524–1528
Erste große Rekonstruktion der Burg.

1529
Erbvergleich zwischen Brandenburg und Pommern wird auf Grimnitz geschlossen.

1571–72
Umfangreiche Umbauten.

1579
Ein Brand vernichtet große Teile der Burg; anschließender Wiederaufbau.

1663
Der Große Kurfürst läßt die Burg wieder herstellen.

1671
Längerer verbürgter Aufenthalt Friedrich Wilhelms auf Burg Grimnitz.

1748
Abbruch viele großer Teile von Burg Grimnitz und Verwendung als Baumaterial, z.T. auch für die Berliner Straßenpflasterung.
1880
Verordnung Wilhelm IV. zum Bestandsschutz der Burg.

Derzeit
Erhalten sind nur noch die Kellerräume; die Stadt Joachimsthal denkt über eine Nutzung als Heimatmuseum nach.

Informationen über Otto Manowsky, Schönebecker Straße 12, 16247 Joachimsthal, Tel. 03 33 61/5 33.
Fremdenverkehrsamt Joachimsthal, Angermünder Str. 20, 16247 Joachimsthal, Tel. 03 33 61/63 90.
Stadtbibliothek, Joachimsplatz 3, 16247 Joachimsthal, Tel. 03 33 61/64 60.

Gasthaus ›Zur Krim‹, Marktstraße 11, 16247 Joachimsthal, Tel. 03 33 61/4 60.
Hotel ›Haus am Grimnitzsee‹, Angermünder Str. 18, 16247 Joachimsthal, Tel. 03 33 61/97 28.
Restaurant, Gasthaus und Pension Am Grimnitzsee, Leistenhaus 5, 16247 Joachimsthal, Tel. 03 33 61/4 75.

Oranienburg (Bötzow)

»Sandkrug ist der halbe Weg. Noch eine anderhalbstündige Fahrt an Tanneholz und Dörfern vorbei und wir halten auf einem großstädtisch angelegten Platz, über dem sich eben der prächtigste Regenbogen wölbt. Das ist der Schloßplatz von Oranienburg. Das Wetter klärt sich auf; die Sonne ist da. Das Haus, das uns aufnehmen soll, verbirgt sich fast hinter den Lindenbäumen, die es umstehen, und erweckt, neben manchem anderen, unsere günstigen Vorurteile auch dadurch, daß wir vernehmen, es sei Rathaus und Gasthaus zugleich. Wo Justiz und Gastlichkeit so nahe zusammen wohnen, da ist es gut sein. In alten Zeiten war das häufiger. Unsere Altvorderen verstanden sich besser auf Gemütlichkeit als wir.«

So sah Fontane vor mehr als einhundert Jahren auf die Stadt, das Schloß, das an der Stelle einer Burg errichtet wurde, und die Geschichte. Wie so oft, wenn wehmütig in die Vergangenheit geschaut wird, verklärte sich auch sein Blick – die ›Altvorderen‹ lebten hier alles andere als gemütlich und beschaulich. Wesentlich dramatischer und unseren wild-romantischen Vorstellung vom Treiben auf Burg Bützow um vieles näherkommend, erzählt ein anderer Autor:

»Wo jetzt im Kreise Nieder-Barnim nördlich von Berlin die Stadt Oranienburg zu finden ist, lagen früher Schloß und Dorf Bötzow an der Havel, und dort hauste zu der Zeit, von der wir berichten, Herr Werner von Holtzendorff. Er war ein mannhafter Ritter, wacker im Streit, bieder und treu von Charakter und nur etwas jähzornigen Gemüts. Er hatte stets zu den Quitzows gestanden, die sich in aller Not und Fähigkeit auf ihn verlassen konnten, und wir haben gesehen, wie er Herrn Dietrich von jener Fluchtnacht bei Dechtow getroffen, ihn gegen seinen Verfolger in Schutz genommen und nach Bötzow in Sicherheit gebracht hat…

Herr Dietrich sprach: ›Ich bin schlimmer dran als der ärmste Bettler, denn ich habe nicht nur Hab und Gut verloren, sondern bin auch von den Meinigen geschieden, bin vogelfrei und geächtet. Aber ich hoffe zu Gott, daß die Zeit kommt, da ich meine Feinde mit der Schärfe des Schwertes aufs Haupt schlage. Noch stehen mir mächtige Freunde zur Seite. Zu denen werde ich gehen, um mir ihre Hilfe zu sichern, und dann, Herr Werner, werde ich Euch belohnen können für die Treue, die Ihr mir auch heute wieder bewiesen habt.‹

›Sprecht nicht von Lohn, Herr Dietrich!‹ antwortete Werner, während er einen gewaltigen Humpen mit Bier füllte, das er der Sicherheit wegen selber aus dem Keller geholt hatte. ›Da trinkt! Ihr werdet der Erquickung bedürfen. Aber Ruhe und Pflege könnt Ihr auf Bötzow wohl nicht finden, vielmehr erfordert es die Sorge um Eure Sicherheit, daß ich Euch unverzüglich weiterbringe. Schloß Neumühle, das mir gehört, ist nur von einem alten, tauben Vogt bewohnt, der Euch nicht kennt. Dorthin wollen wir miteinander reiten, und ich hoffe, daß, wenn Ihr das Schloß nicht verlaßt und überhaupt vermeidet, Euch vor fremden Menschen blicken zu lassen, Ihr dort verborgen bleiben könnte, solange es Euch gefällt.‹

Während sich Herr Werner zu den Pferden begab, trat Dietrich ans Fenster und starrte trüb und finster in die Nacht hinaus. Da drüben gen Westen lag Friesack, das gewaltige, feste Bollwerk seiner Macht, das so plötzlich in Trümmer gesunken war. Vielleicht stürmten jetzt die Mannen der Burggrafen gegen seine Mauern und drangen mit wildem Geschrei in die Räume, in denen er mit Weib und Kind geweilt und so manche Freude erlebt hatte, die ihm die Seinen bereitet. Nun war alles dahin …«

Diese Zeilen stammen aus ›Ritter und Rebellen‹ des Erzählers Karl May und sind nicht unbedingt historisch gesichert, verbürgt ist aber dies:

Die Anlage der Burg Bötzow befindet sich am westlichen Havelufer und wurde vermutlich bereits um 1200 von den askanischen Markgrafen erbaut. Ob diese deutsche Burganlage auf den Fundamenten eines slawischen Vorgängers erbaut wurde, läßt sich bis auf den heutigen Tag nicht schlüssig beweisen, wird aber allgemein angenommen.

Erstmals wird Bötzow im Jahre 1216 erwähnt. Der eigentliche Burgbezirk erstreckte sich damals auf beide Seiten der Havel. Zwischen 1350 und 1376 besaßen die Grafen von Lindow-Ruppin die Burg Bötzow, die in dieser Zeit wiederholt heftig umkämpft wurde. Im Jahre 1402 wurde Bötzow von den Herzögen von Pommern und den Grafen von Lindow-Ruppin erobert und der Ort selbst niedergebrannt. Zwei Jahre später wurde Dietrich von Quitzow der neue Herr über Bötzow und nutzte die Burg als Ausgangspunkt für seine Raubzüge, die er unter anderem auch nach Berlin unternahm. Joachim II. ließ die Burg um 1485 abreißen und an dieser Stelle ein zweistöckiges Jagdhaus errichten.

Zur völligen Bedeutungslosigkeit herabgesunken war Bötzow nach dem Dreißigjährigen Krieg, denn Brände und die Pest hatten den Ort beinahe entvölkert. Erst nach 1650 ging es wieder bergauf: Kurfürst Friedrich Wilhelm schenkte Bötzow seiner Frau Luise Henriette und ließ vom Baumeister Memhardt 1651 ein Schloß nebst einer Musterwirtschaft mit Schäferei, Brauerei und Molkereiwirtschaft errichten. Das Schloß bekam kurz darauf, 1652, den Namen, den es heute noch trägt: Oranienburg.

Die guten Tage des Barockschlosses gingen dann allerdings mit dem Regierungsantritt König Wilhelms I. vorerst zu Ende. Das Schloß wurde aufgegeben

In das restaurierte Schloß sind Galerie und Landratsamt eingezogen

und begann zu verfallen. Erst als Prinz August Wilhelm zwischen 1742 und 1758, seinem Todesjahr, in Oranienburg Hof hielt, wurden die Schloßanlagen erneuert und umgebaut; nach dem Tod des Prinzen begann das Schloß allerdings erneut zu verfallen.

Die Stirnseite des Hauptgebäudes

Nach dem Verkauf des Schlosses an den Apotheker Hempel im Jahre 1802 wurde es fast 200 Jahre lang zweckentfremdet genutzt, zunächst für fünf Jahrzehnte als Fabrik; Friedlieb Ferdinand Runge (1795–1867) entdeckte hier die Karbolsäure und das Anilin. Runge produzierte in Oranienburg ab 1835 Stearin- und ab 1841 Paraffinkerzen. Nachdem das Schloß in dieser Zeit zweimal durch Brände stark beschädigt wurde, ließ es König Friedrich Wilhelm IV. instand setzen.

Die Beschädigungen, die der Fabrikbetrieb verursachte, erzürnten auch Fontane: »Wo die Edeldamen auf Taburetts von rotem Damast gesessen und der Vorlesung des alten Pöllnitz gelauscht hatten, während die Königinmutter Goldfäden aus dem alten Brokaten zog, klapperten jetzt die Webstühle und lärmte der alltägliche Betrieb. Aber noch tristere Tage kamen… Die Schwefeldämpfe ätzten und beizten den letzten Rest alter Herrlichkeit hinweg.«

Zwischen 1861 und 1925 diente das Schloß Oranienburg als Lehrerseminar, später dann als Kaserne. Nachdem das Schloß zwischen 1990 und 1999 restauriert wurde, beherbergt es heute das Landratsamt und wird auch für Ausstellungen genutzt.

Wiedereröffnet wurde das restaurierte Schloß mit einer besonderen Ausstellung. Da es seinen Namen nach der Frau des Kurfürsten Friedrich Wilhelm erhielt, eine Prinzessin von Nassau-Oranien, widmte sich die Ausstellung der Geschichte der Oranier.

›Onder den Oranje boom‹ war der Titel dieser großen internationalen kunst- und kulturgeschichtlichen Oranierschau, die unter der Schirmherrschaft Ihrer Majestät Beatrix, Königin der Niederlande, und des Präsidenten des Bundesrepublik Deutschland, Roman Herzog, stand und bis zum November 1999 gezeigt wurde.

Präsentiert wurden etwa 550 Exponate aus 122 europäischen und außereuropäischen öffentlichen Sammlungen und Museen, darunter hauptsächlich Gemälde und Graphiken, Architekturzeichnungen und -modelle, Dokumente und Archivalien, Münzen und Medaillen, Kunsthandwerk und Skulpturen. Werke der vielgerühmten niederländischen und flämischen Kunst des ›Goldenen Jahrhunderts‹, die einst die Fürstenhöfe in Den Haag, Brandenburg und Dessau schmückten. Gemälde so berühmter Künstler wie Peter Paul Rubens, des Rembrandtschülers Govert Flinck, Anton von Dyck und der Brüder Honthorst zeugten von dem niederländischen Einfluß und Kunstgeschmack an deutschen Fürstenhöfen und verdeutlichten den wechselseitigen Austausch zwischen den Niederlanden und Deutschland am Beispiel hochkarätiger Kunstwerke.

Wer heute das mit ebenso viel Liebe wie Sachverstand und mit noch mehr Geld rekonstruierte und renovierte Schloß Oranienburg aufsucht, sollte auf keinen Fall versäumen, den Schloßpark und die Orangerie zu besuchen.

Der Schloßpark wurde 1651 vom Architekten Johann Gregor Memhard im holländischen Stil angelegt. Im Laufe der Jahrhunderte hat sich der Park allerdings mehrmals verändert. Ab 1690 wurde die Anlage von Johann Arnold Nering und Johann Friedrich Eosander im Barockstil umgestaltet und erweitert.

Heute können wir uns die Springbrunnen, die Grotten, die Obstspaliere in dem gepflegten Park nur noch mit viel Phantasie vorstellen. Das Ensemble muß allerdings einen wirklich prächtigen Hintergund für die höfischen Feste abgegeben haben.

1878 entwarf der Gartenarchitekt Ferdinand Jühlke die Pläne zur Umgestaltung des Parks im Stile eines englischen Landschaftsparks. Momentan arbeiten die hiesigen Stadtplaner daran, den Park nach diesen Plänen wiedererstehen zu lassen. Das repräsentative Eingangsportal wurde 1690 von Nering gestaltet. Auf dem Portal liegen Sandsteinfiguren, die rechte symbolisiert den Sommer, die linke den Herbst. Über dem Tor befindet sich ein schmiedeeisernes Spiegelmonogramm von Friedrich III. (F3EB).

Die heutige Orangerie wurde erst in der 2. Hälfte des 18. Jahrhunderts erbaut. Sie ist das einzig erhalten gebliebene Originalgebäude im Schloßpark, wurde allerdings nie als Orangerie genutzt. Vielmehr diente das Gebäude als Quartier für Napoleons Truppen, als Pferdestall der SS, als Turnhalle und als provisorische Kirche. Derzeit sind erste Restaurierungsarbeiten aufgenommen worden. Ein Förderverein organisiert in der Orangerie Konzerte und Lesungen, der Erlös aus dem Verkauf der Eintrittskarten kommt der Restaurierung zugute.

Und nach einem solchen Konzert dürfte man sich dann wieder wie Fontane fühlen: »Der Ball der untergehenden Sonne hängt am Horizont, leise Schleier liegen über dem Park, und die Abendkühle weht von Fluß und Wiesen her zu uns herüber… und während die Sonne hinter Schloß und Park versinkt, ziehen wir es vor, in Bildern und Träume gewiegt, auf ›Schloß Oranienburg‹ zu blicken, eine jener wirklichen Schaubühnen, auf der die Gestalten jenes Stücks mit ihrem Haß und ihrer Liebe heimisch waren

Chronologie

Um 1200
Bau der Burg Bötzow, möglicherweise auf den Fundamenten einer slawischen Anlage.

1402
Eroberung durch die Herzöge von Pommern und den Grafen von Lindow-Ruppin.

1404
Dietrich von Qiutzow wird Burgherr auf Bötzow.

1485
Joachim II. läßt die Burg abreißen und ein zweistöckiges Jagdhaus errichten.

1650/51
Bau des Schlosses Oranienburg.

1742–1788
Erste Umbauten und Restaurierungsarbeiten.

1802
Verkauf an den Apotheker Hempel. Danach Nutzung als Fabrik; Beschädigungen durch Brände.

1861–1925
Nutzung als Lehrerseminar und Kaserne.

1990–1999
Umfangreiche Restaurierungsarbeiten; seitdem Nutzung als Galerie und durch das Landratsamt.

Stadt Oranienburg, Schlossplatz 2, 16515 Oranienburg, Tel. 0 33 01/60 05.
Stiftung Preußische Schlösser und Gärten Berlin-Brandenburg, Am Grünen Gitter 2, 14489 Potsdam, Tel. 03 31/9 69 40.
Fremdenverkehrsverein Oranienburg, Lehnitzstraße 21c, 16515 Oranienburg, Tel. 0 33 01/70 48 33.
Heimatmuseum, Breite Straße 1, 16515 Oranienburg, Di bis Sa 10 bis 16 Uhr, So 13 bis 16 Uhr, Tel. 0 33 01/38 63.
Informationen zum Förderverein: 0 33 01/60 06 34.

Hotel ›Ruperti‹, Waldstr. 14, 16515 Oranienburg, Tel. 0 33 01/8 59 20.
Stadthotel Oranienburg, Andre-Pican-Str. 23, 16515 Oranienburg, Tel. 0 33 01/69 00.

Burg Werbellin und Askanierturm

Wie ein Gottesauge glänzet,
D'rüber dunkle Brauen glü'n
Liegt, von Berg und Wald umkränzet,
Märchenhaft der Werbellin.

Und das Nebelkind, die Sage,
Schmücket ihn mit Blüt' und Kranz:
Längst vergesess'ne schöne Tage
Steigen auf in vollem Glanz.

Auf der Flut, im Abendfeuer,
Schwimmt ein Schifflein sonder Eil,
Graugelockten Haars am Steuer
Lehnet Otto mit dem Pfeil.

Heilwig, seines Herzens Minne,
Schaut ihn blauen Augen an:
Und es geht ihm durch die Sinne,
Was sie einst für ihn getan;

Wie sie ihn aus Haft und Banden
Jüngst befreit' durch Mut und List,
Fürst und Held er seinen Landen,
Dichter ihr geworden ist.

Lieder tönen, Harfen klingen,
Und ein Stern vom Himmel fällt.
Ferner, ferner schallt das Singen –
O, wie schön ist doch die Welt!

Well' auf Well' schäumt zur Stunde,
Mond vollendet seinen lauf,
Aus versunk'ner Stadt im Grunde
Läuten Glocken dumpf herauf.

Wie ein Gottesauge glänzet,
D'rüber dunkle Brauen glüh'n,
Liegt, von Berg und Wald umkränzet,
Märchenhaft der Werbellin.

Wald und See im Wolkendunkel!
Trägen Flug's ein Weihe dort,
Stille rings, dann Sterngefunkel –
Und die Glocken läuten fort.

Conrad Friedrich Meyer
(1811–1894),
genannt Friedrich Brunold

Am Südwestende des Werbellinsees bei Eberswalde, auf einer kleinen Anhöhe nördlich von Eichhorst am Werbellinkanal, liegt auf dem ›Schloßberg‹ der Askanierturm. An dieser Stelle stand die Burg Werbellin. Die Burg war im Hochmittelalter nach ihrer geografischen Lage eine Niederungsburg, die entweder im Wasser stand (Wasserburg) oder lediglich von sumpfigem Gelände umgeben war (Sumpfniederungsburg). Der heutige Zustand des Geländes läßt beide Schlüsse zu, denn sumpfig ist das auf einer Halbinsel gelegene Gelände noch heute. Ebenfalls noch heute gut zu erkennen ist die künstlich aufgeschüttete Erhöhung, auf der die Anlage gestanden hat. Diese sogenannten Sandhorste sind für eine Anlage auf sumpfigem Untergrund recht typisch.

Ihre wehrhistorische Bauform ist unbekannt, ihrer Funktion nach war sie eine markgräfliche und landesherrliche Burg, möglicherweise auch nur ein Jagdhaus. Die Burg wird erstmals in einer Urkunde Johannes I. und Otto III. von 1247 als ›apud werbelinum‹ erwähnt. Im Jahre 1273 urkunden drei askanische Markgrafen ›in Werbellin‹. Eine Urkunde vom 13. Juli 1355 ist unterschrieben mit: ›Datum in merica Werbelyn prope stagnum Verbelin…‹

Hierin verleiht Ludwig II. der Römer – der damalige und 1365 bereits im Alter von 35 Jahren in Berlin gestorbene Kurfürst – einem Peter van Falkenburg »das Gericht und die Bede auf dem Taschenberg«. Der erwähnte Vertreter dieses lange untergegangenen Geschlechts hatte also alle Rechte und ihm standen auch alle Einkünfte (Bede) aus den umliegenden und zu diesem Besitz gehörigen Dörfern zu.

Das Landbuch des Kaisers Karl IV. von 1375 kennt die Burg allerdings dann schon nicht mehr. Die Burg war wegen des Wildreichtums der umgebenden Schorfheide angeblich der Lieblingsaufenthalt der Markgrafen aus askanischem Hause und soll unter Markgraf Waldemar ihre Glanzperiode erlebt haben. Die Burg soll »nach den vor einigen Jahrzehnten noch vorhandenen Fundamentresten ein Viereck von dreißig Metern gebildet haben«, heißt es noch im Jahr 1859 in der Zeitschrift ›Der Bär‹, die sich der Heimatgeschichte und Altertumskunde widmete.

Die Grundmauern könnten nach den noch 1800 vorhandenen Mauerresten bis zu 4 Meter tief und 2,5 Meter breit gewesen sein. Hier verläßt man sich allerdings schon auf Hörensagen, »hatte doch die seit 1827 bestehende Zementfabrik Wildau für die Brennöfen und den Hausbau auf der Ruinenstelle Baumaterial geworben«, wie Karl Ernst schreibt, der Ortschronist des Ortsteiles Eichhorst der Gemeinde Finowfurt.

Der heute noch zu besichtigende Askanierturm ist ein romanisierender Rundturm aus Feldstein unter Verwendung von Backstein, geschmückt mit Zinnenkranz und Balkon zum See. Dies ist wissenschaftliche Geschichte dieser Burg. Unterhaltsamer liest sich eine Sage, die uns in den ›Märkischen Sagen‹ Adalbert Kuhns von 1848 überliefert ist.

»Vor alter Zeit hat dort, wo sich jetzt der Werbellinsee befindet, eine Stadt namens Werbelow gestanden. Mitten in der Stadt lag ein Schloß, das war rings mit Wasser umgeben, und nur eine einzige Zugbrücke führte hinüber; der Herr des Schlosses aber war ein böser Zauberer und ließ nur selten einen Fremden zu sich. Da kam eines Tages eine alte Frau, die wollte ins Schloß hinein. Wie sie der Herr erblickte, rief er der Alten zu, sie solle zurückgehen. Das tat sie dann auch, sagte aber zur gleichen Zeit: ›Ich will zurückgehen, aber du sollst untergehen!‹ Und das hat sie dann wohl wahrgemacht, denn sie wußte noch stärkeren Zauber als der Herr. Nun befand sich aber zu dieser Zeit ein Fremder in der Stadt, der ein gottesfürchtiger Mann war, weshalb die Alte seinen Untergang auch nicht herbeiführen wollte; sie ging daher zu ihm und sagte, er solle eilig die Stadt verlassen, denn sie würde binnen kurzer Zeit untergehen. Da packte er schnell seine Sache zusammen und ging mit seinem Bedienten, den er bei sich hatte, davon. Als sie so eine Strecke fort waren und auf dem Berg ankamen, der unweit der Stadt lag, bemerkte er, daß sie in der Eile sein Felleisen mitzunehmen vergessen hatten. Da schickte er seinen Diener zurück, aber der kehrte nach kurzer Zeit zurück und sagte, die Stadt und das Schloß seinen spurlos verschwunden, und an ihrer Stelle sei ein großer See entstanden. Im Werbellinsee, sagt man auch, müsse alle Jahre einer ertrinken. Vorher geschehen aber allerhand Wahrzeichen: Oft hört es sich so an, als ob jemand laut in die Hände klatsche – dann dauert es nicht mehr lange und einer ertrinkt im See.«

Seit langem ist den Anwohnern des Werbellinsees eine seichte Stelle bekannt, aus der bei niederem Wasserstand in einem regelmäßigen Rechteck Pfähle aus dem Wasser ragen. Im Jahre 1957 ließ die damalige Akademie der Wissenschaften der DDR an dieser Stelle tauchen. Gefunden wurden Reste von Pfahlbauten und Tonscherben aus dem 13. Jahrhundert. Da es eine im frühen Mittelalter beliebte Bauart war, Burgen auf Inseln zu setzen – auf diese Art waren sie leichter zu verteidigen und außerdem umging man so das Verbot des Markgrafen, seine Burg mit einem Burggraben zu umgeben – und die Geographin Eva Driescher bereits in den siebziger Jahren herausgefunden haben will, daß sich der Wasserspiegel des Werbellinsees im 14. Jahrhundert plötzlich um mehrere Meter gehoben haben soll (vermutlich durch einen Schleusenbruch zum 22 Meter höher gelegenen Grimnitzsee oder durch ein am Abfluß des Werbellinsees angelegter Mühlenstau), könnte hier, etwa 25 Meter vom Ufer östlich des Fischereigehöfts Althof, die sagenhafte Burg der Askanier untergegangen sein. Oder sollte, wie Günter Wermusch in seinem Buch ›Rätselhafte Mark‹ vermutet, »der Werbellin doch noch ein Geheimnis bergen?«

Egal, welche Deutung dem Leser am besten gefällt, wer es mit Fontane hält, ist immer auf der sicheren Seite: »Es ist ein Märchenplatz, auf dem wir sitzen, denn wir sitzen am Ufer des ›Werbellin‹.«

Das Mittelalterfest am Werbellinsee findet stets zu Ostern statt

Der Askanierturm

Der Askanierturm sieht mittelalterlich aus, stammt aber aus dem 19. Jahrhundert

Einen guten Eindruck von der ursprünglichen Gestalt des Turmes vermittelt ein Bericht des ›Preußischen Stadt- und Landboten‹, der anläßlich der Eröffnung erschien.

»Der Turm ist aus rohbehauenen Granitsteinen errichtet und zwar im Stile der alten Ritterburgen zur Zeit der Askanier. Bis zu den Zinnen beträgt die Höhe des Turms 12 Meter, 4 Meter hält er im Durchmesser. Eine mit starken Eisenbeschlag versehende Eichentür führt ins Innere des imposanten Baus. Auf einer Wendeltreppe gelangt man zunächst zu einem nach der Wasserseite angebrachten Söller und weiter hinauf zu der Plattform des Daches.«

Für den Bau, der am 22. August 1879 begonnen wurde, wurden Feldsteine aus der Umgebung verwendet. Zur Einweihung, die bereits am 2. Oktober 1879 vollzogen wurde, war das gesamte umgebende Gelände mit einem Zaun und einer Hecke umgeben. Der Turm geriet allerdings schnell in Vergessenheit. Bereits 1929 – anläßlich des 50jährigen Bestehens – schrieb der Ortschronist von Eberswalde, Rudolf Schmidt: »Die hübsche Anlage sah damals… erheblich anders aus. Heute ist der Turm brüchig, sein Betreten mit Lebensgefahr verbunden. Was sich um ihn dehnt, ist eine Wildnis…«

In der Folgezeit ging der Verfall weiter. Die ab 1956 zuständige Gemeinde Eichhorst hatte keine Mittel zum Erhalt des Bauwerkes, selbst als sie den Turm 1975 unter Denkmalschutz stellen ließ, passierte nichts. Mit einem ›bürokratischen Kunstgriff‹ versuchte die Gemeinde den Turm zu retten: Sie übertrug dem – finanziell wesentlich besser ausgestatteten – Ministerium für Nationale Verteidigung die Rechtsträgerschaft. Aber erst 1990/91 wurde im Rahmen einer ABM der Askanierturm zu Werbellin wieder hergestellt, allerdings verbunden mit baulichen Umgestaltungen, die, so das Urteil von Puristen, »mit dem ursprünglichen Anliegen des Turmes nichts mehr gemein haben.« (Karl Ernst).

Chronologie

Die Landschaft am Werbellinsee ist schon zu urgeschichtlicher Zeit besiedelt gewesen.

Erste Hälfte des 13. Jahrhunderts
Markgraf Johann I., der ›Städte-erbauer‹, soll die Burg Werbellin gegründet haben.

1247
Eine Urkunde der Markgrafen Johanns I. und Otto III. erwähnt ein ›apud Warbelli.‹

1273
Gleich drei Markgrafen aus askanischem Haus urkunden ›in Werbelli.‹

1315
Urkundliche Erwähnung einer ›magna merica‹ Werbellin.

1319
Letzte der häufigen Erwähnungen von Werbellin.

1325
Zerstörung die Burg vermutlich durch Polen und Litauer, im 19. Jahrhundert will man noch verkohlte Balkenreste gesehen haben. Die Funktion der Burg wurde wahrscheinlich von Schloß Breden bei Altenhof übernommen.

1355
Markgraf Ludwig der Römer verleiht Peter van Falkenburg Gericht und Bede auf dem Taschenberg. In dieser Urkunde gibt es noch einen eindeutigen Beweis, daß sie an der Stelle der Burg Werbellin, ausgestellt wurde.

1375
Das Landbuch Kaiser Karls IV. erwähnt die Burg schon nicht mehr.

1766
Der Werbellinkanal wird angelegt, der unmittelbar am Schloßberg vorbeiführt und eine Verbindung von See und Finowkanal herstellen sollte.

1830
Es wird noch von sichtbaren Fundamentresten auf dem ›Schloßberg‹ berichtet.

1879
Auf Befehl von Prinz Karl von Preußen, einem Bruder von Kaiser Wilhelm I., beginnt am 22. August der Bau des Askanierturmes aus Feldsteinen, unter Leitung des Eberswalder Baumeisters Oskar Büscher, von dem auch der Entwurf stammt. Schon am 2. Oktober desselben Jahres erfolgt die feierliche Einweihung durch Prinz Karl.

Über die A 11, Abfahrt Finowfurt; auf die B 167 Richtung Zerpenschleuse oder nach der Oder-Havel-Kanal-Brücke auf der B 198 nach Joachimsthal. In Eichhorst gibt es einen ausgeschilderten Wanderweg zum Askanierturm.

Historische Spektakel jährlich zu Ostern: ›Osterfest am Werbellinsee‹. Informationen über Spilwut, Schönhof 6, 16230 Golzow, Tel. 0 33 34/42 42 92, Fax 0 33 34/42 42 94.

Burgen im Fläming

Bärwalde – die Burg bei Wiepersdorf

»Es kommt wohl selten ein Großstädter in das stille Dorf, das hart an der sächsischen Grenze liegt und mit zu denen gehört, die eine höchst interessante Geschichte aufzuweisen haben. War Wiepersdorf die Residenz der späteren Besitzer des Ländchens Bärwalde, so müssen wir hier den ursprünglichen Sitz der schloßgessenen Herren suchen.«. So ein alter Reiseführer.

Bärwalde und Wiepersdorf werden oftmals in einen Topf geworfen: Das schöne Herrenhaus und die alte Herrenburg, vereint unter der gleichen Flagge. Es ist ein schönes Bild – und unrichtig.

Über Wiepersdorf, seit vielen Jahren schon auch ein beliebtes Ausflugsziel, ist viel geschrieben worden. Dieser Ort gilt als eine Zentrum der Romantik, ist es doch vor allem mit den Namen Clemens von Brantano und Bettina von Arnim verbunden. Sie soll hier den Briefroman ›Die Günderode‹ (1842) und ›Dieses Buch gehört dem König‹ (1845) verfaßt haben.

Wesentlich weiter zurück als die Geschichte des Ortes Wiepersdorf reicht die des nahegelegenen Bärwalde. Dort haben sich gleich zwei Burganlagen erhalten: Der älteste Teil, etwa 400 Meter südlich des Schlosses gelegen, ist noch heute als ein runder Ringwall aus slawischer Zeit zu erkennen. Eine Datierung wurde bislang noch nicht vorgenommen, dafür ist dies gesichert: »Neben seiner kulturhistorischen Bedeutung als Bodendenkmal besitzt der Burgwall hohen botanischen Wert. Hier befinden sich natürliche Vorkommen der Winterlinde, sowie Hainveilchen, Salomssiegel und das Schattenblümchen«, wie es einer handschriftlich verfaßten Chronik aus dem Landsratamt heißt, einer sehr fleißig und aufwendig zusammengetragenen Arbeit zu Bärwalde und seiner Umgebung. Viel weiß man also über diesen geradezu märchenhaften Ort nicht, eine Sage aber ist überliefert:

»Im Bärwalder Busch stand zur Zeit der Wenden eine Burg. Unter Albrecht dem Bären kam der Tüchtige von Slautitz ins Land und belagerte sie. Verzweifelt verteidigten sich die Wenden, doch die Deutschen waren stärker. Schließlich blieben den Wenden nur noch wenige Tage bis zur Übergabe. Nun hatten sie aber viel Gold in der Burg. Mitnehmen konnten sie es nicht auf der Flucht. Dazu war es viel zu viel und zu schwer. So taten sie es in ihrer Not in einen eisernen Kasten und vergruben den in der Mitte des Burgplatzes. Dann flohen sie. Die Burg aber wurde vollkommen niedergebrannt. Nur ein Schutthaufen blieb übrig. Von dem Goldschatz wird aber heute noch erzählt. Wer neunmal um den Burgwall herumlaufen kann ohne Atem zu holen, der soll den Schatz finden. Viele haben es schon versucht. Einmal ist einer achtmal herumgelaufen. Dann fiel er tot um. Seitdem hat niemand wieder Lust dazu gehabt. Und bis heute soll der Schatz noch unberührt im Burgwall liegen.«

Wer sich einmal die Ausmaße des Walles angesehen hat, wird sicherlich auch schnell die Lust verlieren, den Schatz auf die atemlose Art heben zu wollen. Da sollte man sich dann wohl lieber auf Hainveilchen- und Salomblümchen konzentrieren oder die Reste der nagelegenen Burg besuchen.

Wer von der Bärwalde nur streifenden Hauptstraße kommt und das kleine Dörfchen durchwandert, kommt schnell auf eine romantische, vierreihig angelegte Kastanienallee, die zu einer malerischen Lichtung führt. Hier stand die einst stolze Burg – heute nur noch eine Ruine, wenn auch in Sanierung.

Die deutsche Burg von Bärwalde liegt in der sumpfigen Niederung des Schweinitzer Fließes. Der Bau geht auf eine frühdeutsche, relativ große Recht-

Detail an der Ruine Bärwalde

ecksburg zurück. Eine erste Erwähnung stammt von 1157. In diesem Jahr soll der askanische Vasall von Slawtitz (oder auch Slautitz) die Burg erobert haben. In dem Vertrag von Guben von 1462 gehen Burg und Land Bärwalde aus böhmischen in brandenburgischen Besitz über. Eine besondere Bedeutung kam Bärwalde durch seine geographische und damit politische Lage zu: Mitten durch das Ländchen ging die Grenze zwischen den Bistümern Brandenburg und Meißen. Bärwalde selbst unterstand der Probstei zu Jüterbog und war damit brandenburgisch. Aber erst nach 1745, nach den Schlesischen Kriegen, erreichte der König von Preußen in den Frieden von Breslau und Dresden die endgültige Anerkennung der Zugehörigkeit dieser Region zu Brandenburg.

Nach den von Slawtitz ging der Besitz an die von Wollenfels und 1472 an die Familie von Leipziger über. Während über die Edlen von Wollenfels kaum etwas bekannt ist, wissen wir über die von Leipzig erheblich mehr. Von dem Meinsdorfer Lehrer Oskar Michelmann ist im ›Heimatkalender Jüterbog-Luckenwalde‹ von 1930 zu lesen, es habe sich »ein Heinrich Stern aus Leipzig unter Friedrich dem Gebissenen oder Friedigen, Markgraf zu Meißen (1256–1322), in dessen Kampf gegen Johann von Brandenburg und Ebhard von Anhalt im Jahre 1294 ausgezeichnet« und sei dafür zum Ritter unter dem Namen Leipzig erhoben worden. Ein späterer Albert von Leipzig soll 1473 die Stadt und die Herrschaft Dahme vom Erzbischof Johann von Magdeburg als Pfand erhalten und es im Besitz gehabt haben. Das Ländchen Bärwalde soll dann wiederum ein von Leipzig gekauft »und darauf 1472 vom Kurfürsten Friedrich II. von Brandenburg angenommen haben.«

Aus den gleichen Quelle stammt die Information, daß »1488 die Hohenzollern, also Johann Cicero (1486–1499) ebenfalls einen von Leipzig mit dem Ländchen belehnt haben.« Welche dieser sich widersprechenden Aussagen nun stimmt, ist nicht sicher zu entscheiden – auf jeden Fall sind die von Leipzig seit

Die Überreste der 1945 gesprengten Burganlage

spätestens 1500 in Bärwalde zu finden. Bis 1731 blieb die Familie im Besitz von Bärwalde. Nachdem 1653 die Familie von Suttheimer Mitbesitzer wurde, kaufte 1734 Joachim Emanuel von Einsiedel den Besitz, den seine Tochter an Joachim Erdmann von Arnim weiterveräußerte. Die von Arnims blieben bis 1945 die Eigentümer.

Warum die russischen Truppen 1945 die Burg sprengten, ist ebenfalls unklar. Was von Bärwalde übriggeblieben ist und in den letzten zehn Jahren wieder mit viel Mühe aufgebaut wurde, kann man sich heute ansehen. Nach den Plänen des Landratsamtes soll hier in Zukunft Musik und Theater gezeigt werden – ein Vorhaben, das gut in die herrliche Umgebung paßt.

Die sechs Kilometer nach Wiepersdorf sollte man dennoch nicht scheuen. Hier kann man sich dann noch einmal Bärwalde und seine einstige Herrlichkeit ansehen; im sogenannten ›Bettina- Zimmer‹ hängt ein Ölgemälde, das das alte Bärwalde darstellt.

Chronologie

1157
Herr von Slawtitz erobert für Albrecht I. (›Der Bär‹) die wendische Festung Bärwalde.

1160
Markgraf Albrecht der Bär belehnt Herrn von Slautitz (oder auch Slawtitz) mit der märkischen Enklave Bärwalde.

1472
Herr von Leipzig kauft das Ländchen von der Familie von Wollenfels.

1690
Auf den Fundamenten der alten Burg wird das Ritterschloß Bärwalde errichtet (mit gotischem Saal und fast vier Meter starken Mauern).

1734
Edle von Einsiedel kauft Burg und Ländchen.

1776
Karoline Marie Elisabeth Freifrau von Labes kauft Burg und Ländchen und verschenkt es an ihre Tochter Amelie Karoline von Labes.

1777
Amelie Karoline von Labes heiratet Joachim Erdmann Freiherr von Arnim, den Vater des Dichters Ludwig Achim von Arnim; die Familie von Arnim bleibt bis 1945 im Besitz Bärwaldes.

1945
Burg Bärwalde wird von russischen Truppen gesprengt.

1996
Beginn erster Sanierungsarbeiten.

i Amt Bärwalde, Ortsteil Lichterfelde, 14913 Werbig, Tel. 03 37 46/69 60

Eisenhardt (Belzig)

Hoch über der Stadt Belzig erhebt sich die Burg Eisenhardt. Wie kein anderes Gebäude gilt sie als das Wahrzeichen der Stadt und der gesamten Region. Von dem kleinen Platz neben dem Friedhof kann man die Burg aus nächster Nähe und am besten betrachten: Das hohe Bauwerk aus roten Ziegeln wird von einem heute noch gut erkennbaren Wallgraben umgeben, der das ganze Gebäude noch imposanter erscheinen läßt. In das von zwei Halbtürmen umgebene Torgebäude führt eine mächtige Steinbrücke. Über dem Tor prangt – das sächsische Wappen. Es ist nicht die einzige Überraschung, die die wechselvolle Geschichte dieser Burg für den Besucher parat hält.

Ebenso spannend lesen sich auch die Sagen zu Eisenhardt. Bei Oskar Brachwitz und seinen ›Sagen aus dem Kreise Zauche-Belzig‹ erfahren wir folgendes:

»Vor langer Zeit herrschte auf Burg Eisenhardt ein Burghauptmann, der eine gar liebliche Tochter hatte. Alle ledigen Ritter und Reisige (also berittene Krieger, d. Vf.) der Burgbesatzung warben um die Gunst des schönen Fräuleins. Sie war jedoch spröde und ablehnend gegen ihre Bewerber. Da trat eines Tages ein junger Ritter in den Dienst der Burg, der, gewandt in allen ritterlichen Tugenden, ein wahres Abbild eines edlen Recken war. So blieb es nicht aus, daß gerade ihn sich das Fräulein zu ihrem Ritter erwählte und bald schlangen sich holde Liebesfäden um die beiden. Ihr Vater, der Burghauptmann, sah diese Beziehung nicht gern, da er andere Pläne hatte, als sie einem armen Ritter zu geben, der nichts besaß als seine Waffen und ein Pferd. Da kam eines Tages zur Burg die Kunde von dem Einfall der Türken in das Reich. Ein Heerbann sollte aufgestellt werden, der zum Entsatz der Stadt Wien eilen sollte. Auch von Burg Eisenhardt mußten dazu einige Ritter gestellt werden. Hier bot sich die beste Gelegenheit, den lästigen Brautwerber loszuwerden. Mit einigen anderen wurde er dazu bestimmt, zu dem Heerbann zu ziehen. Groß war die Trauer bei den Liebenden, denn sie ahnten, daß dieser Ritt nach Wien ein Abschied für immer war. Alles war zum Abritt vorbereitet. Gewappnet saßen die Ritter auf ihren Rossen, und inmitten des Burghofes verabschiedete sich der Burghauptmann von ihnen. An eines der Fenster gelehnt, schaute das schöne Burgfräulein wehmütig herab. Da erfaßte ihren Ritter ein unbändiger Abschiedsschmerz, voller Verzweiflung gab er seinem Rosse die Sporen, sprengte über den Burghof der Umfassungsmauer zu, riß das Pferd hoch und in einem kühnen Satz sprang dieses über die Mauer und fiel mit seinem Reiter in die Tiefe Hier war der Boden sumpfig und nach dem Aufprall versanken Roß und Reiter in den tiefen Morast. Nur noch aufsteigende Wasserblasen im Sumpf zeigten an, wo die beiden versunken waren. An dieser Stelle bildete sich ein kleiner Teich, der auch heute noch vorhanden ist. Angesichts der Verzweiflungstat des Ritters sank das Fräulein ohnmächtig nieder. Ein heftiges Nervenfieber warf sie auf das Krankenlager, von dem sie sich nicht wieder erheben sollte Nach wenigen Wochen erlöste sie der Tod von ihren Leiden. Auf dem Friedhof der Bricciuskapelle wurde ihr Leichnam begraben. Bald danach ging das Gerücht in der Stadt um, daß das tote Fräulein keine Ruhe in ihrem Grab finden könne. Jede Nacht müßte sie in ihrem weißen Leichenkleide die Gruft verlassen und zu der Stelle, an der ihr Geliebter versunken war, hinabschweben. In klaren Nächten soll die Ärmste noch immer zu sehen sein, denn bisher konnte niemand sie erlösen.«

Südlich von Lehnin, nur wenige Kilometer von Potsdam entfernt, ragte bis 1815 ein Zipfel sächsischen Gebiets weit in Brandenburgisches Territorium hinein. Mittendrin lagen das kleine Städtchen Belzig und die mächtige Burg Eisenhardt. Unterhalb des Burgberges führten wichtige Fernhandelswege vorbei: die alte Heerstraße, die von Brandenburg kommend in Nord-Süd-Richtung durch den Fläming – und vorbei an Burg Rabenstein – zur Elbe lief, von wo es über Wittenberg nach Sachsen ging, kreuzte sich hier mit der in West-Ost-Richtung führenden Straße von Magdeburg über Zerbst nach Jüterbog und von dort in Richtung Schlesien.

Auf dem Gelände der Burg und auf dem neben ihr gelegenen Bricciusberg konnten von Archäologen Besiedlungsspuren nachgewiesen werden, die in die frühe Eisenzeit, ins erste Jahrtausend vor unserer Zeitrechnung, zurückreichen. Im 7. und 8. Jahrhundert kamen die Slawen in das vermutlich unbesiedelte Land. In der schriftlichen Überlieferung, die hier mit dem 10. Jahrhundert einsetzt, wird dieser Landstrich ›Ploni‹ genannt. In einer Urkunde Kaiser Ottos III. vom Jahre 997 wird ein Burgward ›Belizi‹ erwähnt. Obwohl jüngst ein erneuter Streit darüber ausgebrochen ist, welcher Ort damit gemeint ist, spricht sehr vieles dafür, daß die Belziger 1997 zu Recht ihre 1000-Jahr-Feier begangen haben. Für das hierfür ebenfalls in Frage kommende dreißig Kilometer nordöstlich liegende Beelitz fehlen bislang archäologische Belege. Aus den 40er Jahren des 12. Jahrhunderts gibt

Belziger Stadtansicht (Ausschnitt). Nach einem Stich von Merian, 17. Jahrhundert

es Nachrichten über ein Geschlecht aus dem Anhaltinischen, das sich Grafen von Belzig nannte, und für die Zeit um 1150 ist ein Graf von Belzig als königlicher Burggraf von Brandenburg bekannt.

Erstmalig 1161 wird die Bricciuskapelle erwähnt, die noch heute etwas oberhalb vom Burgeingang zu finden ist und dem Burgberg seinen Namen gegeben hat. Völlig überraschend wurden in den Jahren 1993/94 bei Ausgrabungsarbeiten auf dem Areal der mittelalterlichen Kernburg die Überreste einer weiteren Kapelle gefunden. Dieses romanische Bauwerk wird auf die Zeit um 1200 datiert und gilt damit als einer der ältesten Sakralbauten auf einer brandenburgischen Burg. Die Archäologen gehen davon aus, daß dieser sensationelle Fund identisch mit der zwischen 1323 und 1350 erwähnten ›capella Katharinae in casto‹ ist, die seit dieser Zeit als zerstört und damit als verschollen galt.

Die Burg als Ganzes muß man sich ebenfalls völlig anders vorstellen, als sie heute zu besichtigen ist. Sie läßt sich aus den vorhandenen Bauresten noch ungefähr rekonstruieren. Die damalige Burg war erheblich kleiner als die heutige Anlage. In ihrem Zentrum stand ein mächtiger Bergfried auf einem angeschütteten Turmhügel. Der Bergfried, ›Butterturm‹ genannt, ist ein interessantes Beispiel für diese Art von Bauwerken: In 12 Meter Höhe lag sein nur über Leitern erreichbarer Eingang. In dieser ›Wohnetage‹ gab es einen Kamin und einen Abort. Die in der Schnittdarstellung gut zu erkennende Verjüngung des Turms im Inneren hat die Belziger wohl an ein Butterfaß erinnert. Daher soll, so eine der möglichen

Zwei Türme flankieren das Torhaus. Im Vordergrund eine Postmeilensäule

Deutungen, der Name ›Butterturm‹ rühren. Eine andere Legende besagt, daß für den Bau des Turmes neben den üblichen Feldsteinen und dem Ochsenblut auch Butter- bzw. Buttermilch verwendet wurde.

Die Burg geriet wiederholt in die Auseinandersetzungen zwischen Magdeburger Erzbischöfen, Sächsischen Herzögen und Brandenburger Markgrafen. Mehrfach wechselte sie den Besitzer, mitunter auch nach harten Kämpfen. So ist eine erfolglose Belagerung durch Magdeburger Truppen aus dem Jahre 1395 überliefert. Rudolf III., Herzog von Sachsen-Wittenberg, eilte damals seiner bedrängten Burg zu Hilfe und schlug die Belagerer in die Flucht. Elf Jahre später waren die Truppen des Erzbischofs dann aber erfolgreicher und bezwangen die Verteidigungsanlagen.

Im Jahre 1465 baute Kurfürst Ernst von Sachsen die Belziger Burg zu einer frühneuzeitlichen Festung aus. Sie ist die einzige ihrer Art in Nordostdeutschland und als solche ein wichtiges frühes Beispiel für den Übergang vom Burgen- zum Festungsbau. Der Ausbau zur Festung bestimmt weitgehend die heutige Gestalt der Burg Eisenhardt. Die Festungsanlage, die die Reste der mittelalterlichen Burg weiträumig umschließt, bildet ein unregelmäßiges Sechseck. An ihren Eckpunkten befinden sich fünf Rundtürme, die als Kanonenbastionen ausgeführt sind. Sie haben einen Durchmesser von 11 bis 23 Metern und große Artillerieschießscharten. Wie alte Ansichten zeigen, waren diese Rundbastionen ursprünglich höher und mit einem Kegeldach gedeckt.

Von besonderer Bedeutung ist das Torhaus. Das Tor wird von zwei halbrunden Türmen flankiert, die ebenfalls als Bastionen ausgebildet sind. In diesem Torhaus befindet sich eine besondere Kostbarkeit für den Architekturfreund: ein spätgotisches Zellengewölbe, das offenbar unter dem Einfluß des sächsischen Hofbaumeisters Arnold von Westfalen errichtet wurde. Nach dem Aus- und Umbau zur Festung erhielt die alte Belziger Burg ihren heutigen Namen ›Eisenhardt‹ – ihre Mauern, hart wie Eisen, sollten nun allen Geschützen widerstehen können. Ein, wie die Geschichte bald zeigen sollte, trügerisches Unterfangen. Denn in dem die nächsten Jahrhunderte bestimmenden Wettlauf zwischen der Vervollkommnung der Artillerie und der Verbesserung des Festungsbaus mußten die Burg Eisenhardt schließlich unterliegen. Die aus dem Mittelalter übernomme runde Form der Türme und Bastionen erwieß sich bald als ein großer Nachteil. Vor der Front dieser Befestigungen blieb ein sogenannter ›toter Raum‹, der von den Feuerwaffen nicht wirksam geschützt werden konnte. Spätestens seit dem Dreißigjährigen Krieg war die Burg Eisenhardt militärisch hoffnungslos veraltet. Von Schwedischen Truppen wurde die Festung 1636 angegriffen und verwüstet.

Erst für das Jahr 1684 hören wir von einem Wiederaufbau. Burg Eisenhardt teilte nun das Schicksal vieler alter Wehranlagen und wurde ein Magazin, die tiefen Keller an der Südseite wurden als Salzspeicher genutzt. Noch einmal statteten schwedische Truppen im Nordischen Krieg (1706/07) Belzig einen Besuch ab, und ihr Kriegsgegner, Zar Peter I., übernachtete hier bei einer Europareise im Jahre 1712. Außerdem war die Burg der Sitz eines sächsischen und später preußischen Amtes. Nur noch einmal, in den antinapoleonischen Befreiungskriegen von 1813/14, war Burg Eisenhardt ein Schauplatz am Rande großer geschichtlicher Ereignisse. Im März 1813 war sie Hauptquartier des russischen Generals Graf von Wittgenstein, als am 27. August 1813 in unmittelbarer Nähe der Burg eine Schlacht geschlagen wurde. Am Hagelberg bei Klein Glien trafen an diesem Tag die Truppen des französischen Generals Girard auf die preußische Landwehr. Ein riesiges Diorama im Heimatmuseun – im Torhaus der Burg – illustriert diese Schlacht ebenso wie die vielen anderen Alltagsgegenstände und alten Waffen das Leben auf der Burg. Nur wenige Meter von diesem Torhaus in Richtung Stadt entfernt, überschattet von uralten Linden, steht eine einsame Postmeilensäule, von der man sich, ebenfalls überliefert von Oskar Brachwitz, Besonderes erzählt:

»Vor vielen Jahren wohnte auf der Burg Eisenhardt ein Burggraf mit seiner tugendhaften und schönen Tochter. Diese kam fast täglich in die Stadt, um Einkäufe zu besorgen. Eines Tages sah ein Handwerksgesell die schöne Burggrafentochter und entbrannte in heftiger Liebe zu ihr. In der Nacht schlich sich dieser zur Burg und schaute sehnsüchtig zum Turmstübchen hinauf, in dem das Ritterfräulein eben das Licht löschte. Als schließlich alles in der Burg schlief, kletterte er im Mondlicht an dem Turm in die Höhe und hielt sich mit zitternden Händen in den Fugen des Mauerwerks fest. Endlich gelangte er nach furchtbaren Anstrengungen bis ans Fenster der Turmstube. In der lauen Sommernacht stand das Fenster offen, und mit klopfendem Herzen betrat der Geselle die Stube. Nachdem er lange vor dem Bett seiner Angebeteten gestanden hatte, wagte er es schließlich, der Schlafenden einen zaghaften Kuß auf den Mund zu drücken. Mit einem Schrei fuhr das Burgfräulein in die Höhe und betrachtete mit Erstaunen den fremden Jüngling, der vor ihrem Bett auf die Knie gesunken war, mit heißen Worten ihr seine Leibe gestand und um Verzeihung für seine Kühnheit bat. Eben wollte ihn das liebliche Mädchen aufheben, da öffnete sich die Tür und herein trat, hochrot vor Zorn, der Burgherr. Vergebens warf sich der junge Mann vor ihm auf die Knie; vergebens bat auch die Tochter, deren Herz von tiefem Mitleid bewegt war, um Schonung. Der erboste Ritter warf den kühnen Eindringling trotzdem in das Burgverließ.

›Dein Leben sollst du behalten, wenn du mir morgen früh das Geheimnis der Belziger Postsäule mitteilen kannst‹, sprach der Ritter hohnlachend zu dem unglücklichen Gefangenen. ›Sage mir, woher an jedem Abend der silberne Schein auf dem Pflaster an der Postsäule kommt, und du sollst frei sein. Kannst du es aber nicht, so ist mir dein Kopf verfallen.‹ Verzweifelt warf sich der Jüngling auf das harte Lager. Er konnte weder das Rätsel lösen, noch gelang es ihm, aus dem Kerker zu entfliehen. Endlich senkte sich doch der Schlaf auf den Armen, und in der

Morgenfrühe hatte er einen seltsamen Traum. ›Nun mag der Henker kommen‹, rief er beim Erwachen fröhlich aus und erwartete voll Ungeduld den Tag. Bald kreischten die rostigen Riegel, und breitbeinig stand der Ritter auf der Schwelle. Hinter ihm stand lachend der Henker. ›Nun Meister Hans‹, sprach der Ritter, ›greift Euch diesen lockeren Vogel. Er wollte hoch hinaus, so mag er gehängt werden.‹ ›Noch nicht‹, sprach mutig der Geselle, ›gebt mir einen Spaten und folgt mir!‹

Der Bergfried wird im Volksmund ›Butterturm‹ genannt

Man ließ ihn vorranschreiten und stand gleich darauf auf dem Burghof. Das Burgfräulein war mitleidig herabgestiegen und stand nun zitternd im Hof. Doch der Geselle nickte ihr zu und sprach: ›Wenn Gott mir beisteht, so will ich Euch das Geheimnis der Postsäule an Ort und Stelle sagen.‹ Damit ergriff er den Spaten und schritt, vom Henker geführt und von allen Burgbewohnern begleitet, zur Stadt hinunter. An der Postsäule angekommen, machte er halt und fing an, eifrig auf der der Burg abgewandten Seite der Säule zu graben. Neugierig umdrängten alle den Schaufelnden, der voller Zuversicht immer tiefer grub. Plötzlich klang es hohl in der Tiefe, und gleich darauf hob der Jüngling ein schweres irdenes Gefäß in die Höhe. ›Von diesem Golde‹, sprach er, ›kommt allabendlich der silberne Schein auf dem Plaster‹, und nahm den Deckel ab. Da zeigte sich das Gefäß mit Gold- und Silberstücken gefüllt. Ehrerbietig reichte der Geselle dem Burgherren den Krug. Dann fiel er ihm zu Füßen und bat um sein Leben. Doch der Ritter hob ihn in die Höhe, führte ihn zu seiner Tochter und sprach: ›Ich schenke dir nicht nur dein Leben, sondern auch die Hand meiner Tochter, wenn sie dich mag.‹ Noch am gleichen Tag wurde Hochzeit gefeiert, bald darauf wurde der junge Gesell zum Ritter geschlagen und später Burgherr auf Burg Eisenhardt. Der alte Burgherr zog auf seine zweite Burg und freute sich noch lange am Glück seiner Kinder.«

Vielleicht sollte man die Burg einmal abends besuchen und nachschauen, ob der silberne Schein noch immer zu sehen ist.

Chronologie

997
›burgwardium Belizi‹ erwähnt; möglicherweise handelt es sich um Belzig.
1134
Erste sichere Erwähnung eines ›Castrensis de Beltitz‹.
1139
Der Brandenburger Markgraf Albrecht der Bär verliert Belzig an den Welfenherzog Heinrich den Löwen.
1166
Bricciuskapelle im Vorburggelände genannt.
1278
Herzöge von Sachsen müssen Belzig an Erzbistum Magdeburg abtreten.
1298
Burg wieder an Sachsen, seitdem residieren hier die sächsischen Herzöge des öfteren.
1395
Belagerung durch Erzbischof Albrecht III.; Kurfürst Rudolf III. treibt die Belagerungstruppen auseinander.
1406
Erfolgreiche Belagerung durch Erzbischof Günther II.
1430
Vermutlich Abwehr eines Hussitenangriffs.
1436
Das sächsische Geschützinventar erwähnt zu Belzig ›12 stein buchsene‹.
1450
Friedrich III. von Brandenburg erobert Belzig.
um 1465
Vermutlich um diese Zeit Ausbau der Burg zur frühneuzeitlichen Festung; von Kurfürst Ernst erhält sie den Namen ›Eisenhardt‹; Tätigkeit des Baumeisters Albrecht von Westfalen.
1530
Martin Luther hält sich als Kirchenvisitator in Belzig auf.
1547
Im Schmalkaldischen Krieg plündern Kaiserliche Truppen die Stadt und zünden sie an.
1636
Eisenhardt wird von Schwedischen Truppen angegriffen und verwüstet, erst 1684 ist von einem Wiederaufbau die Rede.
1691
Kurfürst Johann Georg III. hält erstmals wieder Hof in Belzig.
1706/07
Standquartier Schwedischer Truppen im Nordischen Krieg.
1712
Zar Peter der Große wohnt auf dem Schloß.
März 1813
Hauptquartier des russischen Generals Graf von Wittgenstein während der Napoleonischen Kriege.
1815
Belzig an Preußen.
1817
Südöstliches Rondell, »das die Folterkammer enthielt« (nach Peter

Feist ›Burg Eisenhardt in Belzig‹) wird abgerissen.

1831

Landratsamt auf dem Schloß.

Nach 1842

Bewohner von Sandberg werden aus alten Verpflichtungen zum Burgdienst gelöst.

1849

König Friedrich Wilhelm IV., der ›Romantiker auf dem Thron‹, veranlaßt erste denkmalpflegerische Maßnahmen (u.a. Ausbesserung des Bergfrieds mit Ziegelmauerwerk).

Bis in die 20er Jahre des 20. Jahrhunderts

Amtsgefängnis in den Räumen des heutigen Museums.

Nach 1945

Im Schloß werden das Museum, eine Berufsschule und ein Jugendklub sowie eine Jugendherberge untergebracht. Später kommt noch ein Hotel dazu.

Burgmuseum und Flämig-Information, 14806 Belzig, Wittenberger Str. 14, Tel. 03 38 41/4 24 61, vom 1. Nov. bis 31. März: Mo, Mi, Do, Fr 10 bis 12 Uhr und 12.30 bis 16 Uhr, Di, Sa, So und feiertags bis 17 Uhr; vom 1. April bis 31. Oktober tägl. 10 bis 16 Uhr, Sa, So und feiertags bis 18 Uhr.

Tourist-Information Belzig, Am Markt, 14806 Belzig, Tel. 03 38 41/3 48 15, Mo bis Fr 9 bis 17 Uhr und Sa. u. So 10 bis 15 Uhr (auch Zimmervermittlung).

Direkt auf der Burg: ›Burghotel‹ und dazugehöriges Restaurant, Wittenberger Str. 14, 14806 Belzig, Tel. 03 38 41/3 12 96.
Hotel und Restaurant ›Belizi‹, Rosa-Luxemburg-Str. 31, 14806 Belzig, Tel. 03 38 41/3 22 30.
Hotel, Restaurant und Café ›Burg Eisenhardt‹, Straße der Einheit 41, 14806 Belzig, Tel. 03 38 41/3 57 97.

In jeder letzten Augustwoche wird auf Burg Eisenhardt eine mittelalterliche ›Burgfestwoche‹ gefeiert.

Burg Rabenstein

Rabenstein ist sicherlich eines der romantischsten Fleckchen im Hohen Fläming. Auf dem westlichen Rand des Bergs ›Steilen Hagen‹, 153 Meter über dem Meeresspiegel hoch über dem Dorf Raben gelegen, umgeben von Buchen und Eichenwäldern, steht die fast 750 Jahre alte Burg Rabenstein. Wer die Burg einmal im späten Herbst besucht, bei aufsteigendem Nebel oder in der Dämmerung, wird unweigerlich die namensgebenden schwarzen Vögel krächzen hören. Viel Phantasie braucht es nicht, daß einem dann eine leichte Gänsehaut über den Rücken läuft.

Schauerliches vermeldet auch die Sage vom verwunschenen Burgfräulein Rosemarie, deren Geschichte beim jährlich stattfindenden Burgfest von den Einwohnern des Dorfes Raben nachgespielt wird:

»Das ritterliche Paar, welches vor langer Zeit auf dem Rabenstein wohnte, hatte eine schöne Tochter Rosemarie. Die saß am Abend des Johannistages an ihrem Fenster und sah nach dem Dorf Raben unten im Tal. Sie konnte sehen, wie sich die Rabener Dorfjugend bei Spiel und Tanz vergnügte. Dabei wurde in ihr der Wunsch immer stärker, an diesem fröhlichen Treiben teilzuhaben. Rosemarie schlich sich in einfachen Kleidern heimlich von der Burg ins Dorf und mischte sich unter das fröhliche Volk. Dabei bemerkte sie gar nicht, wie schnell die Zeit verging. Plötzlich schlug es Mitternacht und vom Turm der Burg erschallten die Hörner. Das war das Zeichen, daß auf dem Rabenstein die Tore zur Nacht verschlossen wurden. Das Burgfäulein erschrak fürchterlich und lief zur Burg hinauf. Aber sie kam zu spät. Erst nach langem, heftigen Klopfen wurde sie eingelassen. Der Turmwächter, der ihr schließlich öffnete, meldete die Sache seinem Herrn, dem Ritter. Rosemarie wurde vor ihren zürnenden Vater gebracht und ihre Eltern verlangten von ihr, sie solle in der Burgkapelle vor ihnen und allen Ahnen erscheinen.

Nun wurden ihr die schweren Sünden vorgehalten und die Strafe dafür verkündet: Rosemarie werde, für jedermann unsichtbar, auf ewig in den Turm verbannt. Ihr werde Leinen gegeben, aus dem solle sie zwölf Hemden nähen. Jedoch darf sie nur alle fünfzig Jahre einen einzigen Nadelstich machen. Wenn es ihr gelingt, die Hemden fertig zu nähen, ist ihre Strafe erlassen und sie kommt wieder frei. Erlöst werden kann das arme Mädchen nur von einem kühnen Burschen, dem es gelingt, an der Außenmauer des dreißig Meter hohen Turmes ohne jegliche Hilfsmittel hinaufzuklettern und dadurch Rosemarie zu befreien. Viele sollen es schon versucht haben, aber noch keinem ist es gelungen, so daß Rosemarie, jung und schön wie einst, unsichtbar in ihrem einsamen Turmgefängnis sitzt. Täglich um Mitternacht geht sie traurig durch die Burg. Einmal im Jahr, in der Johannisnacht, steigen ihre Ahnen auf, versammeln sich mit Rosemarie in der Burgkapelle und halten ihr immer aufs neue ihre Sünden vor.«

Ganz so schauerlich-dramatisch wie Name und Sage verheißen, ist die Geschichte von Burg Rabenstein selbst allerdings nicht: Sie wurde erstmalig in der Mitte des 13. Jahrhunderts erwähnt, obwohl die Fachleute davon ausgehen, daß die an der früheren Heerstraße von Wittenberg nach Belzig gelegene Burg bereits ein Jahrhundert früher als Straßenwarte gegründet wurde. Der steinerne Bergfried ist mit Sicherheit der älteste Teil der Burg und wurde wahrscheinlich um 1200 erbaut. Er besitzt eine Höhe von 28 Metern und einen Durchmesser von 16 Metern und eine höchst auffällige Ähnlichkeit mit dem ›Butterturm‹ von Burg Eisenhardt. Aus sorgfältig behauenen Granitquadern errichtet, wirkt er noch heute ebenso massiv wie beeindruckend.

Sommerfest im Innenhof

Die erste uns bekannte urkundliche Erwähnung von Burg Rabenstein stammt aus dem Jahre 1251 (andere Quellen sprechen von 1248) und erwähnt einen Grafen von Belzig als Besitzer. Die Burg war im 14. und 15. Jahrhundert sächsisches Lehen derer von Oppen und wurde während dieser Herrschaft 1395 durch Magdeburger Truppen in Brand geschossen und zerstört. Schnell wieder in Stand gesetzt, wurde Rabestein dann in den kurfürstlichen Besitz übernommen. Bis ins 16. Jahrhundert hinein diente die Burg als Amtssitz, Kurfürst August von Sachsen (1553–1586) soll Rabenstein in seiner Amtszeit häufig besucht haben. 1628 wurde die Burg durch Johann Georg I. nach einer erneuten Zerstörung durch die Schweden an den Wittenberger Professor Erasmus Unruh verkauft; danach wechselte Rabenstein noch häufig den Besitzer. 1813 schlug der schwedische Kronprinz Bernadotte sein Hauptquartier in der Burg auf, bevor er weiter zur Schlacht bei Dannewitz zog. Seit 1889 ist die Burg Rabenstein kein Rittergut mehr, die

Mittelalterspektakel

landwirtschaftlichen Nutzflächen wurden in Forste umgewandelt. In den Jahren 1889 bis 1945 wurden die Gebäude als Försterei und Forstschule und ab 1956 als Jugendherberge genutzt.

Die Burg ist eine typische Randhausburg mit Bergfried, Rittersaal, Folterkammer, Kapelle und Torhaus. Wer den Bergfried bestiegen hat, wird zu allen Jahreszeiten mit einer wunderbaren Aussicht über den Hohen Fläming belohnt. Zu den Besonderheiten der Burg gehört der sogenannte ›Rittersaal‹, der heute für Rittermahl- und Mittelalterspektakel genutzt wird, aber ursprünglich sicherlich nur ein simpler Vorratsraum oder eine Stallung gewesen war. Ebenfalls sehr interessant ist der Aborterker, der sich an der noch sehr ursprünglich wirkenden Nordseite der Burg befindet.

Nicht minder spannend als die ältere Historie von Burg Rabenstein ist ihre allerjüngste. Sie sollte man sich bei einem der hervorragenden Wildgerichte vom Wirt des nahegelegenen ›Gasthaus Hemmeling‹ erzählen lassen. Er weiß über all die Investoren und Konzepte zu berichten, die sich mit Burg Rabenstin beschäftigten. Unter anderem waren Spielkasion, Bordell und Luxushotel geplant. Daraus wurde aber nie etwas.

Zu den seriöseren Angeboten darf man da schon die späteren Konzepte zählen: Die Burg sollte zum ständigen Sitz eines Europäischen Jugendorchesters ausgebaut werden. Dann wollte die auf vielen Mittelalterspektakeln anzutreffende Truppe ›Spekulatius‹ aus Rabenstein eine permanente Erlebnisburg machen. Mittelalterlich gewandete Animateure sollten den Besuchern das Leben der ›Ritterzeit‹ nahebringen, einschließlich einer gastronomischen Versorgung auf zwei Etagen. In das Projekt sollten 15 Millionen Mark investiert werden. Keine verheißungsvolle Perspektive, urteilte die Bürgerschaft von Raben und lehnte ab. Ob man sich nun vor dem zu erwartenden Tourismusrummel fürchtete oder nicht an das Finanzierungskonzept glaubte, sei dahingestellt; zu einem Entschluß kam es dann schließlich im Oktober 1998. Der Arbeits- und Ausbildungsverein Belzig pachtete die Burg von der Gemeinde für die Zeit von 33 Jahren. Handkuß und Hofknicks, Menuette und ritterliche Tischsitten – das alles, natürlich in zeitgemäßen Gewändern, soll man jetzt auf der Burg lernen können. »Das ganze soll vor allem Spaß machen«, sagt Vereinschef Bernd Schlägel, der noch einiges auf der Burg vorhat. Geplant ist eine Galerie, ein Bauerntheater in der Scheune, eine mittelalterliche

Schauapotheke und ein Wahrsagerstübchen. Eine Attraktion hat sich sehr schnell durchgesetzt: Heiraten in der Burgkapelle erfreut sich höchster Beliebtheit.

Nachdem zuvor die Dächer erneuert und die alte Scheune restauriert wurden, ging man 1999 an die Sanitär- und Heizungsanlagen. In den Jahren 1999 und 2000 sind insgesamt 1,2 Millionen Mark an Fördermitteln verbaut worden. Als weitere Vorhaben sind der weitere Ausbau des ›Rittersaals‹ und der Neubau des ›Rabennestes‹ geplant. Hier, unmittelbar vor der Burg, sollen Jugendliche auf Strohsäcken oder im puren Heu übernachten können. Denn auch wenn die Jugendherberge von Rabenstein – immerhin die älteste ihrer Art auf dem Gebiet des ehemaligen DDR – aus dem derzeit gültigen Jugendherbergsverzeichnis gestrichen wurde, sind Schulkassen und Wandergruppen immer willkommen. »Wir bleiben auch nach der Modernisierung preiswert«, verspricht Herbergsleiter Fritz Lintow, der seinen Gästen neben der allbekannten Rosmariensage auch noch andere Geschichten von Burg Rabenstein erzählen kann:

»Vor mehreren hundert Jahren lebte auf Burg Rabenstein der Ritter Dietrich von Oppen, der ein eifriger Jäger war. Als seine Frau kurz nach der Geburt eines Töchterchens starb, fühlte er sich auf der Burg sehr vereinsamt. Nun war er noch öfter auf der Jagd. Dabei vergaß er fast das Kind. Einmal lernte er eine schöne und reiche Bürgerstochter aus Brietzen, dem heutigen Treuenbrietzen, kennen, mit Namen Helene Rietz, die er auch heiratete. Aber sie hatte ein hartes Herz und wurde dem Kind eine böse Stiefmutter. Es wurde noch schlimmer, als der Ritter plötzlich starb. Die Leute sagen, sie habe ihn mit Gift des Fingerhuts umgebracht. Als Mechthild, so hieß die Tochter, herangewachsen war, traf sie bei einem Jagdessen den jungen Ritter Otto von Lypzk, der ihr Herz gewann. Er kam und hielt bei der Stiefmutter um die Hand der Tochter an, wurde jedoch mit Hohn und Spott abgewiesen, obwohl Mechthild ihn gern zum Mann gehabt hätte. Und so sann Mechthild auf einen Ausweg. Sie verabredete mit dem Ritter, daß sie ihn mit seinen Mannen in die Burg hereinlassen würde. So geschah es dann: Eines Nachts überfiehl Otto von Lypzk die Burg, die Wächter wurden niedergeschlagen, auch die hartherzige Burgfrau fand im Getümmel den Tod. Der Ritter Otto von Lypzk ließ sich bald darauf mit Mechthild trauen und wurde so Herr auf Burg Rabenstein.«

Chronologie

Mitte des 12. Jahrhunderts
Gründung der Burg durch die Grafen von Belzig.

Um 1200
Errichtung des Bergfrieds.

1251
Erste Erwähnung des Burgnamens in einer Urkunde des Grafen von Belzig.

Um 1300
Herzog Rudolf von Sachsen läßt den Rabenstein stärker befestigen.

Um 1320–1425
Burg Rabenstein ist im Besitz der Familie von Oppen.
1395
Während einer Fehde zwischen dem Erzbischof von Magdeburg und dem Herzog von Sachsen wird die Burg durch Feuer zerstört.
1401
Auf der vollständig wieder hergestellten Burg wird ein Kriegsvertrag geschlossen.
1414
Unterhalb der Burg kommt es zu einem Gefecht mit der Streitmacht Dietrich von Quitzows, der aber nach seinem Sieg über die Burgmannen auf eine Belagerung verzichtet.
Nach 1425
Kurfürst Friedrich der Sanftmütige von Sachsen erwirbt die Burg.
1547
Nach der Schlacht von Mühlberg im Schmalkaldischen Krieg übersteht der Rabenstein wegen seiner Lage und Festigkeit die Angriffe spanischer Söldner, denen die Wiesenburg zum Opfer fällt.
Nach 1533
Mehrere Jagdaufenthalte zur ›Sauhatz‹ von Kurfürst August auf der Burg. In dieser Zeit werden ein Mörser und eine Kanone angeschafft.
1625
Verkauf des Rabenstein an den Prof. Erasmus von Unruh durch die Kurfürsten, die aber weiter den Titel Herren von Rabenstein führen.
1631
König Gustav Adolf II. von Schweden nimmt für einige Tage Quartier auf der Burg.
1618–1648
Während des Dreißigjährigen Krieges wird der Rabenstein von den Schweden eingenommen und lange Jahre besetzt gehalten.
1665
Verkauf der Burg an W. Leyser, dessen Erben sie bis 1720 besitzen.
1712
Besuch von Zar Peter I. auf der Burg.
1717
Einrichtung der Burgkapelle im Bergfried.
1720
Kauf der Burg durch den anhaltinischen Amtmann in Lindau, Heinrich Loesecke.
1786
Verkauf des Gutes Rabenstein an den Hofmarschall Karl-August von Stange für 40 800 Taler.
1804
Von Stange verkauft Rabenstein für 72000 Taler an die Erbprinzessin Christine Amalie von Anhalt, die zur Verwaltung Amtleute einsetzt.
1813
Der französiche Marschall Bernadotte errichtet vor der Schlacht bei Dennewitz für einige Tage auf dem Rabenstein sein Hauptquartier.
1815
Rabenstein wird preußisch.
1832–1848
Das Gut gehört dem Rittmeister von Schönebeck.

1890
Das Gut wird wegen Unrentabilität aufgegeben und dient bis 1945 als Försterei.
1956
Einrichtung einer Jugendherberge.
1990
Beginn umfangreicher Restaurierungsarbeiten.
1993
Erneuerung der Balkenkonstruktion und des Daches im ›Rittersaal‹.
1998
Die Burg wird für 33 Jahre an den Arbeits- und Ausbildungsverein Belzig verpachtet.

Gasthaus Hemmerling, Dorfstr. 27, 14813 Raben, Tel. 03 38 48/6 02 18, tägl. ab 10 Uhr.
Jugendherberge auf Burg Raben, 14823 Raben, Tel. 03 38 48/6 02 21.
Zimmervermietung: Familie Moritz, Zur Burg 9, 14823 Raben, Tel. 03 38 48/6 05 97.

Zu Ostern und am zweiten Wochenende im Juli wird auf Rabenstein das Mittelalter wieder lebendig: Ritter messen sich in Schaukämpfen, Gaukler und Feuerspeier zeigen ihr Können, und es gibt allerlei Trödel und Tand auf dem mittelalterlichen Markt.

Schloß Wiesenburg

Zu Beginn des 12. Jahrhunderts war der Fläming fast unbesiedelt, seine sanften Hügel und Kuppen waren noch ausschließlich von Wäldern und Heide bedeckt. Der Fläming war sowohl während der germanischen Besiedlung – bis zur Völkerwanderung – als auch während der slawischen Siedlungszeit im 7. und 8. Jahrhundert ein bewaldeter Höhenzug zwischen den hier ansässigen Stämmen und Völkerschaften.

Eine Änderung trat erst nach 1115 ein, nachdem Otto von Askanien, der Vater Albrechts der Bären, den slawischen Gau Zerwisti (Zerbst) unterworfen hatte und über den Fläming hinweg bis zur Zauche vordrang. Ab 1138 hatte die Belziger Burg eine deutsche Besatzung. In dieser Zeit ist wahrscheinlich auch die Wiesenburg entstanden. Sie sollte die Verbindung von Jüterbog über Belzig nach Görzke und Magdeburg einerseits und nach Zerbst andererseits sichern. Auf einem kleinen, nach drei Seiten abfallenden Hügel wurde so in der zweiten Hälfte des 12. Jahrhunderts diese runde oder ovale Burganlage errichtet, an die vor allem der heute noch weithin sichtbare ehemalige Bergfried mit dem später aufgesetzten Kegeldach erinnert.

Den Eroberern folgten rasch deutsche Bauern, die sich, wegen des Schutzes, den sie bot, im unmittelbaren Bereich der Wiesenburg ansiedelten. Schließlich wird die Wiesenburg erstmals in einer Urkunde aus dem Jahr 1161 ausdrücklich als ›burgwardium‹ erwähnt.

Im Jahre 1180 fiel die Grafschaft Belzig und damit auch die Wiesenburg an das Herzogtum Sachsen. Sie sollte zusammen mit der Belziger Burg und dem etwas später gegründeten Rabenstein das gesamte Gebiet gegen den Erzbischof von Magdeburg und den Markgrafen von Brandenburg sichern. Darum erhielt die Wiesenburg bald nach 1200 anstelle der alten Befestigung aus Holz und Erde auch eine Ummauerung aus Feldsteinen, die stellenweise bis zu zwei Meter dick war. Noch heute haben sich Teile dieser Mauer im Turmbereich und in der Außenmauer des Ostflügels erhalten. Auch der untere Teil des Schloßturmes stammt aus dieser Zeit.

Die wechselvollen Kämpfe um den Besitz des Flämings erreichten in der Zeit zwischen 1390 und 1430 ihren Höhepunkt. Verwickelt in diese Auseinandersetzungen waren die Brandenburger untereinander, aber auch Magedeburger und Kursächsiche Truppen, dies in wechselnden Bündnissen. Im Verlaufe der Kämpfe gelang es dem sächsichen Kurfürsten, seinen Besitz zu behaupten. Damit wurde Wiesenburg als Befestigung nach und nach überflüssig. Kurfürst Rudolf verkaufte die Burg zusammen mit dem riesigen Waldgebiet der Brandsheide im Jahr 1456 an die Herren Brandt von Lindau, die schon vorher diverse Besitzungen am Nordrand

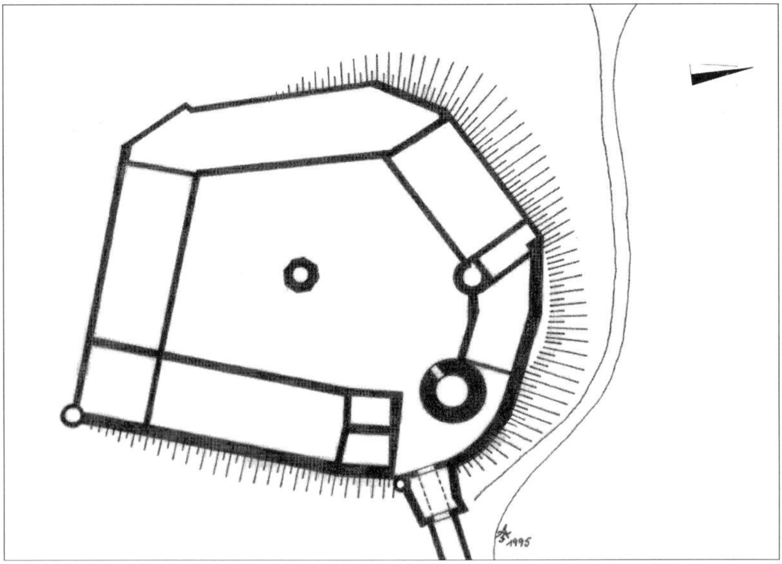

Grundriß Schloß Wiesenburg

des Fläming erworben hatten. Die neuen Herren begannen zügig mit dem Umbau der Burg zu einem adligen Wohnsitz – ein Umbau, der erst 1547 unterbrochen wurde, als spanische Söldner im Dienste Karls V. Schloß und Dorf niederbrannten. Beim Wiederaufbau wurde dann der Schloßcharakter noch stärker betont.

Der Schloßgiebel geht auf Umbauten aus den Jahren 1864–1866 zurück

Schon die Bezeichnung Schloß Wiesenburg weist darauf hin, daß es sich hier um ein Schloß handelt, das auf den Resten einer mittelalterlichen Burg errichtet wurde. Man betritt die Anlage durch das in der zweiten Hälfte des 16. Jahrhunderts entstandene imposante, rechteckig aus der Außenmauer hervortretende Torhaus. Im hinteren Teil der tonnengewölbten Durchfahrt sind noch immer Teile der hochmittelalterlichen, romanischen Toranlage zu sehen. Der reichgeschmückte Giebel und die Umrahmung des Torbaues stammen von den Umbauten 1864–1866. An ihn schließt sich zu beiden Seiten des Eingangs eine mächtige Ringmauer an, erkennbar an den großen Feldsteinquadern. Vor dieser Mauer lassen sich die Überreste des einstigen Burggrabens erahnen, über den sicherlich eine Zugbrücke führte. Heute überspannt den Graben eine Brücke aus der zweiten Hälfte des 19. Jahrhunderts.

Beherrscht wird diese Eingangssituation vom 48 Meter hohen Bergfried, dessen unterer Teil aus der Gründungszeit der Burg stammt. Ähnlich wie auf der benachbarten Burg Rabenstein schützt er die am meisten gefährdete Stelle jeder Burg, das Tor. Der heute leider zugemauerte, ehemalige Einstieg in diesen Turm befindet sich in etwa 12 Meter Höhe, auf der dem Hof zugewandten Seite. In den Turm selbst gelangt man heute durch das Torhaus, vorbei an der ehemaligen Gerichtsstube, auf einem Übergang, ebenfalls aus der zweiten Hälfte des 19. Jahrhunderts. Schon im späten 17. Jahrhundert wurde an der Südwestecke des Torhauses ein kleiner runder Treppenturm errichtet. In diese Zeit fallen viele Umbauten, von denen auch folgende Geschichte erzählt:

Weil Benno Friedrich Brand zu Lindau auf Wiesenburg um 1600 sein Schloß umbauen wollte, berief der Graf den berühmten niederländischen Bildhauer Alexander Colins nach Wiesenburg. Der alte Schloßhauptmann Mende aber, der seit über 70 Jahren auf der Burg diente, haßte aus tiefstem Herzen jede neumodische Veränderung an seinem geliebten Gemäuer. Als nun der fremde Bildhauer sich daranmachte, die ehrwürdigen Fassaden zu verändern, erfaßte ihn eine noch tiefere Abneigung gegen Colins. In einer regnerischen Nacht kam Colins von einer Wanderung aus Wittenberg zurück und verlangte Einlaß in die Burg. Nun konnte sich der alte Schloßhauptmann wenigstens ein bißchen rächen: Der alte Mende ließ die Zugbrücke nicht hinunter und Colins mußte die Nacht vor der Burg verbringen. Während der einsamen Stunden kam ihm die Idee, daß die Spitze des Tores eine hübsche Verzierung vertragen würde. Am nächsten Tag modellierte er

Der Schloßpark ist von einzigartiger Schönheit

dann die Figur, die heute noch auf dem Torbogen steht und im Volksmund ›Männeken-Tor‹ genannt wird. Es wird erzählt, daß der alte Hauptmann vor Wut über seine Karikatur einen Schlaganfall bekam und starb. Andere Quellen berichten hingegen, daß der Graf über den Streich schallend gelacht habe und Mende sein Bildnis noch einige Jahre ansehen mußte.

Über die Grenzen des Fläming hinaus bekannt wurde der kleine Ort Wiesenburg nicht durch sein Schloß, sondern vor allem wegen des Schloßparks, der als der schönste Landschaftspark zwischen Potsdam-Sanssouci und Wörlitz gilt. Er wurde von 1868 bis 1880 durch den 1839 geborenen Kurt von Watzdorf mit der Unterstützung des Botanikers und Försters Karl Günther Gebbers angelegt. Der

Park hat in seinen Baumpartien einige Besonderheiten zu bieten wie Douglasien, verschiedene Tannen und Fichtenarten, aber auch seit 1860 Nadelhölzer aus Japan und China; sie werden von Teichen, Wasserspielen, ausgedehnten Wiesen und Blumenbeeten ergänzt. Im Park sollen mehr als 50 verschiedene Blumenarten zu bewundern sein, die das Skulpturenensemble der Plastiken von Alexander Calandrelli und Joseph von Kopf wunderbar einbetten. Nach den umfangreichen Wiederherstellungsarbeiten durch die Denkmalspflege ist der Park jetzt wieder in seiner ganzen Schönheit zu bewundern – empfehlenswert ist vor allem die Zeit zwischen Mai und Juni, denn so viele in voller Blüte stehende Rhododendren sieht man selten. In diesen Monaten ist sicherlich auch ein Spaziergang am Schloßteich am reizvollsten. Man sollte dann aber auch an die tragische Geschichte denken, die sich um diesen See rankt:

»Der Ritter Winfried von Wiesenburg hatte sich gerade eine reizende Frau aus der nahen Burg Rädigke genommen, als er dringend seinem Bruder im fernen Thüringen zur Hilfe eilen mußte, da dessen Feste von wilden Slawenhorden überfallen worden war. Als es nun zwischen ihm und seiner weinenden Gattin zum Scheiden kam, reichte er ihr eine kleine silberne Glocke und sprach: ›Nimm diese Glocke, die mir einst die Nixe unseres Schloßteiches geschenkt hat. Hänge sie ruhig in dein gemach, solange sie schweigt, lebe ich, falle ich aber in einer Schlacht, erliege meinen Wunden oder werde von eine Krankheit dahingerafft, wird diese Glocke von meinem Tod künden. Solltest du mir aber die Treue brechen, so wird mein Herz in der selben Stunde zerspringen, und die Glocke wird es dir gleichfalls mitteilen.‹

Mit diesen Worten schieden die beiden – vereint in tiefstem Leid. Viele Wochen und Monate gingen ins Land, und von dem Grafen kam keine Kunde auf die einsame Feste im Fläming. Die Gräfin hatte die Bitte des Grafen natürlich erfüllt und die kleine Glocke über ihrem Betaltar aufgehängt. Anfangs betrachtete sie die kleine Glocke mit Grauen, da sie immer dachte, sie könne erklingen und sie mit namenlosem Schmerz erfüllen. Aber wieder verging ein Jahr und dann noch eins, und noch immer war die Glocke nicht erklungen. Die junge Frau betrachtete sie nun bald nicht mehr mit geheimem Schauder, sondern mit beinahe gleichgültigen Blicken – obwohl sie noch immer in reiner Liebe und Sehnsucht des fernen Gatten gedachte.

Nicht weit von Wiesenburg, auf der Feste Niemegk, wohnte ein junger Ritter, die in großer Leibe für die vermeintliche Witwe entbrannt war. Er bestürmte die Edle mit seinen Anträgen, die sie natürlich anfangs standhaft zurückwies. Doch allmählich siegte in ihr das Verlangen, nicht mehr so allein zu sein, und sie gab schließlich dem Drängen des Ritters nach. Nun erzählte sie ihm auch, daß sie ihren Gemahl noch am Leben glaubte, und teilte ihm das Geheimnis der Glocke mit. Da lächelte der Ritter ungläubig und meinte: ›Es ist wohl das Beste, wenn wir die Glocke wieder in den See zurückwerfen. Dann kann sich die Nixe ihr Eigentum wiederholen.‹ Von den Reden des jungen Ritters betört, gab die Dame schließlich nach. In dem Augenblick, in dem der Ritter nach der Glocke greifen wollte, um sie in den See zu werfen, schlug diese plötzlich mit drei kurzen hellen Schlägen. Das Fenster tat sich plötzlich auf, und eine weiße, nasse Hand griff nach der Glocke und verschwand mit ihr. Die junge Burgherrin aber stürzte der Glocke nach in den triefen, grundlosen Schloßgraben und tauchte nie wieder auf. Der Graf jedoch starb zur selben Stunde im fernen Thüringen.«

Chronologie

1161
Erste Erwähnung des Burgward Wiesenburg.

1288
Erwähnung eines Otto von Brene, Lehnsmann des Erzbischofs von Magdeburg, als Besitzer der Wiesenburg.

1356
Kurfürst Rudolf von Sachsen erwirbt die Wiesenburg.

1456
Die Familie Brandt, die sich später ›von Lindau‹ nennt, erwirbt Schloß und Herrschaft Wiesenburg, ihr verdankt die ›Brandtsheide‹ ihren Namen.

1547
Zerstörung der alten Wiesenburg durch spanische Söldner.

1555
Neuaufbau der Anlage zu einem mehrflügligen Renaissanceschloß.

1609
Errichtung des Schloßbrunnens, er wird später (1865) in die Mitte des Schloßhofes versetzt.

1636
Zerstörung des Schlosses.
2. Hälfte des 17. Jahrhunderts
Erneuerungs- und Umbauarbeiten am Schloß.

1682
Das Vorschloß wird errichtet.

17./18. Jahrhundert
Errichtung von Süd-und Westflügel.

1754
Durch Aussterben der männlichen Linie der Brandts fällt Wiesenburg an die Familie von Watzdorf, dann an die Familie von Fürstenstein.

1815
Wiesenburg wird preußisch.

1864–1866
Umbau des Schlosses durch Otto Mothes.

1864–1880
Der Landschaftspark wird angelegt.

1868–1880
Weitere Umbauten des Schloßes durch den Architekten A. Hense.

Nach 1945
Das Schloß wird als Spezialschule für Russisch genutzt.

Nach 1992
Leerstand.

Heimatstube im Schloßturm: Mo bis Fr 10 bis 17 Uhr, Sa und So 10 bis 18 Uhr.

Fremdenverkehrsverein Hoher Fläming e.V:, 14827 Wiesenburg, Schloßstraße 1, Tel. 03 38 49/5 04 45, Fax -5 02 71.

Parkrestaurant Schloß Wiesenburg, Schloßstraße 2, 14827 Wiesenburg, Tel. 03 38 49/ 5 00 95. Schloßschänke ›Zur Remise‹, Schloßstraße 2, 14827 Wiesenburg, Tel. 03 38 49/5 00 95.
Gaststätte ›Zur Erholung‹, Friedrich-Ebert-Str. 2, 14827 Wiesenburg, Tel. 03 38 49/5 02 39.
Simones Café, Am Parkeingang, 14827 Wiesenburg, Tel. 03 38 49/5 03 46.

Parkfest immer im August: Freilichtvorführungen, Markttreiben, Hubschrauberrundflüge, Kabarett, Angelwettbewerbe und abschließendes Feuerwerk.

Burg Ziesar

Vom einstigen Ruhm und Glanz ist dem Städchen Ziesar nicht mehr viel geblieben. Es liegt mitten in der Zauche, dem Landstrich zwischen Brandenburg, der Havel und dem hohen Fläming. Der uralte Name Zauche entstammt wie so viele Begriffe der Mark dem slawischen Wortschatz – allerdings streiten sich noch immer die Gelehrten, ob Zauche nun auf das Wort ›sucha‹ für dürres, trockenes Land oder auf ›sulka‹, also Sumpfland, zurückzuführen ist. Hier um Ziesar muß jedenfalls vor über tausend Jahren das nasse Element überwogen haben, denn sonst hätten die Slawen ihre erste Burgsiedlung nicht ›Ezeri‹ – hinter dem See – genannt. Später wurde aus Ezeri das ›Segesere‹ und schließlich das heutige ›Zi-e-sar‹, wie die korrekte dreisilbige Aussprache lautet.

Der Name Ziesar wird zum ersten Mal in der Stiftungsurkunde des Bistums Brandenburg von 948 genannt. Seit 1337 Stadt, verdankt der Ort seine geschichtliche Bedeutung vor allem der Tatsache, daß Burg Ziesar seit der Amtszeit von Bischof Ludwig von Neindorf ab 1327 – bis 1560 – die Residenz der Bischöfe von Brandenburg und damit zum Mittelpunkt der Verwaltung des Bistums wurde. Im Jahre 1571 gelangte die Burg in kurfürstlichen-brandenburgischen Besitz und wurde in eine Domäne umgewandelt, die sie bis 1819 blieb.

Vom inneren Burgbezirk ist heute neben dem mehrfach umgebauten Nordflügel des bischöflichen Palastes noch der aus dem 13. Jahrhundert stammende Bergfried erhalten. Seine heutige Gestalt erhielt das 37 Meter hohe, aus gewaltigen Granitsteinquadern bestehende Gebäude unter Bischof Matthias von Jagow, der hier zwischen 1526 und 1544 residierte. Er ließ auch die noch heute imposant wirkende Backsteinturmhaube auf den Turm setzen. Diese ›Bischofsmütze‹ sollte die Funktion der Burg weithin sichbar werden lassen.

Bis vor einigen Jahren führten die 126 Stufen im Innern des Turmes auf eine Aussichtsplattform, auf der man dann einen herrlichen Panoramablick in die Zauchelanschaft und auf die Stadt Ziesar hatte. Zur Zeit ist dies wegen bautechnischer Mängel nicht möglich. Ein weiteres Kleinod märkischer Baukunst erwartet den Besucher mit der aus dem Jahre 1440 stammenden Kapelle, die manchmal auch Schloßkirche genannt wird: Neben dem wunderschönen Portal sind vor allem gut erhaltene Freskenmalereien und grazil profilierte Fenster zu bewundern. Die Kapelle wird heute noch zu Andachten genutzt.

Von der einstigen hochherrschaftlichen Burg mit ihrer imposanten Vorburg, dem Bischofspalais, den gewaltigen Ringmauern, ihren zahlreichen Wirtschaftsgebäuden, Stallungen und Mannschaftsunterkünften ist heute nicht mehr viel zu sehen. Lediglich der ›Storchenturm‹ ist geblieben. Der aus dem späten 15. Jahrhundert stammende Backstein-Rundturm verdankt seinen Namen den dort alljährlich nistenden Vögeln. Immer wieder ist zu lesen, daß dieser Turm auch als Verließ gedient haben soll – eine Vermutung, die allerdings von Fachleuten als abwegig und wenig wahrscheinlich abgelehnt wird. Trotzdem erinnert dieses Gerücht an eine Zeit, in der Ziesar plötzlich und unverhofft das Interesse nicht nur

Die 1470 geweihte Burgkapelle ist jetzt katholische Pfarrkirche

der Mark, sondern ganz Deutschlands auf sich zog: »Der Vogt benutzte jede Gelegenheit, ihn zu quälen, doch war der Ritter zu stolz, um sich seinen Grimm darüber anmerken zu lassen. ›Ich fragte, ob Ihr Brot und Wasser wollt, Herr Ritter Kaspar Gans von Putlitz, Lenzen und Wolfshagen?‹

Er sprach den Namen vollständig aus und nannte die drei vom Markgrafen eroberten Schlösser des Putlitz, um den Gefangenen dadurch zu kränken. Aber die Antwort blieb abermals aus.

›Schön, wer nicht spricht, soll auch nichts haben! Nun seht, woher Ihr ein Futter für –‹ Er kam nicht weiter. Putlitz hatte kaum wahrgenommen, daß die Tür vollständig geöffnet und daß der Vogt allein war, so blitzte ein rascher Entschluß in ihm auf, der Entschluß zu fliehen. Der Gedanke war zwar mehr als kühn, er war verwegen, vielleicht auch aussichtslos, da es fast unmöglich war, aus dem Schloß zu entkommen, selbst wenn es glückte, den Verliesen zu entrinnen. Aber zu verlieren war hier ja nichts, und so erhob sich Putlitz, noch ehe Matthias dessen Absicht erraten konnte, blitzschnell vom Lager, faßte den Vogt bei der Brust, entriß ihm die Laterne und schleuderte ihn dann mit solcher Wucht an die gegenüberliegende Mauer, das der Mann dort sofort zusammenbrach. Nun schlug der Ritter die Kerkertür zu, zog den Schlüssel aus dem Schloß und stieg langsam und vorsichtig die Treppe empor.«

So kann man die Geschichte in Karl Mays ›Wildwasser‹ nachlesen, einer kurzen Erzählung, die ausschließlich auf Burg Ziesar angesiedelt ist. In ihr werden einige andere, verbürgte Fakten aber nicht erwähnt:

Nachdem Kaiser Sigismund im Jahre 1411 den Nürnberger Burggrafen Friedrich von Hohenzollern zum Statthalter und Verweser Brandenburgs eingesetzt hatte, revoltierte der märkische Adel. Besonders taten sich hier die Familien derer von Quitzow und die Edlen Gans zu Putlitz hervor. Der zu dieser Zeit auf Ziesar residierende Bischof Johann von Waldow hielt allerdings zum neuen Landesherren. Durch einen Zufall konnte dessen Burghauptmann Hans von Reedern am 30. November 1413 den Verweser der Prignitz – eben jenen aus der Erzählung bekannten Caspar Gans Edler Herr zu Putlitz – gefangennehmen. Der ›Storchenturm‹ soll der Sage nach als dessen Gefängnis gedient haben, und das mehr als zwei Jahre lang bis zur Aussöhnung des Caspar Gans mit den Hohenzollern.

Aber Ziesar war auch ein Hort der Dichtung und schönen Künste. Brandenburgs bedeutendster Minnesänger, Otto IV., besuchte die Burg nachweislich mehrere Male. Markgraf Otto IV. (um 1250–1309) erhielt seinen Beinamen ›Otto mit dem Pfeil‹ nach der Belagerung von Staßfurt, in deren Verlauf der sonst so zart besaitete Barde von einem Pfeil in den Kopf – nach anderen Überlieferungen in den Hals – getroffen wurde. Es darf sicherlich als ein Wunder bezeichnet werden, daß der Sänger diese schwere Verletzung überlebte. In Erinnerung an diesen glücklichen Umstand gab sich der Minnesänger dann seinen neuen Namen.

Fast 650 Jahre vergingen, bis wieder ein Minnesänger auf der Burg Quartier bezog: Nikolai de Treskow. Ein Name, der auf Burg Ziesar bereits schon einmal erklang – ein von Treskow soll dem lebenslustigen Bischof Mathias von Jagow als Edelknabe gedient haben. Obwohl das Mittelalter noch immer als finstere Zeit der Barberei und der Pest gilt, gibt es seit einigen Jahren ein großes Interesse für diese Epoche. Der Andrang auf die zahlreichen Mittelaltermärkte oder die starke Nachfrage nach mittelalterlich angelehnter Kleidung und Accessoires belegen dies.

Immer dabei, wenn es um die ›Neukultivierung des mittelalterlichen Lebens‹ geht, ist ›Deutschlands einziger Minnesänger‹, Nikolai de Treskow, der seit einigen Jahren auf der Burg Ziesar ›Hof hält‹. Seit 1997 eröffnet hier immer ab Mitte Juni unter seiner Leitung die ›Erste Europäische Minneschule‹ ihre Pforten.

Er möchte seinen Zöglingen beibringen, daß es auch eine »völlig andere Form der Leidenschaft gegenüber einer Frau gibt als die in unserer Zeit vom Fernsehen bis zur Illustrierten gezeigten«. Und bringt seinen Schülern den Minnesang als »eine Schule der Verführung näher, in deren Mittelpunkt gerade nicht das körperliche Begehren stand und steht, sondern »ausschließlich eine asketische Form geistiger, aber auch pädagogischer Prüfungen, die der Mann bestehen mußte«.

Damit die Eleven sich künftig ihrer Holden in zünftiger Form nähern können, werden sie von Nikolai de Treskow nicht nur in Harfenspiel, Minnesang und mittelalterlicher Geschichte unterrichtet; die Vervollkommnung der Mannen erstreckt sich auch auf körperliche Betätigungen, etwa Reiten, Bogenschießen und Holzhacken. Am Ende der Schulung, so de Treskow, soll jeder Jungbarde die Vorzüge eines gemeinsamen Bades im riesigen Holzzuber kennen und »um den Zauber, einer Angebeteten die Füße zu waschen«, wissen. Und am Ende steht dann vielleicht auch die Erkenntnis des Walter von der Vogelweide über die Kraft der Minnerituale und der seeligen Wonnen der Verzauberung:

»Minne, o du kannst tausend Wunder machen/ aus Wasser Wein/ aus Weinen Lachen/ auch junge Mädchen so verwirren/ daß sie durch Nacht und Nässe irren/ hinzu mir«

Ganz so finster scheint das Mittelalter also doch nicht gewesen zu sein – bei so viel Poesie.

Vom »Zauber, einer Angebeteten die Füße zu waschen«: Der Minnesänger Nikolai de Treskow

Chronologie

948
Erste urkundliche Erwähnung der Burg ›Ezeri‹.

983
Burg Ziesar geht beim großen Slawenaufstand verloren.

Mitte des 12. Jahrhunderts
Burg Ziesar wird bischöfliches Tafelgut.

1213
Umfangreiche Um- und Neubauten in Backsteingotik entstehen.

1220
Besetzung der Burg während der Fehde zwischen Markgraf Otto IV. und und seinem Vetter Otto dem Langen, in der Nähe der Burg findet ein entscheidendes Gefecht statt.

1327
Die Burg wird zur ständigen Residenz der Bischöfe von Brandenburg.

1337
Der Ort Ziesar bekommt Stadtrecht.

1393
Fehde zwischen Bischof Dietrich von der Schulenburg und dem Grafen von Anhalt. Während der Bischof krank auf der Burg liegt, wird die Gegend um Ziesar schwer verwüstet.

1395/96
Ziesar wird in die zahlreichen Feldzüge gegen den Erzbischof von Magdeburg einbezogen.

1412
Burggraf Friedrich von Hohenzollern auf der Burg.

1413–1416
Gefangenschaft von Kaspar Gans, Edler Herr zu Putlitz auf der Burg.

1470
Die Burgkapelle wird geweiht.

1526–1544
Bischof Mathias von Jagow residiert auf der Burg und schmückt den Bergfried mit der ›Bischofsmütze‹. Nach seinem Übertrit zum evangelischen Glauben wird die Burg säkularisiert.

1571
Die Burg wird kurfürstlich-brandenburgische Dömane und verbleibt bis 1819 in Staatsbesitz.

1713
Es werden noch fünf erhaltene Türme auf der Burg bezeugt.

1722
Burg Ziesar wird magdeburgisch.

1722
Verkauf der Burg und der zugehörigen Ländereien, es entsteht das Gut ›Burg Ziesar‹.

Nach 1829
Abriß der Vorburg und Errichtung von Wirtschaftsbauten.

1895
Fundamente von fünf Türmen werden entdeckt.

1904
Nach mehreren Besitzerwechseln erwirbt der Rittergutsbesitzer Sachsenberg das Burggut.

Um 1907
Denkmalpflegerische Arbeiten am Bergfried, Wiedererrichtung der Bischofsmütze durch Sachsenberg.

Nach 1945
Durch die Bodenreform wird der Burgbesitz enteignet, die Gebäude dienen als Unterkunft für Umsiedler, später wird ein Internat der Oberschule eingerichtet.
1949
Neuweihung der Burgkapelle (katholisch).
1993
Während des Baus der Gaststätte und Pension ›Zum Bergfried‹ wird ein Münzschatz von 234 historisch wertvollen Gold- und Silbermünzen gefunden. Die älteste stammt aus dem Jahre 1471, die jüngste ist ein Brandenburgischer Taler von 1755. Zu den wertvollsten Einzelstücken gehört ein in Moskau gestempelter ›Jefimok‹, auch ›Rebellentaler‹ genannt, ein Magdeburger Dukat aus der Zeit Friedrichs I.
Seit 1995
Wieder Minnesänger auf der Burg.

Heimatstube, Mühlentor 6 (unmittelbar vor der Burg), 14793 Ziesar, So 14 bis 17 Uhr, Tel. 03 38 30/2 19.

Informationen zu den Mittelalterfesten in und auf Ziesar: Tel. 03 38 30/6 08 83.

Gaststätte und Pension ›Zum Bergfried‹, Mühlentor 4/5, 14793 Ziesar, Tel. 03 38 30/6 05 43, tägl. ab 7.30 Uhr.
Burg-Hotel, Frauentor 5, 14793 Ziesar, Tel. 03 38 30/66 60 (Bestellung von Rittermahl möglich).

Burgen im Havelland

Friesack

Friesack ist heute ein stilles Städtchen mit einem liebevoll hergerichteten Marktplatz und einem noch sorgfältiger aufgebauten Heimatmuseum. Für das Heimatmuseum sollte man sich etwas Zeit nehmen – nicht nur wegen der vielen auf drei Etagen gezeigten Ausstellungsstücke aus allen Zeitabschnitten der fast 800jährigen Geschichte Friesacks, sondern auch wegen der in zehn Aktenordnern abgelegten (hand-) beschriebenen Ortschronik. Leider findet man darin nur noch Spuren des einstigen Friesack. Dabei besitzt die alte Ackerbürgerstadt am Rande des Rhinluchs eine bedeutende geschichtliche Vergangenheit.

Die erste Besiedlung des Städtchens geht bis in die mittlere Steinzeit, 8000–3500 vor unserer Zeitrechnung, zurück. Die erste Erwähnung des Ortes und seiner Burg erfolgte 1216 in einer Urkunde des Bischofs Siegfried von Brandenburg. Allerdings wird vermutet, daß bereits im Verlaufe des Wendenkreuzzuges 1147 auf der Inselerhebung im Luch durch die Magdeburger Ministerialen von Jerichow eine Burg angelegt wurde. Sie muß schon damals so bedeutend gewesen sein, daß sich die Familie in Zukunft nach ihr benannte, als ›Edle Herren von Friesack‹. Burg Friesack wurde zu dieser Zeit hauptsächlich zum Schutz des Passes zwischen dem Ländchen Bellin und dem Ruppiner Land benutzt. Damals floß der noch für große Kähne schiffbare Rhin zwischen der heutigen Kirche und dem heutigen Postgebäude hindurch. Aufgrund dieser Lage muß die Burg also eine Wasserburg gewesen sein, zu der sicherlich eine Zugbrücke führte. Nach dem Untergang des Hauses von Jerichow fielen Land, Stadt und Burg an den Markgrafen, der 1335 die Familie von Bredow mit Friesack belehnte. Bei Henning von Voss und Max-Wichard von Bredow ist hierzu zu lesen:

»Der älteste urkundlich nachzuweisende Ahnherr ist der Ritter Arnold von Bredow, der 1251 als Besitzer des Dorfes Bredow erwähnt wird. Dort entstanden die 3 Linien: die Bredower Linie (Matthias), die Kremmener Linie (Jakob) und die Friesacker Linie (Peter). Mit dem Erwerb des Ländchens Friesack im Jahre 1335 stieg die Familie von Bredow, obwohl sie wahrscheinlich nur gewöhnlichen ritterlichen Ursprungs war, zu einer der vornehmsten und einflußreichsten Adelsfamilien der Mark empor... Die weitverzweigte Familie durchlebte im Laufe der Jahrhunderte alle Höhen und Tiefen des menschlichen und wirtschaftlichen Geschehens, abhängig von den jeweiligen Herrschaftsverhältnissen...

In der Zeit der Weimarer Republik kamen die Güter Burg Friesack, Briesen, Klessen und Vietznitz, ältester Besitz im Ländchen Friesack, unter den Hammer – infolge fälschlicherweise auf Vertrauen hin ausgestellter umfangreicher Wechselbürgschaften. Die Familie konnte die Besitzungen nicht mehr zurückerwerben. Und mit dem Ende des Zweiten Weltkrieges blieb denen von Bredows nur noch die Flucht – trauriges Ende einer der bedeutendsten Familiengeschichten, zumindest im Lande Brandenburg.«

Drei Dinge werden – aus naheliegenden Gründen – in dieser Laudatio ausgelassen: Zum einen ging zwischen 1400 und 1409 der Besitz Friesacks bereits einmal an die Familie von Schlieben verloren. Zum anderen gingen die Familie wohl nicht allzu fein, mildtätig und fromm mit ›ihrer‹ Bevölkerung um, sonst hätte sich sicherlich nicht bis heute folgende Sage erhalten:

»Der Teufel hatte einmal Musterung auf der Erde gehalten, und alle Edelleute, die nicht mehr Gutes tun wollten, in einen großen Sack gesteckt, den auf seinen Rücken geworfen und war gerade auf dem Weg zur Hölle. Wie er nun über der

Die historische Burgstelle

Stadt Friesack ist, streift der Sack hart an der Kirchsturmspitze, so daß ein Loch hineinreißt und die ganze Gesellschaft von Edelleuten, wohl ein Viertel der Bewohner des Sacks, herausfielen – ohne daß der Teufel es merkte. Gerade dieses Viertel aber waren die Herren von Bredow, die nun natürlich nicht wenig froh waren, den Krallen des Teufels entgangen zu sein. Zum Andenken nannten sie die Stadt, über der der Sack ein Loch bekam und sie so befreit wurden, Frie-Sack. Von hier aus sollen sie sich über das ganze Havelland verbreitet haben und bekanntlich eine große Menge von Rittergütern in ihren Besitz genommen haben. Aus dieser Zeit stammen auch einige noch heute gültige Stadtnamen: Der älteste der Bredow-Brüder, der in Friesack blieb, sagte zum zweiten: »Ga beß hin«, woraus dann Pessin wurde. Ein dritter ging von Friesack, das am Rand des mächtigen havelländischen Luchs lag, landeinwärts und nannte deshalb seine Siedlung ›Land in‹, später Landin. Ein vierter ging den selben Weg entlang und baute schließlich Selbelang; ein fünfter ging rechts zu (rechts too) und baute Retzow, und der sechste schließlich benannte sein Dorf nach seinem eigenen Namen: Bredow.«

Ein dritter unerwähnter Punkt betrifft die Jahre zwischen 1409 bis 1414, eine Zeit, in der Friesack einmal über die Grenzen des Ländchen hinaus bekannt wurde: die Herrschaft ging an die damals wohl am meisten gefürchtesten Edelleute der Mark – die Brüder Johann und Dietrich von Quitzow. Und die ließen es auf der Burg, wie Fontane zu berichten weiß, erst einmal hoch hergehen:

»Den 3. August (1410, d.Vf.) war Kirchgang. Um 10 Uhr vormittags setzte sich der Zug in Bewegung, voraus Spielleute mit Geigen, Zinken und Schalmeien, wobei der Baßgeiger sein großes Instrument gitarrenartig an einem Bande trug. Dann folgten die Frauen, in deren Mitte Frau Elisabeth von Quitzow ging. In gleicher Ordnung kehrte man in das Schloß zurück, wo den Tag darauf ein verspätetes Mittelkindelbier und am 5. die Taufe selbst samt dem eigentlichen Kindelbier abgehalten wurde. Die Herrichtung der Festtafel entsprach dem Glanz des Hauses, trotzdem aber befleißigte man sich einer sonst nicht üblichen Mäßigkeit, weil die bei Kaspar Gans ausstehende Taufe fast im unmittelbaren Anschluß an die Friesacker Tage gefeiert werden sollte.«

Trotz der Feiern lagen die neuen Besitzer im stetigen Streit mit den Städten Strausberg und Berlin. Plünderungen und Überfälle waren an der Tagesordnung. Dem setzte dann Markgraf Friedrich I. ein Ende. Eine sehr freie Darstellung die-

Burg Friesack zur Zeit des Dreißigjährigen Krieges

ser Ereignisse gibt auch Karl May in ›Suteminn, der Einsame‹. Weniger romantisch, dafür aber faktentreuer informiert die Gemeindechronik über die Ereignisse, die zum Ende der Herrschaft derer von Quitzow führten:

»Auf dem Mühlenberg, von wo man die ganze Stadt überblicken konnte, hatte Friedrich die ›Große Büchse‹ auffahren lassen. Er hatte sich die Kanone, die den Namen ›Faule Grete‹ oder ›Faule Nette‹ aufgrund ihres Gewichts erst später erhielt, von Herzog von Braunschweig geliehen (andere Quellen sagen vom Schwager des Erzbischofs, dem Landgrafen von Thüringen, d.Vf.). Friedrich ließ die Stadt niederbrennen, nun waren die Ringmauern der Burg der ›Faulen Grete‹ ausgesetzt. Nach ein paar Tagen erkannte Dietrich von Quitzow, daß er die mächtige Burg nicht mehr halten konnte und bevor es zur Übergabe kam, soll er durch das Luch geflohen sein (oder durch einen geheimen unterirdischen Gang, wie andere Quellen behaupten, d.Vf.). Wie auch immer die Geschichte sich wirklich zugetragen hat – es war auf jeden Fall der Anfang vom Ende der Quitzows und das Datum steht auch fest: der eiskalte Wintertag anno domini, den 10. Februar 1414. Die hohenzollerntreuen von Bredows bekamen ihre Burg – oder was davon noch übrig war – allerdings erst 10 Jahre später zurück.«

Von der große Historie ist nichts mehr geblieben. Dort wo sich einst die stolze Burg befand, steht heute ein grünes Chemietoilettenhäuschen. Weder eine Tafel noch irgendeine andere Kennzeichnung weisen auf die Bedeutung dieses Platzes hin. Lediglich die Namen Burgstraße, Oberwall-, Große und Kleine Schanzenstraße bestätigen noch eine vormals existierende Burganlage.

Chronologie

1216
Erste urkundliche Erwähnung von Ort und Burg.
1327
Erste Erwähnung der Stadt.
1335
Familie von Bredow erhält Stadt und Burg.
1409
Burg geht an Dietrich von Quitzow.
1414
Markgraf Friedrich I. bezwingt die von Quitzows.
1424
Die von Bredows erhalten die Burg zurück.
1539
Friesack tritt zur lutherisch-evangelischen Lehre über.
1541
Erste Erwähnung einer Schule.
1614
Schloß und Stadt werden durch ein Großfeuer zerstört.
1616
Erste Stadtverfassung.
1619
Brand vernichtet Stadt und Burg mit dem Bredowschen Gutsarchiv.

1635
Ort wird fünf Tage lang geplündert.
1666, 1667, 1674, 1680, 1687
Große Brände zerstören die Stadt.
1674
Das Rathaus wird durch einen Brand zerstört.
1702
Die Hälfte der Stadt brennt ab.
1755
Erste Friesacker Apotheke wird gegründet.
1718–1724
Bau des Havelländischen Hauptkanals und des Rhinkanals, Trockenlegung des Luches.
1833
Neues Rathaus am Markt.
1850
Erstmalige Erwähnung einer Friesacker Münze.
1894
Einweihung des Kurfürstendenkmals.
1902
Einrichtung des Städtischen Museums.
1956
Abriß des 1774 erbauten Herrenhauses am Rhin.
1993
Restaurierung des Rathauses.

Heimatverein Friesack e.V., Markstraße 19, 14662 Friesack, Tel. 03 32 35/15 37.
Heimatmuseum Friesack, Marktstraße 19, 14662 Friesack,
Di von 11 bis 16 Uhr, Mi von 8 bis 12 Uhr, Do von 11 bis 16 Uhr, Fr von 8 bis 12 Uhr, außerhalb der Öffnungszeiten: Günter Kirchert, Niederwallstr. 4, 14662 Friesack, Tel. 03 32 35/2 24 39.

Zu Pfingsten findet jedes Jahr das Fliederfest statt (Informationen über Tel. 03 32 35/42 42), Mitte August ein Schützenfest.

Liebenwalde

Die Entstehung des Ortes Liebenwalde geht offensichtlich mit der Errichtung der Burg Liebenwalde einher, mit deren Bau am Ende des 12. Jahrhunderts begonnen wurde. Diese frühdeutsche Burg ist vermutlich an der Stelle einer noch nachweisbaren älteren slawischen Befestigung um 1230 von den Askaniern als Grenzfeste angelegt worden. Auf einem Hügel gelegen und zusätzlich durch das Sumpfland der vielen Nebenarme der Faulen Havel geschützt, war Liebenwalde ein idealer Platz für eine Burg. Der Ort gehörte bis 1250 zu den landesherrlichen Befestigungen im Grenzbereich, von denen aus die Vögte die Flußübergänge und Straßen bewachten. Obwohl nach der Erweiterung des Brandenburger Territoriums nach 1250 Grenzorte wie Liebenwalde ihre militärische Funktion nahezu vollständig einbüßten, kam dieser Burg doch noch eine, wenn auch bescheidene, Bedeutung innerhalb der Mittelmark zu.

In einer Nachricht vom 23. April 1303 soll der junge Markgraf Waldemar zu Liebenwalde seine erste Amtshandlung vollzogen haben. Offensichtlich waren Waldemar und mehrere nähere Verwandte auf dieser Burg zusammengekommen, um anläßlich seiner Volljährigkeit (diese trat seinerzeit mit zwölf Jahren ein) die Gründungsurkunde für Deutsch-Krone, damals Arnescrone, auszufertigen.

Später soll die Burg im Volksmund die ›Quitzowburg‹ genannt worden sein. Wie es zu dieser Bezeichnung kam, läßt sich nicht mehr nachvollziehen; die Quitzows jedenfalls waren nie Besitzer von Liebenwalde.

Modern eingerichteter Speisesaal in der Burg Liebenwalde

Vorboten der ›Erlebnisgastronomie‹: historisierende Schilder

Seit der Mitte des 14. Jahrhunderts und bis 1485 ist in Liebenwalde ein häufiger Besitzerwechsel zu verzeichnen, der nach Ansicht von Historikern damit zusammenhängt, daß 1371 die Burg von Markgraf Otto von Wittelsbach belagert und erobert wurde und damit in Mecklenburger Besitz überging. Es gab also über mehr als 100 Jahre eine Mecklenburger Enklave mitten im Brandenburger Land, die durch ihre Lage heftig umkämpft war.

Im 16. Jahrhundert soll Liebenwalde den Brandenburger Kurfürsten als beliebtes Jagddomizil gedient haben. Ab der Mitte des 17. Jahrhunderts geriet die Burg schließlich in Vergessenheit und verfiel. Nach vorgefundenen Quellen soll die Burg bereits 1612 so verfallen gewesen sein, daß in der – allerdings erst in unserem Jahrhundert verfaßten – Stadtchronik von einer ›Ruine‹ für diese Zeit gesprochen wird. Da die Burg aber nicht als ›wüst‹ oder ›aufgegeben‹ beschrieben wird, handelt es sich wohl um eine Übertreibung. Dafür spricht auch, daß in der gleichen Chronik auch davon berichtet wird, daß die Gebäude um 1800 als Wirtschaft ausgebaut wurden und sich seit 1876 wieder in Privatbesitz befanden. Man darf annehmen, daß es keine Ruine war, die wieder hergerichtet wurde und daß um 1612 also noch größere Teile des Baus vorhanden waren – in Vergessenheit war sie dennoch geraten.

Der heutige Zustand läßt sich am besten als ein Spagat zwischen Katastrophe und Chaos bezeichnen. Obwohl man ohne besondere Schwierigkeiten sofort den Burgcharakter der Anlage erkennt, sind weitere Erkundungen schwer anzustellen. Der gesamte Komplex wird von einem Zaun umgeben. Wenn dieser sich bei näherer Betrachtung auch als rostig, brüchig und löchrig erweist, signalisiert er doch, daß Besucher hier nicht erwünscht sind. Einige Mauern werden notdürftig abgestützt, anderen mittelalterlichen Resten wird mit einem Bagger zu Leibe gerückt.

Es ist schwer, in diesen Arbeiten ein denkmalpflegerisches Konzept zu entdecken, Absperrungen und eine Form von Dokumentation wie etwa Schautafeln oder Hinweisschilder sucht der Besucher vergeblich.

Auf dem Hof bietet sich ein abenteuerliches Bild: der ganze Innenhof der Burg wird als Baustofflager genutzt. Neben geparkten Traktoren und Baggern türmen sich hier Berge von Steinen – neuerer Art, aber auch ›historisches‹ Baumaterial –, alte Rohre, Wellbleche und ausrangierte Installationsmaterialien.

Während das Hauptgebäude noch von mehreren Familien zu Wohnzwecken genutzt wird – ein altes Schild weist auch auf eine Musikschule hin –, scheinen die Nebengebäude für eine Art ›Erlebnisgastronomie‹ vorbereitet zu werden: Die vorwiegend noch als Kellergewölbe vorhandenen Räumlichkeiten wurden neu gestützt, ausgemauert und verputzt. Über den drei Eingangstüren sind bereits Schilder angebracht, auf denen in pseudogotischer Goldschrift die Worte ›Rittersaal‹, ›Kerker‹ und ›Gefängnishof‹ zu lesen sind.

Der Besucher braucht hier schon eine gehörige Portion Phantasie, um sich vorzustellen, daß diese Burg einmal eine der bedeutendsten Anlagen der Mittelmark war.

Chronologie

Um 1200
Anlage einer askanischen Burg auf einem slawischen Burgwall in der Havelniederung.

1244
Erste urkundliche Erwähnung des Namens ›Levenwalde‹.

1262
Die Urkunde zur Verleihung des Stadtrechts an Gransee wird in Liebenwalde ausgefertigt.

Um 1280
Liebenwalde wird als Städtegründung des askanischen Brüderpaares Johann I. und Otto III. erwähnt.

1349
Ratsherren der Stadt Liebenwalde treten selbständig handelnd auf; das älteste bekannte Liebenwalder Stadtsiegel befindet sich an dieser Urkunde.

1472
Der Liebenwalder Bürger Moritz Kracht erhält das Schulzengericht und wird damit wohl der erste Richter dieser Stadt.

1573
Die Stadt hat 73 Häuser, 30 Buden, insgesamt 103 Feuerstellen.

1589
Das Liebenwalder Erbregister wird angelegt; erstmals werden alle Bürgerfamilien namentlich erwähnt.

1618–1648
Im Dreißigjährigen Krieg wird die Stadt mehrmals geplündert und zerstört.
1638
Die Pest wütet in der Stadt.
1686
84 Wohnhäuser, die Kirche, das Pfarrhaus und die Schule werden ein Raub der Flammen.
1746
Mit der Fertigstellung des Finowkanals erlebt die Stadt einen erheblichen wirtschaftlichen Aufschwung.
1822
Die letzte Hinrichtung in Liebenwalde findet statt.
1914
Mit der Eröffnung des Havel-Oder-Kanals und der späteren Schließung des Finowkanals beginnt der zeitweilige wirtschaftliche Niedergang der Stadt.

Heimatmuseum, Marktplatz 20, 16559 Liebenwalde, Tel. 03 30 54/6 48 55.
Fremdenverkehrsverein Schorfheide/Schnelle Havel e.V., Marktplatz 20, 16559 Liebenwalde, Tel. 03 30 54/8 05 50.

Hotel ›Preußischer Hof‹, Bischofswerder Weg 12, 16559 Liebenwalde, Tel. 03 30 54/8 74 00; dort wird auch ein Rokoko-Picknick veranstaltet.

Plaue

Verläßt man die Havelstadt Brandenburg in Richtung Genthin, kommt man nach etwa zehn Kilometern an eine Brücke. An dieser Stelle soll bereits im Jahre 1244 ein ähnliches Bauwerk gestanden haben, allerdings von ungleich geringerer Stabilität. Denn unter der Last der flüchtenden Magdeburger Truppen, die gerade von Markgraf Otto vor Brandenburg geschlagen worden waren, brach diese Brücke zusammen. Es muß ein Ereignis gewesen sein, das sich wohl eingeprägt hatte, denn für mehr als zweihundert Jahre sollte die Überquerung dann nur mittels einer Fähre möglich sein. Erst für das Jahr 1549 ist wieder ein Brückenbau bezeugt.

Die wirklich interessante Zeit von Plaue sind die turbulenten Quitzow-Jahre, über die Fontane einiges zu berichten wußte. »Wir nehmen Abschied von Schloß Plau«, schreibt er am Ende seiner umfangreichen Betrachtungen zu diesem Ort, »das den Wandel durch ein halbes Jahrtausend hin so viel sah; Georg von Waldenfels erhob den kurfürstlichen Brückenzoll und der alte Zollwächter Gerimsky jagte, vierhundert Jahre später, den Handwerksburschen auf seinem Klepper nach und nahm ihnen als Pfand die Mütze vom Kopf; Friedrich von Görne schuf das

Plauer Porzellan und Wilhelm von Anhalt tanzte Contre und Kegelquadrillen und ließ die Stadt Plaue durch den Nachtwächter als Dorf ausrufen. Dann kamen die Königsmarcks und gründeten ihrem Ruhm ein Ruhmesmuseum, und beinahe gleichzeitig erschien K. F. Wiesike dem Schlosse gegenüber und schuf an eben der Stelle, wo die ›große Büchse‹ gestanden hatte, das unfruchtbare Sand- und Sumpfland in ein Garten-Eden um und machte seine Studierstube zur Kultstätte für Hahnemann und Schopenhauer. Aber alles ist vergessen oder wird vergessen sein, wenn die Geschichte noch immer von dem Ersten an dieser Stelle, von Johann von Quitzow erzählt, der den Mecklenburger Herzog in das Burgverlies warf und den das Wiehern seines Rosses verriet, als er sich auf der Flucht im Havelröhricht verbergen wollte. Das Kleine vergeht, das Große bleibt. Denn ein Großes war es, als unter dem Hinschwinden einer willkürübenden Adelsmacht die Gesetzlichkeit hier einzog und mit dieser Gesetzlichkeit eine neue Zeit begründete.«

Welche Willkür das Schloß noch erleben sollte, konnte Fontane nicht ahnen. Wem es gelingt, sich in die von hohen Bauzäunen eingegrenzte Ruine zu schmuggeln, kann sich ein Bild davon machen, daß man auch Gebäude schänden kann. Die Dächer sind defekt, der Putz bröckelt in großen Flächen ab. Die barocken Fensterverdachungen wurden wohl bereits in den 60er Jahren abgeschlagen, wie überhaupt der gesamte dekorative Außenstuck nicht mehr erhalten ist. Die ionischen Kapitelle der Oliaster wurden ebenfalls entfernt. Es gibt auch keine Wappen mehr an den Gebäudewänden, und auch keine Spur mehr der Parklandschaft, die noch bis 1945 existierte.

Im Inneren des Schlosses sieht es noch schlimmer aus. Als Mitte der 60er Jahre Unterrichtsräume für eine Dolmetscherschule geschaffen werden sollten, zog man willkürlich neue Wände ein. Die originalen wurden rausgerissen und die Wandbilder, auf denen die Schloßgeschichte abgebildet war, auf diese Weise vernichtet. Ebenso wurde mit den Stuckdecken im Stil der Neorenaissance verfahren. So ist Schloß Plaue heute nur noch ein großer grauer Kasten, dem seine Bedeutung und einstige Schönheit nicht mehr anzusehen sind. Wie großartig Burg Plaue im frühen Mittelalter ausgesehen haben muß, kann man heute bestenfalls noch erahnen.

Im Jahre 1400 brachte Agnes von Bredow ihrem Bräutigam Johann von Quitzow eine besondere Mitgift mit in die Ehe: Burg Plaue, die mächtigste Burg der Mark Brandenburg.

»Wann die förmliche Verlobung stattfand, wird nicht gemeldet«, bedauert Fontane, »dagegen wissen wir, daß im August 1400 die Hochzeit in Stadt Brandenburg gefeiert wurde… Die sich über mehrere Tage hin ausdehnenden Festlichkeiten entsprachen im wesentlichen dem, was wir bei Gelegenheit von Dietrich von Quitzows Hochzeit schilderten, und nur in der Mitgift zeigte sich ein Unterschied. Diese war zunächst auf eine hohe Geldsumme festgesetzt worden, als aber die Zahlung derselben an allerlei Schwierigkeiten scheiterte, sah sich Lippold von

Bredow bewogen, seinem Schwiegersohne das von Anfang an von diesem bezogene Schloß Plaue zu vollem Besitz zu bewilligen. Über die Tatsache, daß diese Bewilligung mit vielleicht zweifelhaftem Rechte geschah, weil der Erzbischof von Magdeburg sich als rechtmäßigen Herren des Schlosses betrachtete, geh' ich hier hinweg, weil das Hineinziehen oder gar die Betonung solcher nebenherlaufenden, wenn auch relativ wichtigen Dinge, den Überblick über den ohnehin an Zersplitterung und unausgesetzten Zickzackbewegungen leidenden Quitzowstoff beständig aufs neue stört. Es kann uns genügen, daß Lippold von Bredow Schloß Plaue tatsächlich abtrat und das Johann von Quitzow, unmittelbar nach der Hochzeit, wenn auch damals noch nicht als Schloßherr, seinen Einzug in dasselbe hielt.«

Und er formuliert abschließend: »Dieser Einzug im Sommer 1400 in Schloß Plaue, das von jenem Tage an noch vierzehn Jahre lang von den Quituows gehalten wurde, war der entscheidende Moment im Leben der beiden Brüder und führte, wie zunächst zu Macht und Größe derselben, so schließlich zu beider Demütigung und Untergang«.

Bevor es dazu kam, errangen Burg Plaue und die Quitzows jedoch zunächst – traurige – Berühmtheit. Im Herbst 1407 rief Markgraf Jobst den Herzog Johann von Mecklenburg ins Land, nach Berlin und gab ihm freies Geleit. Allein die Quitzows hielten sich nicht daran. Sie lauerten dem Herzog auf, nahmen ihn gefangen und setzten ihn auf Plaue fest.

Den Quitzows ging es wohl vor allem um die Befriedigung ihrer persönlichen Rachegelüste, denn sie stellten – trotz mehrmaliger Nachfrage – keine Lösegeldforderung. Über ein halbes Jahr, bis zum Februar 1408, dauerte die Marter des Herzogs. Die Burgbesatzung und deren Herren befanden sich verbürgtermaßen im

Die einstige Schönheit des Schlosses ist nur noch zu erahnen

Zustand vollkommener Trunkenheit, als ein Bäckerlehrling, der von einem Unbekannten bestochen worden war, den Herzog aus seinem Kerker befreite.

Detail am Schloßgiebel

»Barfuß und in geringer Kleidung«, wie ein Chronist berichtet, soll der Herzog von Mecklenburg über die Mauern von Burg Plaue geklettert sein. Auf der Suche nach seinen Getreuen verirrte er sich allerdings, so daß Johann von Quitzow ihn recht schnell wieder gefangen nehmen konnte. Die Kerkerhaft dauerte weitere Monate und wurde nur durch einen Zufall beendet. Johann von Qutizow, wieder einmal auf Raubzügen im Mecklenburgischen unterwegs, war im Oktober dem Bruder des Herzogs, Ulrich von Mecklenburg, bei Lychen in die Hände gefallen. Im Dezember schließlich wurden die Gefangenen ausgetauscht.

Sechs Jahre später war die Herrschaft der Quitzows vorbei. Friedrich von Hohenzollern war inzwischen zum obersten Hauptmann und Verweser der Mark Brandenburg aufgestiegen und unterwegs, wie Engelbert Wusterwitz in seiner ›Märkischen Chronik‹ formuliert, mit »dem kriegerischen und verderblichen Wesen in der Mark« aufzuräumen. Die Belagerung von Plaue und die folgenden Ereignisse beschriebt Wusterwitz recht anschaulich:

»Als nun Johann von Quitzow vernommen, daß Schloß Friesack, darauf sein Bruder wohnte, gewonnen und eingenommen sei, zugleich aber wahrnahm, daß die dicken Mauern des Schlosses Plaue, darauf seine große Zuversicht stund, durch die ›große Büchse‹, die man von Friesack herangeschafft hatte, zerschossen seien, nahm er Montags nach Matthias Aposteli (26. Februar) die Flucht mit seinem Bruder Henning, Studenten von Paris, und einem Knechte Dietrich Schwalbe genannt, in Meinung zu entrinnen. Aber die Bürger von Alt- und Neustadt Brandenburg, die auf der anderen Seite des Schlosses über der Havel waren und daselbst mit ihren Büchsen Stand genommen hatten, als sie sahen, daß Johann von Quitzow flüchtig war, folgten sie ihm, um ihn zu greifen. Derowegen verließ er sein Roß und lief zu Fuß, in der Meinung, sich also besser verstehlen und verbergen zu können; aber die Knechte Heinrich von Schwarzburg, Bruder des Erzbischofs von Magdeburg, haben ihn aufgespürt und mit den anderen beiden gefangengenommen und in der Kirche zu Plaue, darin der Erzbischof zu Magdeburg seine Küche hatte, in den Stock gesetzt... Die aber auf dem Schlosse zurückgeblieben, als sie sahen, daß sie's in keinerlei Wege halten könnten, baten um Frieden und übergaben das Schloß zu Gnaden des Herrn Burggrafen, auf das sie frei und sicher abziehen möchten. Und hat in weiterer Folge der Herr Burggraf das Schloß auch eingenommen und allda (wie man sagt) siebenhundert Seiten Speck ohne alle anderen Viktualien von Fleisch, Wein, Bier und Meth vorgefunden.«

In anderen Quellen, wie etwa der Magedeburger Schöppenchronik oder der Zerbster Chronik, finden sich unterschiedlicheVarianten der Flucht. Aber wie auch immer sich die Ereignisse tatsächlich angespielt haben mögen: Burg Plaue war für die Quitzows auf alle Zeiten verloren.

Damit wurde es ruhig um Burg Plaue. In die Schlagzeilen geriet Plaue erst wieder im 18. Jahrhundert. Der 41jährige Friedrich von Görne, Geheimrat und Kammerpräsident, trat 1711 seinen neuerworbenen Besitz Plaue an. Als erstes ließ er die während des Dreißigjährigen Krieges zerstörte Havelbrücke wieder aufbauen, dann wurde in fünfjähriger Bauzeit das von Georg von Wagenfels auf den Grundmauern der Plauer Burg errichtete und nun zum zweiten Mal zerstörte Schloß dem Zeitgeschmack entsprechend wieder aufgebaut. In den Guts- und Pfarrakten von Pfarrer Lösecke – nachzulesen in Fontanes ›Fünf Schlössern‹ – wird der Neubau ausführlich beschrieben:

»Das Corps de Logis, die Hauptfront nach Osten, ist mit vortrefflichen Souterrains versehen und hat zwei Etagen, jede mit einem herrlichen Saal und vielen schönen Zimmern. Oben auf dem Dache befindet sich ein geräumiger Altan, auf dem man bequem spazieren gehen und den herrlichen Ausblick genießen kann. Jenseits der Havel sieht man, hundert Ruten vom Schlosse entfernt, eine halbmondförmige Schanze, von wo aus, zur Quitzowzeit, die markgräflichen Leute Burg Plaue beschossen haben... Am Ende des mittäglichen Schloßfügels ist eine schöne Kapelle, darin, wenn es die Herrschaft verlangt, der Gottesdienst gehalten werden kann. Vor dem Schlosse fließt die Havel. Sonst ist noch aus alter Zeit ein breiter und tiefer Graben um das Schloß gezogen, so daß man nur über Zugbrücken in dasselbe gelangen kann«.

Neben der zweifellos lobenswerten Tat, das Schloß wieder aufzubauen, bestand Friedrich von Görnes Erfolg vor allem darin, der durch den Krieg völlig verarmten Bevölkerung wieder eine Beschäftigung und damit eine Lebensgrundlage zu schaffen. In Plaue wurde eine Wollmanufaktur gegründet, die allerdings nicht so erfolgreich war, daß die gesamte Bevölkerung davon leben konnte. Die nächste Geschäftsidee war dann aber bereits von größtem Erfolg gekrönt. Von Görne warb aus der Meißener Prozellanmanufaktur einen gewissen Herrn Kempe ab, der in Zusammenarbeit mit dem Kunstmaler David Bennewitz und dem Techniker Johann Mehlhorn eine eigene Porzellanherstellung begründete.

Ab 1715 gelang die Fabrikation von weißem Porzellan, das bald schon in Form von Tafelaufsätzen, Krügen, Tee- und Schokoladenservicen, Butterbüchsen und Konfekt sowie Kochgeschirren bis nach Holland und England exportiert werden konnte. Es gab sogar Niederlassungen in Breslau, Magdeburg, Braunschweig,

Hamburg, Kassel, Danzig und Königsberg. Als Peter der Große seine zweite Reise nach Deutschland unternahm, besuchte er in Begleitung von König Friedrich Wilhelm I. auch Plaue. Hier wurde dann auch ein vollständiges Tafelservice geordert und später nach St. Petersburg geliefert.

Der wirtschaftliche Niedergang begann jedoch bereits einige Jahre später und soll nach Fontane damit zu tun gehabt haben, daß Friedrich von Görne, als neuberufener Geheimer Etatsrat des Königs, nicht mehr am Ort war. 1730 schloß dann die Manufaktur und damit ein erstaunliches Kapitel Plauer Wirtschaftsgeschichte.

Dem schließt sich ein weiteres trauriges Kapitel an. Dem Schloß gegenüber wuchert heute die Vegetation, lediglich einige versprengte Mauerreste lassen auf eine ältere Bebauung schließen. Fast möchte man meinen, daß hier schamhaft verschwiegen werden soll, was nicht mehr existiert: Einer der früher wunderbarsten Parks der Mark, den Karl Ferdinand Wiesike (1798–1880) in mehr als 40jähriger Tätigkeit entstehen ließ. Theodor Fontane setzt diesem gleichwohl schrulligen wie liebenswert-genialen Schopenhauerfreund in einem eigenen Kapitel in den ›Fünf Schlössern‹ ein literarisches Denkmal:

»Ich persönlich kann seiner nicht ohne Dank und Rührung gedenken und zähle die mit ihm verplauderten Stunden zu meinen glücklichsten und bestangelegtesten. Jedenfalls aber gehört er in seiner für märkische Verhältnisse merkwürdigen Mischung von finanzlicher und philosophischer Spekulation, von Pfadfinder und Sokrates, von Diogenes und Lukull, zu den interessantesten Figuren, die mir auf meinem Lebensweg begegnet sind.« Auch er vergessen – hier direkt an der Havel, einem der schönsten Punkte in der Mark.

Chronologie

1198
In einer bischöflichen Urkunde wird ein Ritter Heinrich von Plaue genannt.

1216
Burg Plaue als Burgward bezeugt.

1384
Auf Burg Plaue sitzt der markgräfliche Vasall Lippold von Bredow.

1400
Burg und Stadt gehen an Johann von Quitzow.

1414
Truppen von Burggraf Friedrich und Erzbischof Günther erobern Plaue mit Hilfe der ›Faulen Grete‹.

1449
Nach dem Vertrag von Zinna zwischen Kurfürst Friedrich II. und Erzbischof Friedrich von Magdeburg gehören Burg und Stadt Plaue zu Brandenburg.

1620
Der Madgeburger Domherr Christoph von Görne erwirbt Plaue.

1637
Völlige Zerstörung während des Dreißigjährigen Krieges

1711–1716
Von Görne läßt auf den Fundamenten der Plauer Burg das Schloß Plaue erbauen.

1743–1744
Bau des Woltersdorfer Altkanals, dessen historische Schleusenkammern noch heute zu sehen sind.

1839
Plaue geht an die Familie von Königsmarck, die das Schloß bis 1945 bewohnt.

1862
Karl Graf von Könungsmarck läßt das Schloß vom Berliner Architekten Hermann Ende im neobarocken Stil umbauen.

1946
Nutzung als Verwaltungsschule für Buchführung und Steuerrecht.

1966
Gründlicher Umbau des Inneren, erhebliche Teile der Einrichtung gehen verloren. Schloß wird als Sprachmittler-Schule genutzt.

Seit 1991
Leerstand und Verfall.

Hotel Lindenhof, Chausseestraße 21, 14774 Plaue, Tel. 0 33 81/40 35 10.

Burgen in der Niederlausitz

Bad Liebenwerda

Auch Einheimische haben von einem ›Schloß Liebenwerda‹ oft noch nie gehört. Was Desinteresse an der eigenen Geschichte zu sein scheint oder gar Arroganz, ist jedoch bei näherer Betrachtung verständlich. Denn kaum jemand würde den kolossalen, nur in seinen festen Außenmauern bestehenden, beinahe schon häßlich zu bezeichnenden Turm von Bad Liebenwerda mit einer Burg oder gar einem Schloß in Verbindung bringen. Es lohnt dennoch, sich diesen Turm etwas genauer anzusehen, denn dieser sogenannte Lubwart stammt aus dem 12. Jahrhundert und ist Zeuge einer ebenso langen wie interessanten Geschichte.

Erstmals urkundlich erwähnt wird Liebenwerda bereits 1231 unter dem Vogt Otto von Ilenburg. Der Ortschronik zufolge soll es zu dieser Zeit allerdings schon länger eine Kirche und einen Pfarrer gegeben haben; der Ort ist also vermutlich noch älter. In einer Urkunde aus dem Jahre 1304 wird der Ort bereits als Stadt bezeichnet. In dem Schriftstück heißt es »in nostre civitate Livenwerde«, also »in unserer Stadt Liebenwerda«. Im Osten der Stadt, die zu dieser Zeit von einem weiteren von Ileburg, Bodo mit Vornamen, beherrscht wurde, soll ein Kastell gestanden haben. Diese auf einer Insel in der Schwarzen Elster gelegene Burg ist vermutlich bereits Anfang des 12. Jahrhunderts gebaut worden. Ob die Burg bereits zu dieser Zeit oder erst in späteren Jahren dem Erzbischof von Meißen unterstellt war, läßt sich heute nicht mehr eindeutig nachweisen. Daß diese Wasserburg allerdings in späteren Jahren zu einem religiösen Zentrum dieser Gegend wurde, ist eindeutig belegt. Außer der eigentlichen Burgkapelle und der obligatorischen Stadtkirche befanden sich in der Nähe der drei äußeren Stadttore weitere drei Kapellen. Herzog Rudolf stiftete zudem noch

Das Schloß im Jahr 1836 nach einem alten Steindruckbild (A: Vorderschloß, B: Amtsgericht, C: Hinterschloß, abgebrannt 1888, D: Dresdner Straße).

einige Reliquien aus dem Heiligen Land, die noch über Jahrhunderte die Pilgerer nach Liebenwerda lockten.

Diese Pilgerströme begünstigten den wirtschaftlichen Aufschwung der Stadt und vermehrten die Einkünfte des hiesigen Adels. Die Einnahmen müssen so beträchtlich gewesen sein, daß die Burg in den Jahren 1568–1579 zu einem Renaissanceschloß umgebaut werden konnte. In den folgenden Jahrhunderten soll das Schloß oft von den jeweiligen sächsischen Kurfürsten zu Jagden besucht worden sein.

Vom einstigen Schloß ist lediglich der Lubwart erhalten

Schloß Liebenwerda – von der einstigen Burg war nach dem Umbau nur noch der aus Backsteinen errichtete gotische Bergfried, hier auch Lubwart genannt, erhalten – wurde in den kommenden Jahrhunderten von zwei schweren Bränden heimgesucht: 1733 und 1888 fiel ein Großteil der Anlage den Flammen zum Opfer. Was die Feuer schafften, hatten erstaunlicherweise die Kriege, die Mitteleuropa heimsuchten, nicht vollbringen können. Weder der Dreißigjährige Krieg noch der Siebenjährige Krieg konnten Schloß Liebenwerda etwas anhaben. Erwähnt werden sollte allerdings, daß die schwedischen Soldaten den Liebenwerdaer Bürgermeister Borßdorff am 26. Mai 1634 zu Tode schleiften.

Wer sich für diese und andere ›Moritaten‹ interessiert, sei die 1998 eröffnete Dauerausstellung zur Geschichte des Marionettentheaters in dem Neubau am Kreismuseum Bad Liebenwerda empfohlen. Hier sind nicht nur mehr als einhundert historische Puppen aus der Sammlung des 1997 verstorbenen Marionettenspielers Karl Gierhold zu sehen, gezeigt werden auch die im 16. Jahrhundert so beliebten Ritter-, Räuber und Historiendramen in Originalkostümen. Ermöglicht wird die Authentizität der Aufführungen nicht zuletzt dadurch, daß die Familie Gierhold zu den bekanntesten Puppenspielern Sachsens und Südbrandenburgs gehört, deren Tradition in der Region um Bad Liebenwerda sich bis 1765 nachweisen läßt, wahrscheinlich aber noch wesentlich älter ist.

Den heute gültigen Namen erhielt die Stadt erst im Jahre 1925. Nachdem 1905 mit der Eröffnung des (Eisen-) Moorbades ein regelmäßigen Kurbetrieb aufgenommen wurde, verlieh der Oberpräsident der Provinz Sachsen-Anhalt der Stadt den Titel ›Bad‹, den sie bis heute trägt.

Chronologie

Anfang 12. Jahrhunderts
Errichtung der Burg ›Livenwerde‹ auf einer der Inseln im Fluß Elster.

1231
Erste urkundliche Erwähnung unter Otto von Ileburg.

1304
Urkundliche Erwähnung als ›civitate Livenwerde‹ unter Bodo von Ileburg.

1568–1579
Umbau der Burg zu einem Renaissanceschloß.

1733 und 1888
Schwere Brände verwüsten das Schloß.

1815
Wiener Kongreß: Liebenwerda gehört nicht mehr zum Königreich Sachsen, sondern wird preußisch.

1905
Eröffnung des ersten Moorbades.

1925
Liebenwerda erhält den Titel ›Bad‹.

Stadtinformation, Dresdener Str. 15, 04924 Bad Liebenwerda, Tel. 03 53 41/62 80.
Tourismusverband Elbe-Elster-Land e.V., Markt 16, 04924 Bad Liebenwerda, Tel. 03 53 41/3 06 52.
Kreismuseum Bad Liebenwerda, Dresdner Straße 15, 04924 Bad Liebenwerda, Mi bis Fr 14 bis 17 Uhr und Sa/So 10 bis 12 und 14 bis 17.30 Uhr. Anmeldungen für das historische Marionettentheater unter 03 53 41/1 24 55.

Gaststätte ›Schweizergarten‹ im Haus des Gastes, Dresdener Str. 23, 04924 Bad Liebenwerda, Tel. 03 53 41/62 80.
Landhotel ›Biberburg‹, Fischergasse 16, 04924 Bad Liebenwerda, Tel. 03 53 41/20 09.
Hotel/Restaurant ›Norddeutscher Hof‹, Dresdner Straße 2, 04924 Bad Liebenwerda, Tel. 03 53 41/62 30 und -62 36 66.

Bornsdorf

Wer heute die Gemeinde Bornsdorf besucht, wird wohl kaum vermuten, daß dieser bereits seit 1347 nachweisbare Ort einstmals zu den bedeutendsten der Niederlausitz gezählt wurde. Und auch die Reste der mittelalterlichen Burganlage lassen seine einstige Größe nur noch erahnen.
Eine Urkunde belegt für das Jahr 1352 eine Burg oder zumindest eine wehrhafte Anlage. Belegt ist auch, daß um 1400 die Ritter von Isenburg sich des nahe gelegenen Schlosses zu Dahme bemächtigten – von der Burg Bornsdorf kommend. Für das Jahr 1439 ist dann ein Besitzerwechsel beurkundet: Die von Buxdorf erwarben Bornsdorf, allerdings nur für wenige Jahrzehnte. Die folgenden Eigentümer blieben deutlich länger. Ab 1489 blieben die von Wolfersdorf für mehr als 200 Jahre im Besitz der Burg.

In die ersten Wolfersdorfer Jahre fällt auch der Baubeginn des Festen Hauses von Bornsdorf, von dem noch einige Teile existieren, so etwa der mächtige Rundturm. Aus der gleichen Zeit datiert auch die Kirche des Ortes. Ihre heutige Ausstattung und auch ihre äußere Gestalt wurden aber im wesentlichen erst im 18. Jahrhundert geschaffen. Dazu zählen vor allem der sandsteinerne Altaraufsatz, die

Bornsdorf, Lithographie von Alexander Duncker, 1859/60

Auch von Burg Bornsdorf ist nurmehr der Turm erhalten

Schnitzarbeiten an der Kanzel, die Gruft und die Logenanbauten.

Diese Umbauten, aber auch die Veränderungen am Festen Haus, das seiner wehrhaften Funktion zu dieser Zeit schon längst enthoben war, liegen sicherlich in den weiteren Besitzerwechseln begründet, die im einzelnen kaum noch nachzuvollziehen sind.

Die Bedeutung des Ortes ist über die Jahrhunderte immer stärker zurückgegangen, bis schließlich um 1700 das Feste Haus als ›wüst‹, also leerstehend bezeichnet wurde. In dem noch heute existierenden Schreiben des Ulrich Seyfried von Wolfersdorf werden die baulichen Mängel aufgezählt; Bornsdorf war demzufolge in einem ruinösen Zustand. Dennoch gelang es den Wolfersdorfern, diesen Besitz zu verkaufen. 1709 wurde Georg Dietloff von Arnim für 19 Jahre der neue Eigentümer von Bornsdorf.

Der folgende Eigentümer, Caspar Siegmund von Langen, blieb für einen längeren Zeitraum im Besitz von Bornsdorf und tat viel für die Erhaltung des Hauses, das er im Stil der Zeit umbauen ließ. Aus dem ehemals Festen Haus wurde eine dreiflüglige Schloßanlage, in die der Wehrturm integriert wurde. Diesen Zustand konnte man noch bis in die Mitte der 60er Jahre des letzten Jahrhunderts bestaunen.

Fast 120 Jahre blieben die von Langes in Bornsdorf, bis das Schloß 1840 erst an die Familie von Thermo und 1906 an die Gemeinde Neukölln verkauft wurde. Friedrich von Arnim schließlich war von 1922 bis zu seinem Tod 1945 der letzte Besitzer von Schloß Bornsdorf. Danach verfiel die einst so stolze Anlage immer mehr, bis im Januar 1967 der Einsturz dem Anwesen sein heute noch anzutreffendes, trauriges Ansehen gab. Bis auf die Grundmauern und den mächtigen Turm ist von der Schloßanlage nichts mehr zu sehen – auch Hinweisschilder sucht man vergeblich.

Gaststätte, Café und Eisdiele, Dorfstr. 14, 15926 Bornsdorf, Tel. 03 54 55/4 73.

Doberlug-Kirchhain

Ich bin träge geworden wie eine Sau;
Mein glattes Haar ist mir struppig geworden.
Lieber Sommer wo bist du?
Wahrhaftig, lieber sähe ich die Arbeit auf dem Feld!
Bevor ich länger in solcher Not eingezwängt wäre,
Wie ich's jetzt bin, eher wär ich ein Mönch in Toberlu.

Spottlied Walthers von der Vogelweide von 1210/11 auf die harte Arbeit der Mönche von Doberlug (Toberlu). Daß der Minnesänger als Gesandter des Bischofs von Meißen sich in Doberlug aufgehalten haben soll, ist allerdings nicht belegbar.

Schloß Doberlug, heute ein mit viel Liebe, Fleiß und Geld unterhaltene Anlage, wurde ursprünglich nicht als Burg oder Schloß geplant. Auch wenn man es dem großen ›Jahreszeiten-Schloß‹ nicht ansieht, steht der Bau mit seinen gelb gefaßten Fenstern, Türmchen und Giebeln doch an der Stelle, an der sich bis 1547 das Abthaus des Klosters Doberlug befand.

Doberlug oder Dobrilugk, wie der Ort bis 1937 hieß, gehört ohne Zweifel zu den kulturgeschichtlichen Zentren der Lausitz. Die erste Erwähnung findet Doberlug als ›Dobraluh‹ in einer Chronik des Thietmar von Merseburg. Folgt man ihr, trafen sich hier im Jahre 1005 die Truppen Heinrichs II. und die der Herzöge Heinrich von Bayer und Joachim von Böhmen zu ihrem Feldzug gegen Boleslaw von Polen. Der Überlieferung nach gründete Dietrich von Landsberg das hiesige Kloster im Jahre 1165. Die Zisterziensermönche sollen allerdings erst einige Jahre später, vom thüringischen Mutterkloster Volkenro-

Die Anlage als Wasserschloß ist noch erkennbar

Der beherrschende Turm symbolisiert das Kalenderjahr

da bei Mühlhausen kommend, hier eingetroffen sein. Die ausgedehnten Wiesen in der Niederung der Kleinen Elster waren wohl ein idealer Quartier- und Sammelpunkt. Und sie sind mit dem Flüßchen wohl auch für den Namen des Ortes verantwortlich. Folgt man der gängigen Lesart, so wurde Dobalog entweder nach ›dobra lug‹ – aus dem slawischen für Gute Wiese – oder aus ›Dober‹ und ›log‹ gebildet, den alten Namen für Fluß und Luch.

Eine andere, aus der Kirchengeschichte betrachtete Lesart der Namen- und Klostergeschichte soll hier ebenfalls ihre Erwähnung finden: Hiernach wurde das Zisterzienserkloster am 1. Mai 1165 als Kloster Dobraluch für ›Gute Aue‹ gegründet und 1253 von Papst Innozenz IV. als solches auch bestätigt.

Einige Jahrzehnte später, nachdem der Landstrich trotz der immer wieder aufflammenden deutsch-wendischen Auseinandersetzungen zur Ruhe kam, entwickelte sich der Klosterbesitz überaus erfolgreich. Kaiser Karl IV. bestätigte dem Kloster bereits 100 Jahre nach dessen Gründung den Besitz von 40 Dörfern und vier Ackerhöfen. Dieser Reichtum weckte allerdings die Begehrlichkeiten der weltlichen Herrscher. Nachdem sich das Kloster mit viel Geschick lange Zeit aus allen Zwistigkeiten heraushalten konnte, beauftragte Kurfürst Friedrich 1541 den legendären Ritter Nickel von Minckwitz, das Kloster kurzerhand aufzulösen. Ungefähr zehn Jahre später übernahm Heinrich von Gersdorf die Pfandherrschaft über Doberlug von der böhmischen Krone und baute das Abthaus des Klosters zum späteren Westflügel einer dann vierflüglig konzipierten Anlage aus.

Der Besitz gelangte 1623 an den Kurfürsten Johann Georg von Sachsen, der das Schloß drei Jahre später mit großem Aufwand zu seinem Jagdschloß umbauen ließ. Es war bis zum Erlöschen der sächsisch-merseburger Nebenlinie im Jahre 1738 die herzögliche Residenz und wurde daher mit einem Wassergraben umgeben und selbst nach der teilweisen Zerstörung durch schwedische Truppen im Dreißigjährigen Krieg (1642) immer weiter ausgebaut.

Als das Schloß 1676 endlich fertig gestellt war, stellte diese Anlage auch gleichzeitig den letzten großen sächsischen Schloßbau der Renaissance mit frühbarocken Einflüssen dar. Heute, fast 400 Jahre später, kann der Besucher ein in die Niederlausitzer Heidelandschaft eingebettetes Schloß betrachten, das sich über die interessante Historie hinaus noch durch seine ganz besondere Bauart auszeichnet.

Schloß Doberlug wird wegen seiner architektonischen Konzeption als ›Jahresbau‹ bezeichnet. Der die Szenerie beherrschende Turm symbolisiert die Zahl Eins und steht für das Jahr. Er wird von den vier Bauflügeln flankiert, die für die Jahreszeiten stehen. Die zwölf Giebel symbolisieren die Monate, die 52 Fialen, das sind die spitzen Türmchen auf den Giebeln, die Wochen. Ursprünglich gab es 365 Fenster, von denen noch 320 erhalten sind. Überaus sehenswert und nicht nur in der Niederlausitz einzigartig sind die vielen in die Fassaden eingearbeiteten Masken im Hof, die bei einem bestimmten Lichteinfall noch heute mitunter recht erschreckend und furcheinflößend auf die Besucher wirken können.

Bis die Niederlausitz 1815 im Ergebnis des Wiener Kongresses an Preußen fiel, wurde Doberlug noch häufig als Jagdschloß genutzt. Im September 1758 soll Friedrich der Große als Gast hier logiert haben und über die herrliche Lage derart entzückt gewesen sein, daß er den Gedanken äußerte, dort mit sechs Freunden ein »philosophisches Leben« führen zu wollen.

Die Nutzung des Schlosses nach 1815 war allerdings weit unspektakulärer: Erst Sitz für Gerichts- und Zollamt, später sogar als Gefängnis, zogen nach 1945 für einige Jahre zunächst sowjetische Truppen und dann die Nationale Volkarmee ein. Nachdem sich von 1990 bis 1994 kein Investor für das Schloß gefunden hatte, ging das Denkmal in den Besitz der Stadt über. 1997 wurde dann ein Förderverein für das Schloß gegründet, ein Jahr später waren bereits die ersten Restaurierungsmaßnahmen beendet. Zuerst wurden alle Fremdgebäude auf dem Schloßplatz abgerissen, der Innenhof neu gepflastert und eine Beleuchtungsanlage installiert. Im gleichen Zeitraum begannen die Arbeiten zur Sanierung und dann zur Bewässerung des Schloßgrabens.

Heute gibt es bereits einen kleinen gastronomischen Betrieb im Westflügel des Schlosses, das ›Schloß-Stübchen‹, und ein Nutzungskonzept, das sowohl kulturelle als auch gewerbliche Aktivitäten vorsieht. Ausstellungen, Konzerte und Feste sollen hier einen Platz finden; daneben liegt der konzeptionelle Schwerpunkt in der wirtschaftlichen Wandlung des Schlosses von der ehemaligen Kaserne in ein Dienstleistungszentrum für die Region. Das Schloß soll in Zukunft Vereinen und Kunstschaffenden, aber auch Existenzgründern und Jungunternehmern eine Basis bieten. Es ist ein vielversprechender Ansatz, zeigten doch schon die Mönche vor langer Zeit, daß in Doberlug wirtschaftlich sehr erfolgreich gearbeitet werden kann.

Chronologie

1165
Gründung des Klosters.
1184
Einzug der Mönche.
1541
Besetzung des Klosters durch Kurfürsten Friedrich von Sachsen.
1551
Heinrich von Gersdorf übernimmt die Pfandherrschaft und beginnt mit dem Umbau der Anlage.
1623
Kurfürst Johann Georg von Sachsen kauft die Anlage für 300 000 Taler und läßt sie in ein Jagdschloß umbauen.
1642
Die Anlage wird von schwedischen Truppen niedergebrannt.

1661
Christian I. weist den Wiederaufbau an.
1676
Fertigstellung des Schlosses.
1682
Schloß wird Residenz Christians I.
1738
Witwensitz der Herzogin von Merseburg.
1815
Die Niederlausitz wird preußisch, damit geht das Schloß in den königlich-preußischen Besitz über.
1857
Das Schloß wird zum Gefängnis umgebaut.
1906–1925
Erste denkmalpflegerische Arbeiten an Schloß und Park.
1929
Entdeckung von Malereien aus dem 16. Jahrhundert.
1945
Das Schloß wird für fünf Jahre von russischen Truppen genutzt.
1950–1980
Das Schloß wird zur Kaserne der NVA.
1980
Erste Restaurierungsmaßnahmen.
1997
Gründung eines Fördervereins.
1998
Weitere Restaurierungsmaßnahmen, u. a. am Schloßgraben.

Bürger- und Heimatmuseum Doberlug-Kirchhain und Umgebung e.V., An der Elster 3, 03253 Doberlug-Kirchhain, Tel. 03 53 22/28 43 oder -3 04 22.
Förderverein Schloß Doberlug e.V., Schloß Doberlug, 03253 Doberlug-Kirchhain, Zimmer 1.18, Tel. 03 53 22/3 44 76.
Fremdenverkehrsbüro im Weißgerber-Museum, Potsdamer Str. 18, 03253 Doberlug-Kirchhain, Tel. 03 53 22/22 93.

Schloß-Stübchen, Mi bis So von 14 bis 22 Uhr.
Hotel Gerberstadt, Torgauer Str. 14, 03253 Doberlug-Kirchhain, Tel. 03 53 22/22 17.
Hotel Rose, Am Rosenende 12, 03253 Doberlug-Kirchhain, Tel. 03 53 22/3 13 14.
Waldschenke Bad Erna, 03253 Doberlug-Kirchhain, Tel. 03 53 22/26 69.
Parkschlößchen Maasdorf, Dorfstr. 7, 04924 Maasdorf, Tel. 03 53 41/3 09 60.

Drebkau

»Einmal lebte eine bitter arme Frau, die ging hinter der Burg, im angrenzenden Wald Heidekraut schneiden. Ihr dreivierteljähriges Kind nahm sie mit. Im Wald angekommen, legte sie das Kind in ein weißes Tuch auf einem Grasfleck nieder und machte sich an die Arbeit. Nach einer Weile blickte sich die Frau nach dem Kinde um und wunderte sich, daß es so ruhig schlief. Da sah sie eine Schar von Nattern bei ihrem Kinde und dabei eine große Schlange mit einer Krone voll blinkender Steine auf dem Kopf. Die Frau fürchtete sich sehr, blieb aber trotzdem in der Nähe. Als sie dann ein zweites Mal herantrat, waren die Nattern noch immer bei dem Kinde. Zum dritten Male ging die Frau zu ihrem Kind. Da waren plötzlich alle Tiere fort, auf dem Tuch bei dem Kind aber lag die Krone des Schlangenkönigs. Die Frau nahm ihr Kind und die Krone mit nach Hause. Hier verkaufte sie die blinkenden Steine, bekam einige hundert Taler dafür und war nun aller Sorgen ledig.«

Sagen dieser Art sind in der gesamten Niederlausitz sehr verbreitet und werden von jedem Burgenstandort erzählt – so auch von Drebkau.

Die Frage, wann Drebkau erstmalig urkundlich erwähnt wird, ist in Fachkreisen noch nicht geklärt. Wahrscheinlich kann die erste Erwähnung aber auf das Jahr 1301 datiert werden. Hier wird in einer Verkaufsurkunde des Markgrafen Dietrich des Jüngeren ein ›castrum et oppidum Trebetz‹ erwähnt, das an den Erzbischof von Magdeburg veräußert werden soll. Eine sichere Datierung ist einer Urkunde von 1353 zu entnehmen, in der der Name Drebkau schon als solcher in dem dort erwähnten ›Drebekowe‹ erkennbar ist. Elf Jahre später ist dann erstmals und ausdrücklich von einer Burg die Rede, die sich im Besitz der Edlen von Ileburg befindet. Wie groß die Anlage zu diesem Zeitpunkt war, ist nicht bekannt, da sie aber explizit erwähnt wird, ist das Vorhandensein einer größeren Befestigung mehr als wahrscheinlich. Warum der Besitz in den darauffolgenden Jahrzehnten so oft wechselte, ist heute nur noch schwer nachzuvollziehen, gibt uns aber eine ganze Reihe von gesicherten Daten in die Hand.

Sowohl 1382 als auch 1384 wird ein Erich Schenk zu Schenkendorf als Eigentümer genannt, ihm folgte im Jahr 1395 Hans von Cottbus. Mit der nach dem Ende des 14. Jahrhunderts folgenden Familie von Köckritz beginnt dann eine Tradition, die bis zur Mitte des 18. Jahrhunderts reicht. Auch wenn in die ständig wechselnden Besitzverhältnisse damit endlich Ordnung gekommen war – ruhiger wurde es um Drebkau damit nicht. Als der damals berühmt-berüchtigte Hauptstützpunkt einer Gruppe von Adligen, die sich gegen jedwede Fremdbestimmung auflehnten und auch nicht vor Raub und Totschlag zurückschreckten, war Drebkau mit seiner Besatzung bekannt und gefürchtet. In den ersten Jahren des 15. Jahrhunderts müssen die sogenannten ›Landesbeschädiger‹ besonders viel

Unruhe verbreitet haben. Denn 1408 zog Markgraf Jobst von Mähren gegen Drebkau und belagerte die ausgezeichnet geschützte Wasserburg. Wie es dem Markgrafen schließlich gelingen konnte, die zusätzlich durch das umgebende Sumpfland gesicherte Burg einzunehmen, ist nicht überliefert, ebenso wenig wie etwas über den genauen Zeitraum der Belagerung bekannt ist. Diplomatisch haben sich die Historiker auf die Aussage »eine längere Zeit« geeinigt.

Nachdem die Familie von Köckeritz Drebkau oder vielmehr ihren Teilbesitz daran 1763 an die von Köppings veräußerte, konnte erst wieder der kursächsische Kavallerieoberst Hans Ehrenreich von Diepow das gesamte Anwesen als seinen alleinigen und ungeteilten Besitz betrachten. Aber schon dessen Sohn, Hans Paul, verkaufte Drebkau wieder, an einen kursächsischen Minister. Christoph Adam Burchard von Schieball, so der Name des Kriegs- und Kabinettministers, und des-

Deutlich sind die verschiedenen Bauphasen auszumachen.

sen Familie einschließlich des dänischen Zweiges lebten dann für viele Generationen auf Burg Drebkau. Nachdem der Neffe von Schieballs, Kapitän Friedrich von Arenstorff, 1796 die Burg geerbt hatte, ließ dessen Sohn das Anwesen so umbauen, wie es sich noch heute präsentiert.

Adam Friedrich von Arenstorff ließ den noch heute existierenden, der normannischen Burgenarchitektur entlehnten, Turm errichten. Auf das Wirken Adam Friedrichs geht auch der in der Niederlausitz etwas befremdlich und deplaziert wirkende Anbau zurück, der mit seinen rundbogigen Fenstern stark an italienische Renaissancebauten erinnert. Wahrscheinlich fällt in diese Zeit auch die erste Gestaltung des angrenzenden Parks, der heute allerdings nur noch rudimentär zu erkennen ist. Nach 1945 wurde, wie der Journalist Gerd H. Zuchold formuliert, »das Areal aufgesiedelt«, das soll heißen, daß unpassende Anlagen wie etwa elektrische Straßenlaternen in die alte Struktur gesetzt wurden. Das entsprach der Anlage ebenso wenig wie die Nutzung der Burg als Wohnraum für Kriegsflüchtlinge und später für Drebkauer Einwohner. Heute steht Drebkau, eines der interessantesten und bedeutendsten Geschichtsdenkmäler der Niederlausitz, leer und verfällt.

Chronologie

1301
Vermutlich erste urkundliche Erwähnung.

1353
Als ›Drebekowe‹ erwähnt.

Ende des 14. Jahrhunderts
Familie von Köckeritz kommt in den Besitz von Drebkau und bleibt es bis in die Mitte des 18. Jahrhunderts.

Ende des 17. Jahrhunderts
Schloß Drebkau wird unter Einbeziehung von Burgresten erbaut.

Ende des 19. Jahrhunderts
Zahlreiche Anbauten, u. a. ein großer Turm.

Nach 1945
Nutzung als Unterkunft für Kriegsflüchtlinge.

Derzeit
Leerstand und Verfall.

Finsterwalde

Das Wappen von Finsterwalde

Mit dem Namen Finsterwalde werden weniger Burg oder Ritter als vielmehr die ›Sänger von Finsterwalde‹ in Verbindung gebracht. Das ist der Titel eines ›humoristischen Gesamtspiels‹ von Wilhelm Wolff aus dem Jahre 1899, der den Ruf des Ortes als Sängerstadt begründete. Dieser wird durch das alle zwei Jahre stattfindende Sängerfest gestützt und gepflegt.

Das Stück wird heute nicht nicht mehr aufgeführt, wohl aber Festumzüge, die auch die Stadtgeschichte thematisieren. Dabei ragen zwei Persönlichkeiten heraus: Der ehemalige Bürgermeister Abraham Koswig, der Anfang des 18. Jahrhunderts das Bürgermeisteramt innehatte und heute noch hohes Ansehen genießt, und ein Ritter. Diese Persönlichkeit hat ebenfalls Spuren in der Stadtentwicklung hinterlassen, genoß und genießt aber weitaus weniger Ansehen – nicht ohne Grund.

Der 1343 urkundlich erstmals erwähnte Ort Finsterwalde prosperierte im 14. und 15. Jahrhundert aufgrund seiner geographisch günstigen Lage an der bedeutenden Handelsstraße Leipzig–Breslau und ihrem Abzweig als ›Salzstraße‹ Richtung Jüterbog.

Allerdings machten die Raubritter der Finsterwalder Burg sowohl den vorbeiziehenden Handelsleuten als auch den Bürgern das Leben schwer. Die Edlen von Gorenz verursachten mit ihren Raubzügen allerdings auch die Gegenwehr der Betroffenen. Der damals sehr einflußreiche und mächtige Lausitzer Städtebund ließ 1413 einen Heereszug ausrüsten. Die Truppen belagerten die Burg, nahmen sie ein – plünderten aber auch die Stadt und vertrieben den letzten, auch heute noch bekannten Raubritter der Gegend.

Burg und Stadt wurden 1443 – andere Quellen nennen das Jahr 1437 – vom Kurfürsten Friedrich IV. von Sachsen an die Familie von Maltitz verpfändet. Die von Maltitz schufen die Grundlagen für die baulichen Veränderungen an dem ehemaligen Raubritternest. Die dann folgenden Besitzer, die von Dieskau, ließen die Burg so zum Schloß umbauen, wie sie heute noch im wesentlichen zu erleben ist. Der Umbau begann 1559 und dauerte bis 1597, anderen Quellen zufolge bis 1572. Nach Ende der Arbeiten war aus der Burg ein Wasserschloß im Renaissancestil geworden. Im Zuge dieser

Das Wasserschloß beherbergt heute die Stadtverwaltung

Finsterwalde ist ein eindrucksvolles Zeugnis der Renaissancearchitektur

Baumaßnahmen wurde die Burg in ein Vorder- und ein Hinterschloß geteilt, wobei in der Front die Bediensteten und im zurückgezogenen Teil die Adligen wohnten.

Die Arbeiten in den Gewölben des Untergeschosses und den Treppentürmen an Süd- und Westflügel sollen auf den Dresdner Baumeister Martin Piger zurückgehen, unter dessen Leitung auch die St. Trinitates-Kirche in Finsterwalde erbaut wurde. Obwohl das Schloß während des Dreißigjährigen Krieges zweimal schwer verwüstet wurde, die Besitzer seitdem häufig wechselten, 1830 sogar der Fabrikant Haberland im Hinterschloß eine Tuchfabrik einrichten ließ, gilt das Schloß Finsterwalde als einer der schönsten und eindrucksvollsten Bauten der Niederlausitz. Heute ist in der ehemaligen Burg die Stadtverwaltung untergebracht und der Hof sowie große Teile des Innenraums wurden erst in den letzten Jahren mit großem Aufwand renoviert und restauriert.

Chronologie

1282
Erster urkundlich nachweisbarer Burgbesitzer ›dominus Heinemanus de Vynsterwalde‹.

1309
Otto von Landsberg aus dem Geschlecht der Edlen von Schenk.

1425
Hans und Else von Pack als Besitzer verbürgt.

1437–1518
Familie von Maltitz auf Burg Finsterwalde, Beginn des Umbaus zu einem Schloß.

1533–1625
Von Dieskau übernimmt für drei Generationen die Herrschaft, weitere Um- und Ausbauten.

1642
Einnahme und teilweise Zerstörung durch schwedische Truppen.

1712
Herzog Friedrich Erdmann zu Sachsen-Merseburg nimmt hier seinen Wohnsitz.

1815
Schloß wird preußischer Gutsbezirk.

1830
Tuchfabrikant Haberland kauft das Hinterschloß und richtet hier eine Fabrik ein.

1919
Stadt Finsterwalde kauft das Hinterschloß; das Vorderschloß gehört ihr bereits seit 1833.

1920
Umbau des Rittersaals zum Stadtverordnetensaal.

1991
Beginn umfangreicher Restaurierungsmaßnahmen.

Fremdenverkehrsbüro im Rathaus, Markt 1, 03238 Finsterwalde, Tel. 0 35 31/70 30 79.
Stadtmuseum Finsterwalde, Lange Str. 6–18, 03238 Finsterwalde, Tel. 0 35 31/3 07 83; Di 10 bis 12 Uhr und 14 bis 18 Uhr; Mi bis So 10 bis 12 Uhr und 14 bis 17 Uhr.
Boulevardhotel ›Sängerstadt‹, Markt 2–3, 03238 Finsterwalde, Tel. 0 35 31/ 25 57 und -3 08 89.
Pension und Restaurant ›Die Sänger von Finsterwalde‹, Beethovenstr. 5, 03238 Finsterwalde, Tel. 0 35 31/33 43.
Das Finsterwalder Sängerfest findet alle zwei Jahre im August statt.

Fürstlich Drehna

Eine alte Sage berichtet Erstaunliches über die Burg Drehna, die viele Jahre später, zu einem herrschaftlichen Schloß ausgebaut, den Namen und Titel Fürstlich Drehna erhielt:

»Nahe bei dem Marktflecken Drehna im Kreis Luckau steht eine alte Klosterruine, von der ein unterirdischer Gang bis in die Burg Drehna geführt haben soll. Als die Mönche aus dem Kloster ihre Andacht hielten, hat einer von ihnen den Zugang zu dem Gewölbe entdeckt, und wie man weiter suchte, fand man das unterirdische Bauwerk. Da sind die Mönche allesamt mit den Fackeln und brennenden Kerzen herbeigekommen, haben auch das Kruzifix und die Monstranz mitgeführt und wollten den Gang bis an sein Ende untersuchen. Aber die Stickluft und die bösen Dünste, die darin herrschten, haben die Flammen alsbald gelöscht, so daß die Mönche umkehren mußten. Und so meinten sie, der Teufel hause in dem Gang, und der sei vor der Monstranz und dem Kruzifix geflohen und habe die Flammen ausgelöscht. Nie hat einer danach diesen ›Teufelsgang‹ bei Drehna wieder betreten.«

Man sollte an dieser Stelle hinzufügen, daß nicht nur die Mönche diesen Gang nie wieder betreten haben. Ob es ihn wirklich jemals gegeben hat oder ob dies eine der zahlreichen Geheimgang-Erzählungen ist, die zu fast jeder Burg gehören, konnte bis heute nicht geklärt werden.

Wenn man allerdings davon ausgeht, daß das Kloster, von dem hier die Rede ist, mit der sogenannten und noch heute existierenden ›wüsten Kirche‹, die sich etwa 1,5 Kilometer nordöstlich von Fürstlich Drehna befindet, identisch ist, kann man die Sage wohl ernst nehmen, denn diese Kirche soll um 1350 erbaut worden sein. Damit wäre sie fast 100 Jahre älter als die Burg und ein Verbindungsgang baugeschichtlich nicht ausgeschlossen.

Zur Burghistorie selbst gibt es unterschiedliche Meinungen. Für die einen liegen keine gesicherten Belege aus der Anfangszeit vor, für die anderen ist die folgende Deutung plausibel: Die bereits 1301 genannte ›curia dannenrode‹ wird als Übersetzung des slawischen Namens Drenow – für Kirschenwäldchen – angesehen, auch wenn diese Deutung nicht als sicherer historischer Beleg gilt. Als sicher gilt hingegen, daß sich spätestens ab 1447 in Drehna eine Burg befunden hat, die damals im Besitz der Familie Drauschwitz befand. Ab 1489 übernahmen dann die Maltitz die Burg, spätestens ab 1521 sind die Minckwitz auf Drehna verbürgt. Diese Familie ließ nach der Jahrhundertmitte das Schloß erbauen, befestigte es mit drei Wehrtürmen und ließ einen Wassergraben anlegen. Im Jahre 1697 dann

Die Parkseite des Gebäudes ist barock geprägt

erwarb Balthasar Erdmann Graf von Promnitz auf Pleß, Sorau und Triebel die Standesherrschaft. Ein Umstand, der eine rege Bautätigkeit nach sich zog: Hierfür steht die heute noch erhaltene barocke Westseite, die dem Park zugewandt ist. Fast 100 Jahre dauerte die Herrschaft der Familie Promnitz; 1793 erwarb Graf Moritz Ludwig Ernst von Lynar das herrschaftliche Anwesen. Nachdem der Schloßherr 1807 vom Kaiser in den Fürstenstand erhoben worden war, hießen auch Ort und Schloß Fürstlich Drehna.

Genau 70 Jahre danach war es mit der fürstlichen Herrlichkeit dann allerdings endgültig vorbei. Für die auch damals sehr hohe Summe von 1 800 000 Mark kaufte der Bremer Reeder Wätjen den gesamten Besitz. Dessen Sohn wandelte die

Herrschaft später in ein klassisches Jagdgut um und verkaufte es schließlich an die Familie von Wallenberg-Pachaly, die es bis 1945 besaß. Während der DDR-Zeit war in dem Wasserschloß ein Jugendheim untergebracht. Diese 40 Jahre währende Nutzung gefährdete die historische Bausubstanz erheblich, der Park wurde sogar zerstört. Große Teile des um 1819 unter Mitwirkung von Peter Joseph Lenné zum Landschaftsgarten umgewandelten Schloßparks fielen dem Braunkohlentagebau zum Opfer.

Nach 1993 begannen dann erste ernsthafte Restaurierungsmaßnahmen durch die Brandenburgische Schlösser GmbH, der es nicht nur gelang, den 52 Hektar großen Park, mit den dem Braunkohlentagebau zum Opfer gefallenden Teilen, zu restaurieren beziehungsweise zu renaturieren. Auch im und am Schloß wurde vieles erhalten, wieder entdeckt und restauriert. So wurden unter anderem die spätgotischen Ziergiebel aus Backstein gerettet und der im Hof befindliche Laubengang erneuert. Auch die Räume im Obergeschoß mit ihren Stuckdecken aus dem 17. Jahrhundert sind wieder in alter Pracht zu bestaunen.

Lange Zeit war die Brandenburgische Schlösser GmbH auf der Suche nach einem neuen Nutzer für die Zeit nach 2003. Dann sollen die Restaurierungsarbeiten abgeschlossen sein. Wurde zuerst ein Hotel der Luxuskategorie favorisiert, sollen hier jetzt wohl doch wieder Schüler untergebracht werden. Der Berliner Sozialpädagoge Jochen Ebmaier möchte aus Fürstlich Drehna eine musisch ausgerichtete Internatsschule nach dem Muster der deutschen Landerziehungsheime entstehen lassen. In diesem Gymnasium sollen 120 Eleven unterrichtet werden, ein Schwerpunkt soll im Bereich der Neuen Medien liegen. Nachdem Ebmaier im September 1999 mit diesem Konzept an die Öffentlichkeit ging, war allerdings noch nicht klar, woher der Pädagoge die Kinder und deren zahlungsbereite Eltern nehmen möchte. Immerhin sollen hier 3 000 Mark Schulgeld pro Monat fällig werden.

Und so ist noch nicht entschieden, ob auf Fürstlich Drehna dieses ebenso ehrgeizige wie für Brandenburg einzigartige Konzept einziehen wird.

Chronologie

1301
Erwähnung der ›curia dannenrode‹ als wahrscheinliche Übersetzung des slawischen Namens Drehna.

1447
Burg Drehna verbürgt durch die Herrschaft der Drauschwitz.

Nach 1550
Errichtung des Wasserschlosses Drehna durch die Familie von Minckwitz.

1697
Graf von Promnitz übernimmt den Besitz und beauftragt zahlreiche Umbauten.

Nach 1793
Graf zu Lynar wird neuer Eigentümer und 1807 in den Fürstenstand erhoben. Drehna heißt nun Fürstlich Drehna.
1819
Unter Mitwirkung Peter Joseph Lennés wird ein riesiger Landschaftsgarten angelegt.
Nach 1945
Nutzung als Jugendheim, große Teile des Lennéparks fallen dem Braunkohlentagebau zum Opfer.
Seit 1993
Umfangreiche Restaurierungs- und Renaturierungsmaßnahmen, die 2003 abgeschlossen sein sollen.

Fremdenverkehrsverein Niederlausitzer Land e.V., Nordpromenade 19, 15926 Luckau, Tel. 03544/3050, Fax -508276.

Direkt am Schloß: Historischer Gasthof ›Zum Hirsch‹, Di bis So ab 11 Uhr, Tel. 035324/7030.

Großkmehlen

Ort und Anlage Großkmehlen liegen zwar nur 35 Kilometer von Dresden entfernt, gehören aber noch zu Brandenburg. Von dem neuen Glanz der sächsischen Landeshauptstadt hat Großkmehlen zum Bedauern jedes Burgenfreundes allerdings wenig abbekommen. Die Anlage tristet in desolatem Grau, nur die notwendigsten Sanierungsmaßnahmen wurden von der Brandenburgischen Schlösser GmbH ausgeführt. Nun wartet sie auf neue Nutzung und ist zum Verkauf ausgeschrieben: »Die Verbindung von Verwaltung mit Wohnungen ließe sich ebenso leicht verwirklichen wie die Idee einer kulturellen Nutzung, was zum Beispiel auch die Unterbringung einer Bibliothek möglich machen würde«, heißt in den Unterlagen. Doch wer soll sich bereit finden, viele Millionen Mark zu investieren?
Das Gebäude mit seiner Geschichte ist bemerkenswert, wenn auch die Anfänge im Dunkeln liegen. Dabei gibt es durchaus Schrifttum aus dem 15. Jahrhundert, das beweist, daß hier schon über eine längere Zeit Adlige ansässig waren. Wie etwa ein Herr von Lüttichau, der 1474 in seinem Haus- und Wirtschaftsbericht über die wirtschaftliche Lage seiner Bauern schrieb: »Ihre Haupteinnahme ist der Erlös aus dem Hopfen. Steht er im Preise, so kommen sie gut aus, steht er tief, so sind sie arme Leute… Die Bauern haben nasse Viehweiden, deshalb stirbt ihnen alle Jahre viel Vieh. Sie haben nur dann genug Brennholz, wenn ein harter Winter einfällt. In Summa ist die Lage so, daß zu Kmehlen und Kleinkmehlen einem wohl ein Erbe (Bauerngut) umsonst zufallen würde, wenn man es haben wollt…«. Der Hopfen soll auch für den Namen des Ortes verantwortlich sein. Der Name ›Keh-

len‹ soll Hopfendorf – von ›Chmel‹ = Hopfen – bedeuten.

Die Entstehung von Burg und Schloß Kmehlen, ein riesiger Bau mit ursprünglich vier Rundtürmen, wird oft der Einfachheit halber in die Mitte des 16. Jahrhunderts gelegt. Bei genauerer Betrachtung ist diese Sichtweise allerdings nicht haltbar. Rudolf Schmidt, Autor zahlreicher Bücher zur Geschichte der Mark Brandenburg, führt in seinen ›Streifzügen durch die Mark‹ aus: »Ueber die Zeit der eigentlichen Gründung ist nichts bekannt, doch kann sicher angenommen werden, daß solche Orte, die an wichtigen Handelsstraßen lagen, zu den ältesten gehören, zumal da hier eine schöne klare Quelle zur Ansiedlung aufforderte. Dieser wichtigste Punkt wurde sicherlich durch eine Burg gesichert. Das nötige Wasser zur Befestigung derselben wurde durch die Anlage der ›Neuen Pulsnitz‹ (auch Mühlengraben genannt) hergeleitet, die sich dicht hinter Ortrand am Wehrhaus vom Hauptstrome abzweigt und sich im Norden von Großkmehlen wieder vereinigt.«

Ehemaliger Lustpavillon im Park von Großkmehlen

Wie die Burg ursprünglich ausgesehen hat, läßt sich nicht mehr nachvollziehen. Es gibt aber Bildmaterial über den Bau, der Anfang des 16. Jahrhunderts auf den Fundamenten der Burg entstand; auch wird häufig davon gesprochen, daß das Schloß »unter Einbeziehung eines weitaus älteren Baus« errichtet wurde. Wie einige andere ›Neubauten‹ aus dem 16. Jahrhundert auch, befolgte das Schloß Großkmehlen eine sogenannte mittlere Linie zwischen Burg und offenem Haus. Das fast kasernenmäßige Gebäudeviereck mit den entsprechenden Ecktürmen inmitten eines ›nassen Grabens‹ war nur durch zwei Brücken zugänglich. Es war also nicht ganz schutzlos, aber auch ohne eigentliche Verteidigungsanlagen oder -zwecke.

Einzigartig für die Niederlausitz ist, daß auf dem Schloß gleichzeitig zwei Adelsfamilien lebten. Das läßt sich auch heute noch an der Architektur ablesen. Obwohl Kmehlen bereits erstmalig 1205 erwähnt wird, ist es erst ab 1392 als Rittersitz nachweisbar. In diesem Jahr soll ein Poppe von Köckritz Burg und Gut gekauft haben. 1441 saß dann Friedrich von Lüttichau auf einem Teil von Kmehlen, während noch mindestens 27 Jahre lang die von Köckritz auf dem anderen lebten. Erst 1468 verkaufte ein nicht näher bekannter von Köckritz dem Siegfried von Lüttichau den zweiten Teil der Burg.

Damit war die Zweiteilung von Kmehlen aber noch lange nicht vorüber: Für das Jahr 1540 ist dann eine Erbteilung zwischen den Brüdern Hans und Wolfgang Lüttichau verbürgt. Hier wurde Haus und Hof dann endgültig zweigeteilt; durch den Wegfall des Innenhofes gab es auch keine direkte Verbindung zwischen den einzelnen Schloßteilen mehr. Somit ohne eine innere Verbindung zwischen den sogenannten oberen und niederen Teilen, stehen die zwei Flügel wie nebeneinandergerückt. Durch den Wegfall des Binnenhofes wirken die Dächer fast trichterförmig. Nach außen sind die Stirnseiten der Flügel durch wunderbar gearbeitete Renaissancegiebel gekennzeichnet, während die ›Nähte‹ aber jeweils durch eine architektonische Absonderlichkeit verdeckt werden. Hier sind die Aborterker installiert – eine sicherlich einmalige und höchst ungewöhnliche Zurschaustellung dieser Bedürfnisanlagen.

Die ursprünglich vier Türme, von denen heute noch drei erhalten sind, ragen mit Halbgeschossen über die eigentliche Dachlinie hinaus und bilden mit ihren Zwiebelhauben und den Giebeln eine eindrucksvolle Silhouette. Zweifellos aus dem 16. Jahrhundert stammen sowohl die Schweifgiebel auf den jeweiligen Erkern als auch die Kreuzgratgewölbe, die noch in einigen Zimmern und Gängen zu bewundern sind. Mehrere Räumen des derzeit nicht zugänglichen Schlosses sind mit wunderbaren Stuckdecken aus dem 16. und 17. Jahrhundert ausgestattet. Ihre Motive vermutlich oberitalienischer Meister zeigen die typischen Bänder und Blattsträuße, aber auch Früchte, Pilaster, Girlanden und Götterfiguren.

Renaissancegiebel prägen die Wasserburg

Während das Äußere des Schlosses von den hohen Satteldächern und den Renaissancegiebeln geprägt wurde und heute noch wird, wurden bereits ein Jahrhundert nach Errichtung des Baus umfangreiche Veränderungen im Inneren vorgenommen, von deren Umfang und Qualität man im ersten Obergeschoß eine Vorstellung bekommen kann: Die zum Teil figürlichen, barocken Stuckreliefs sollen zwischen 1695 und 1720 entstanden sein und zu den schönsten Brandenburgs zählen. Ähnliche Würdigung erhält das Gotteshaus von Großkmehlen mit seinem wunderschönen Altar und dem Sakramentsschrein aus dem 15. Jahrhundert. Von ihm wird erzählt, daß ein Herr von Lüttichau ihn in einer anderen Kirche geraubt, in Säcke verpackt und hierher transportiert habe. Anderen Erzählungen zufolge ließ Kurfürstin Anna um 1585 den Altar in Lüttich – möglicherweise ist Lüttichau gemeint – fertigen, um ihn ihrem Schwiegersohn zu schenken. Beide Erklärungen klingen spannend, sind aber unrichtig. Vielmehr stammt der Altar aus der ungemein produktiven Altarschreinfabrik des in Brüssel ansässigen Jan Bormann, der in den Jahren zwischen 1480 und 1520 einen schwunghaften Export betrieb. Der Schrein wurde höchstwahrscheinlich von Kurfürst Christian II. an seine Frau, die dänische Prinzessin Hedwig, verschenkt. Diese wiederum beglückte nach dem frühen Tod ihres Gemahls viele arme Kirchengemeinden mit sakralen Pretiosen.

Es bleiben noch zwei Dinge zu dem in DDR-Zeiten als Altenheim genutzten Bau nachzutragen: Nationale Berühmtheit erlangte Schloß Großkmehlen, zumindest in Fachkreisen, durch Karl Eduard Zacharias von Lingenthal, der das Anwesen 1845 kaufte und bis 1894 auch bewohnte. Dieser Politiker und Rechtsgelehrte, der sich als Begründer der vergleichenden griechisch-römischen Rechtsgeschichte einen Namen machte, war auch der Initiator der Eisenbahnlinie Cottbus–Großenhain. Und wer den teilweise noch in älteren Publikationen zu bewundernden Prachtbrunnen von Großkmehlen sucht, kann ihn zwar auch heute besichtigen – allerdings im wenige Kilometer entfernten Schloß Lindau. Hierher wurde der Brunnen umgesetzt.

Chronologie

1205
Erste nachweisbare Erwähnung.

1392
Erstmals als Rittersitz erwähnt.

Ab 1441
Familiensitz derer von Lüttichau.

16. Jahrhundert
Ausbau der Burg zu einem dreigeschossigen Wasserschloß mit vier runden Ecktürmen.

17. Jahrhundert
Umbau des Schlosses und Ausstattung durch oberitalienische Stukkateure.

Derzeit
Leerstand.

Brandenburgische Schlösser GmbH, Breite Str. 9, 14467 Potsdam, Tel. 03 31/27 91 50 und 03 31/2 70 80 27.
Fremdenverkehrsverband Ortrand und Umgebung e.V., Altmarkt 1, 01990 Ortrand, Tel. 03 57 55/5 26 71.

Dorfkrug, Frauenwalder Dorfstraße 23, 01990 Großkmehlen/Ortsteil Frauenwalde, Tel. 03 57 55/4 33.
Restaurant Hirte, Am Anger 15, 01990 Großkmehlen, Tel. 03 57 55/ 3 43.
Restaurant Petzel, Elsterwerdaer Straße 4, 01990 Großkmehlen, Tel. 03 57 55/4 16.

Groß Leuthen

Im Sommer ist Groß Leuthen geradezu ein Paradies für Kinder und Camper. An der nördlichen Perepherie des Spreewald-Biosphärenreservats gelegen, direkt am Groß Leuthener See, zählen das ›EuroCamp. Spreewaldtor‹ und das Kinder- und Jugenddorf Groß Leuthen sicherlich zu den schönsten Anlagen dieser Art in Brandenburg. Die Campinganlage wurde unter umweltschonenden, zukunftsorientierten Vorgaben behutsam in die herrliche Landschaft eingefügt, die leicht terrassierte Anlage wird ausschließlich von den spreewaldtypischen reetgedeckten Häusern bestimmt. Das hat sich herumgesprochen, und so ist die Anlage, vor allem in den Sommermaonaten, gut besucht.

Somit kommt der Burgenfreund, der eher den beschaulichen Spaziergang und die stille Freude an der Betrachtung bevorzugt, hier nicht auf seine Kosten. Im Winter aber präsentiert sich die Anlage von einer ganz anderen Seite. Dann herrscht hier die große Ruhe. Und komplettiert wird die Idylle dann, wenn auch noch der Groß Leuthener See zugefroren ist. Ein in Brandenburg einmalig schönes Bild tut sich dann auf. Die Burg erhebt sich direkt über dem Westufer des Sees. Groß und trutzig-wehrhaft steht der gelb-ocker gestrichene Bau in der Spreewaldlandschaft.

Leider gibt es bis heute keine gesicherten Daten aus der Anfangszeit dieser Burg. Fest steht lediglich, daß dieser Bau um 1200 begonnen wurde und Teile von ihm bereits existierten; Fundamentenreste aus Eichenphählen beweisen, daß hier bereits in sehr früher Zeit eine Wasserburg stand. Aus dem erstmals 1368 genannten Groß Leuthen – andere Quellen bestimmen das Jahr 1461 als erstmalige Erwähnung mit dem Eintrag eines Martin Lewtin ins Lübbener Stadtbuch, aus dem sich der Name Leuthen ableiten soll – entwickelte sich schnell eine Herrschaft, später sogar eine standesherrliche Herrschaft. Albrecht Schenk von Landsberg kaufte Ort, Burg und die angrenzenden Ländereien im Jahre 1500.

Zu diesem Zeitpunkt war die Burg wohl schon recht unansehnlich, wahrscheinlich standen auch nur noch Ruinen, denn Albrechts Sohn, Wilhelm Schenk von Landsberg, ließ auf den Fundamenten der Burg 17 Jahre später ein Schloß errichten, das zumindest in seinen äußeren Maßen dem heute noch vorhandenen Bau sehr nahe kommen soll. Mehr als 200 Jahre residierten die Schenken von Landsberg auf Groß Leuthen, bis 1722 der Generalfeldmarschall Graf Fleming den Besitz »gegen eine geringe Abfindung« erwarb, wie es in einer Quelle heißt.

Glücklich geworden ist der Graf mit Groß Leuthen nicht, denn der heruntergewirtschaftete Besitz ging bereits sechs Jahre später in die Hände der Sophie von der Schulenburg über. Angst und Schrecken herrschten auch in dieser Zeit; der Dreißigjährige Krieg war zwar schon längst vorbei, der Siebenjährige Krieg stand aber schon vor der Tür und später zogen auch napoleonische Truppen durch diesen Landstrich. Wann Groß Leuthen direkt bedroht wurde, ist nicht ganz klar, daß es eine solche Bedrohung gegeben haben muß, wurde aber 1914 offensichtlich: Bei Umbauten am Schloß fand sich ein Behälter mit Silbermünzen aus friderizianischer Zeit, ein Schatz von als 23 Kilogramm Gewicht. Die Silberlinge müssen, nachdem man sie vergeben hatte, völlig in Vergessenheit geraten sein – es gibt noch nicht einmal eine Schatzsage zu Groß Leuthen –, so daß auch die späteren Besitzer nicht wußten, wie kostbar der erworbene Besitz war.

Wie sich an den An- und Umbauten des 19. und 20. Jahrhunderts ablesen läßt, war das Anwesen auch ohne dieses Wissen seinen Besitzern kostbar genug. Zwei Eigentümer haben am heutigen Erscheinungsbild und der Innendekoration einen großen Anteil: August Ferdinand Graf von Haeseler ließ das Schloß um 1838 vollständig restaurieren, und Johann Abraham von Wülfing, der 1906 in den Besitz von Groß Leuthen gelangte, beauftragte den Burgenforscher und Architekten Bodo Ebhardt (1865–1945) mit der Umgestaltung des Parks und Teilen des Schlosses. Bis zur Bodenreform blieben die von Wülfings in Groß Leuthen; nach ihrer Vertreibung teilte das Schloß das Schicksal vieler Burgen und Schlösser in der

Das heutige Erscheinungsbild des Turmes wird auch von den Umbauten aus dem 19. Jahrhundert bestimmt

Mark: Es wurde ein Spezialheim, in diesem Fall für sogenannte schwererziehbare Kinder.

Anfang der 90er Jahre wurde dieses Heim dann geschlossen. Heute tummeln sich wieder Kinder und Jugendliche auf dem Gelände, allerdings sicherlich wesentlich glücklichere und zufriedenere.

Chronologie

Um 1200
Errichtung einer Wasserburg am Westufer des Groß Leuthener Sees.

1368
Erstmalige Erwähnung der Burg.

1461
Eintragung eines Martin Lewtin in das Lübbener Stadtbuch; von Lewtin soll sich der Ortsname Leuthen herleiten.

1517
Auf den Fundamenten der alten Burg läßt Wilhelm Schenk von Landsberg das Schloß Groß Leuthen erbauen.

1838
Erste umfassende Restaurierung.

1906
Umgestaltung von Schloß und Park.

1914
Während Umbauten wird ein Schatz mit 23 Kilogramm Silbermünzen gefunden.

Nach 1945
Nutzung als Kinderheim.

Seit 1990
Nutzung als Teil eines Kinder- und Jugenddorfes.

Touristenbüro des Amtes Märkische Heide, Dorfstr. 16, 15913 Groß Leuthen, Tel. 03 54 71/7 09.
EuroCamp. Spreewaldtor, Am Groß Leuthener See, 15913 Groß Leuthen, Tel. 03 54 71/3 03, Fax -3 10.

Gasthaus Groß Leuthen, Hauptstr. 4, 15913 Groß Leuthen, Tel. 03 54 71/6 16.
Restaurant ›Roter Adler‹, Neue Straße 1, 15913 Groß Leuthen, Tel. 03 54 71/5 91.
›Terrassencafé‹, Am See, 15913 Groß Leuthen, Tel. 03 54 71/7 49.

Lübben

Bereits unmittelbar nach der Ankunft im Bahnhof von Lübben taucht der Besucher in die Geschichte dieses Ortes ein. Man erfährt, daß Lübben auch Lubin und Blota heißt und daß der Weg zur Burg durch einen Stadtwald führt. Alte Bäume und ein träge vor sich hin mäanderndes Flüßchen bilden eine eigenartige Kulisse, die bereits das Ambiente einer uralten Geschichte atmet.

In diesem Hain sollen angeblich die Slawen ihrer Göttin Ljuba geopfert haben, und nach dieser Beschützerin aller Liebenden soll der Ort Lübben (Lubin) seinen Namen haben. Einer Sage nach geht die Namesgebung des noch heute als ›Prinzessinnenweg‹ bezeichnete Durchgangs auf diese Zeit zurück. Ljuba soll sehr zuverlässig in der Erfüllung von Wünschen Liebender gewesen sein, auch wenn die Göttin mitunter zu recht drastischen Mittel griff:

Einst lebte eine wendische Prinzessin, die mit einem jungen Fürstensohn verlobt war. Beide waren in heftiger Liebe zueinander entbrannt, als der junge Prinz in den Krieg ziehen mußte. Nach dem dieser Krieg nun schon viele Monate andauerte und die arme Prinzessin noch immer keine Nachricht hatte, bestieg sie ihre goldene Kutsche und machte sich auf den Weg in den verwunschenen Hain von Lubin. Hier wollte sie die Göttin Ljuba anflehen, ihr zu helfen. Eine ganze Nacht und einen halben Tag kniete und opferte sie vor dem Bildnis Ljubas. Endlich nahm sie ihr kostbares Diamantendiadem vom Kopf und brach die schönsten Steine heraus: »Bitte, führe mich und meinen Prinzen wieder zusammen«, flehte sie das Bildnis unter der hohen Eiche an. Daraufhin bestieg sie wieder ihre goldene Kutsche und trat den Heimweg an. Sie war noch nicht weit gekommen, als die Kutsche plötzlich im tiefen Morast steckenblieb, um dann, nur einen Moment später, zu versinken. Genau im gleichen Augenblick, als die Prinzessin im Moor versank, traf den Prinzen ein vergifteter Pfeil mitten ins Herz – und beide Liebenden waren auf immer vereint.

Der Wunsch der Prinzessin hatte sich erfüllt, wenn auch mit tragischen Ausgang. Aber auch in dieser Sage finden wir einen ein Körnchen Wahrheit: Schon vor 1788 beschreibt der Wittenberger Pfarrer C. G. Schmidt das Flüßchen Birste als »Grenze zwischen diesen elysischen Gefilden, und dem Reich der Todten – dem melancholischen Gottesacker«. Wie wir heute sah er die hohen und dicht belaubten Bäume, »bei deren Aussehen man in die Zeiten der Vorwelt zurückversetzt wird«. Wer allein, ganz früh oder in der Dämmerung, durch diesen Hain läuft, kann den Schauer des Theologen nachvollziehen, der ihn bei der Vorstellung überkam, wie hier »unter den weitausgestreckten Aesten dieser Riesen, die ältesten Bewohner dieser Gegend ihrem Gott Luban opferten«. Das brachte ihn auch zu dem Urteil, der gesamte Kreis sei der unkultivierteste und unangenehmste des gesam-

Gothisches Stadtsiegel aus dem 15. Jahrhundert (nach einem Holzschnitt von 1862)

ten Spreelandes. Wegen ihrer vermeintlichen Rückständigkeit hieß die Gegend bei ihm ›wendische Tartarei‹.

Sie hat zwei Burgstellen aufzuweisen. Da ist zunächst das Burglehn. Dank der sehr guten Ausschilderung kann man sich leicht ein Bild von dieser ehemaligen Befestigung machen. Wie entsprechende Funde beweisen, sollen an dieser schmalsten Stelle zwischen Ober- und Unterspreewald bereits in der mittleren Steinzeit, also zwischen 8000 bis 4500 v. Chr., Jäger und Sammler gesiedelt haben.

Die Reste der eigentlichen Burganlage stammen aus einer viel späteren Zeit: Vor etwa 1600 Jahren lebte hier die Bevölkerungsgruppe der Lunsizi, später auch Lusizi genannt. Wie die 1967 durchgeführten Grabungen bewiesen, stand hier ein Herrensitz, der von massiven Wallanlagen geschützt wurde und wohl auch von der Bevölkerung als Fluchtburg genutzt wurde. In einer späteren Ausbauphase wurde diese Burg, die mit ihrem direkten Sitz an der Furt zwischen den beiden Teilen des Spreewaldes von großer strategischer Bedeutung gewesen sein muß, mit weiteren Palisaden und wohl auch einem Wehrturm ergänzt.

Welcher Fürst hier geherrscht hat und welche Kämpfe sich hier abgespielt haben, ist nicht überliefert und wird wahrscheinlich für immer im Dunkel der Geschichte bleiben. Lediglich eine Sage ist überliefert, nach der eine Burgherrin und deren Tochter auf dem Burglehn herrschten. Die heiratsfähige Tochter soll sehr übermütig gewesen sein: Von einem Freier forderte sie, er solle ihr drei Wasserrosen aus dem angrenzenden Moor holen. Als der Jüngling dabei ertrank, lachten die beiden Frau dazu. Daraufhin schlug ein Blitz in die Burg ein, worauf sie bis auf die Grundmauern niederbrannte. Beide Frauen starben; der Tochter aber wurde verheißen: »Fahre auch Du in die Hölle! Alle einhundert Jahre soll es Dir vergönnt sein, auf die Erde zurückzukommen. Dann kann Dich ein Mann erretten, der Dir ein Ei von einer schwarzen Henne, Milch von einer schwarzen Kuh und ein frisches Brot vom gleichen Tage bringt«. Sollte dieser Mann in der Stunde vor dem Morgengrauen die aufgezählten Dinge herbeibringen, würde die Jungfer wieder frei und zudem unermeßlich reich werden. Einmal, so erzählt die Sage weiter, soll es ein Mann geschafft haben – allerdings ging gerade in dem Moment, wo er die Dinge an das edle Fräulein reichen wollte, die Sonne auf. Mit lautem Wehklagen verschwand das Mädchen. Seitdem ist es keinem gelungen, die junge Dame zu retten.

Die Historie dieses Burglehns beschäftigte immer schon Gelehrte, unter ihnen Rudolf Virchow, Arztes und Vater der experimentellen Phatologie. Er besuchte im Jahre 1880 den Ort und notierte gewissenhaft wie enttäuscht: »Das Burglehn ist jetzt ein großer Garten mit zahlreichen Obstbäumen«. Er erkannte aber auch die ehemalige Bedeutung der Anlage: »Das Ermittelte genügt, um die historische Stellung dieses Burgwalls zu fixieren. Da leicht zu erreichen und da er nächst dem Schloßberge von Burg unzweifelhaft der größte und bestens erhaltene Rundwall des Spreewaldes ist, kann ich seinen Besuch... nur auf das Lebhafteste empfehlen«.

Genaueres ist erst im 20. Jahrhundert ermittelt worden. Bis zu Beginn dieses Jahrhunderts nahm man an, daß eben jenes Burglehn bereits um das Jahr 1000 erwähnt wurde. Bischof Thietmar von Merseburg (975–1018) begleitete zu dieser Zeit die beiden deutschen Könige Heinrich I. und Heinrich II. auf ihren Kriegszügen durch die Lausitz. In seiner Chronik erwähnt der Kirchenmann mehrmals eine slawische Burg namens ›Libusana‹. Lange nahm man an, damit sein Lübben gemeint.

Heute neigt man eher der These Dr. Woldemar Lipperts zu, Herausgeber der Lübbener Urkundenbücher, daß »im Originaltext der thietmarschen Chronik nicht ›Luibni‹ (für Libusana – d. Vf.) steht, sondern ›Liuilni‹. Endgültig gesichert ist das alles nicht. Eine allgemein anerkannte Erwähnung findet Lübben erst im Jahr 1150, als eine Burg ›Lubin‹ in den Aufzeichnungen des Klosters Nienburg. Ob hingegen die Inventur dieses reichen Klosters den Standort des heutigen Burglehns bezeichnet oder schon den, auf dem sich das heutige Schlosses Lübben befindet, ist wiederum strittig.

Diesen erreicht man vom Burglehn aus über die angrenzenden Wiesen und über die Spreewaldgewässer hinweg. Hier ist ein großartiges Schloßensembles zu erleben. Von der ehemaligen mittelalterlichen Wasser- oder Sumpfburg ist zwar nur noch der Schloßturm erhalten, er ist aber einer der ältesten und schönsten Bauwerke der Niederlausitz – wenn auch das Baujahr des Turmes nicht zweifelsfrei sicher ist. Einig sind sich die Fachleute zumindest darüber, daß an der Stelle, an der heute das Schloß steht, eine Wasser- bzw. Sumpfburg mit Wällen und Gräben gestanden hat, die so groß und bedeutend war, daß hier Burggrafen residierten. Die strategische Bedeutung und Aufgabe dieser Burg kann man auch noch heute leicht nachvollziehen: Lübben war das Tor zwischen Ober- und Unterspreewald, und genau hier befand sich die einzige gangbare Furt durch die Spree. Nicht ohne -berechtigten- Stolz vermerkt die Lübbener Chronik: »Viele Dynastien wechselten hier einander ab: Askanier, Wettiner, Wittelsbacher, Polen, Böhmen, Brandenburger und andere«.

Überliefert sind bekannte Burgherrennamen wie die des Hermann von Gloßen (um 1359), Henning Quast (bis 1461) oder der Herren von Polenz (bis ins 16. Jahrhundert). Nachgewiesen ist auch, daß in den Jahren 1561/62 die alte Burg vom Burgvogt Felix von Lobkowitz und Hassenstein abgerissen wurde und durch einen zweistöckigen Neubau ersetzt wurde, der Turm dabei aber erhalten blieb.

Eine entscheidende Wende nahm die Geschichte von Turm und Schloß um 1666 (im Jahre 1623 waren die beiden Teile der Lausitz an Kursachsen gefallen), als Herzog Christian I. von Sachsen-Merseburg diesen Standort zu einer seiner Residenzen ausbauen ließ. Bis heute wird die äußere Gestalt von diesen Renaissanceumbauten der Jahre 1679 und 1682 geprägt. Sowohl die reich verzierten Schloßgiebel als auch das im Osten des Gebäudes zu bewundernde Sitznischenportal gehören sicherlich zu den eindrucksvollsten ihrer Gattung in ganz Brandenburg. Mit dem Schloß verbunden, ist noch heute der Schloßturm zu bewundern. Seine mehr als drei Meter starken Mauern weisen ihn als typischen Wohn- und Wehrturm des Mittelalters aus, auch wenn er später im Renaissancestil überbaut wurde. Der in seinem Grundriß quadratische Bau wurde 1684 mit einem Fachwerkgeschoß erhöht, in dem der Herzog seine Gemächer bezog; ein der Bedeutung des Schlosses angemessenes Walmdach wurde von einem mit der welschen Haube bedeckten Uhrtürmchen gekrönt.

Dieses Türmchen wurde während des Zweiten Weltkrieges demontiert, da man befürchtete, die allierten Bomberpiloten könnten es zur Orientierung nutzen. Erhalten geblieben und noch heute in der schlichten Eingangshalle zu bewundern sind die beiden Glocken. ›Anno 1684 GOSS MICH ANDREAS HEROLD IN DRESDEN‹ ist auf ihnen zu lesen. Der damals sehr bekannte Uhrmachermeister Kaspar Ranfft aus Nordhausen zeichnete für die Präzision des zur jeder Viertel- und ganzen Stunde schlagenden Werkes verantwortlich.

Eine weitere Veränderung am Turm wurde erst Anfang des 20. Jahrhunderts vorgenommen. Zwar wurde er dabei erheblich verändert, ohne die Maßnahmen wäre der Erhalt aber wohl nicht gewährleistet gewesen.

»Der Turm bot ein trauriges Bild... Das Gebäude war außerordentlich verwahrlost, der Huldigungssaal diente als Monturkammer des Eskadron des 4. Frankfurter Landwehrregimentes Nr. 32, die Keller waren von Feuchtigkeit durchsetzt, der Putz abgefallen, die gewölbten Räume im Erdgeschoß – die einst im 18. Jahrhundert als Kassen- und Archivraum der Verwaltung dienten– zum Kohlenkeller degradiert und die ehemalige herzogliche Wohnung im Dachgeschoß diente als Schüttboden für Getreide. Infolgedessen waren die überlasteten Deckenbalken teilweise durchgebrochen und wurden durch Notbalken gestützt. Das Turmdach selbst war in sich versackt«.

Dies war die traurige Bilanz des Architekten Adolf Zeller, der den Auftrag bekommen hatte, den Turm für eine besondere Zeremonie wieder herzurichten.

Kaiser Wilhelm II. und das Haus Hohenzollern hatte beschlossen, in Lübben das 100. Jubiläum des Wiener Kongresses zu feiern, in dessen Ergebnis unter anderem die Lausitz an Preußen gefallen war. Lübben wurde gewählt, weil hier am 18. Oktober 1448 der niederlausitzer Adel dem Brandenburger Kurfürsten Friedrich II. als neuen Markgrafen gehuldigt hatte.

Neben den umfangreichen baulichen Rekonstruktionen wurde auch eine wesentliche Veränderung ausgeführt: Wilhelm II. bekam eine eigene Eingangspforte. Dieses zur Straße weisende Ehrenportal wird vom einem sächsischen Wappen geschmückt, unter dem die Worte ›Krieg‹ und ›Liubusa 932‹ als vermeintliche Botschaft für die zerstörerischen Absichten der Sachsen gemeißelt sind. Unter

Gemälde im Wappensaal des Schloßturms

dem Wappen der Preußen finden sich dagegen die Inschriften ›Friede‹ und ›Wien 1815‹. Die Einweihung und Jubelfeier war für den Juni 1915 geplant fand aber nicht statt – es war Krieg.

Im Rahmen dieser baulichen Maßnahmen wurde der Berliner Maler Prof. Oettken mit der Ausführung eines Historienbildes beauftragt. Dieses Monumentalbild zeigt eben jene Huldigungsszene aus dem 15. Jahrhundert. Bemerkenswert sind weiterhin die Szenen aus dem bäuerlichen Leben, die 115 Wappen des gesamten niederlausitzer Adels, sowie die überaus farbenprächtigen Ornamente an der Saaldecke.

Zwei Neuerungen veränderten den Turm in späteren Jahren noch einmal: seit den 70er Jahren können sich hier Brautpaare das Ja-Wort geben, und in den Kellergewölben gibt es seit einiger Zeit ein sehr empfehlenswertes Weinrestaurant.

Chronologie

7.–9. Jahrhundert
Der heute als ›Burglehn‹ bezeichnete Ort wird als altslawische Burg genutzt.

11.–12. Jahrhundert
Die zu einem unbekannten Zeitpunkt niedergebrannte und aufgegebene Burg wird wieder genutzt.

Um 1150
Erstmalige Erwähnung der Burg ›Lubin‹ in einer Aufzeichnung des Klosters Nienburg/Saale.

1208
›Burcravius de Lubin Johannes‹ wird als Zeuge einer Urkunde des Grafen von Brehna für das Kloster St. Peter genannt (damit erste Urkunde über die Existenz Lübbens).

1241
Für die Burg Lubin ist ein Burggraf verbürgt, der in markgräflichen Diensten stand.

Ende 13. Jahrhunderts
Markgraf Dietrich der Jüngere verpfändet Burg und Stadt an das Kloster Dobrilugk.

1329
Burg und Stadt gelangen wieder in markgräflichen Besitz.

1359–1364
Lubin befindet sich im Besitz des Burggrafen Hermann von Gloßen.

1448
Besetzung der Stadt durch den Markgrafen Friedrich II. von Brandenburg, der die Brüder von Polenz zwingt, ihm Burg und Stadt für 10 000 Rheinische Gulden zu verkaufen.

1460/61
Verpfändung an Ritter Heinrich von Quast.

1510
Lübbener Burg wird ständiger Amtssitz der Lausitzer Landvögte und somit faktische Residenz des Markgrafentums Niederlausitz.

1561
Abbruch der Burg und Schloßneubau.

1564
Empfang Kaiser Maximilians II. im neuerbauten Schloß.

Ab 1620
Stadt und Burg werden im Dreißigjährigen Krieg mehrmals gebrandschatzt und geplündert.

1679–1682
Errichtung des Schlosses Lübben.

1684
Die Oberamtsregierung Christian I. bezieht seinen Sitz im Schloß – damit wird Lübben ›Hauptstadt‹ der Niederlausitz.

1686
Errichtung der Lübbener Neustadt auf Befehl Christians I.

1815
Der Wiener Kongreß verfügt die Angliederung der Niederlausitz an Preußen; im Innern des Schlosses werden in den Folgejahren Büroräume und Wohnungen eingerichtet.

1898
Schloß und alle Nebengebäude gehen in den Besitz der Kommune

über, nachdem der Preußische Staat eine Unterstützung von Sanierungsarbeiten wegen ›geringem architektonischen Wert‹ ablehnte.

1914–1917

Überformung im Stil der Neorenaissance (Turmgalerie, Nordportal und Festsaal).

1945

Nach gescheiterten Übergabeverhandlungen wird Lübben von der Roten Armee fast vollständig zerstört; auch das Schloß wird stark beschädigt.

Nach 1945

Nutzung als Berufsschule.

Ab ca. 1970

Umfassende Erneuerungsarbeiten an Schloßgebäude und Renaissancegiebel.

1981

Einzug des Standesamtes und der Volkshochschule.

1982

Festliche Einweihung des restaurierten Festsaals.

1990

Einzug der Schloßverwaltung und Beginn der Generalsanierung.

2000

Im Schloß befinden sich ein Standesamt, die ›Historischen Weinstuben‹, der Wappensaal; ab Juni 2001 das Stadt- und Regionalmuseum.

Tourismus, Kultur und Stadtmarketing Lübben/Spreewald GmbH, Ernst-von-Houwald-Damm 15, 15907 Lübben, Tel. 0 35 46/30 90 oder 24 33.
Stadt- und Regionalmuseum, Ernst-von-Houwald-Damm 14, Tel. 0 35 46/18 26 61, Di bis So 9 bis 17 Uhr (April bis September), Mi bis Sa 10 bis 16 Uhr, So 13 bis 16 Uhr (Oktober bis März). Das Stadt- und Regionalmuseum ist seit dem 01. Juni 2001 geöffnet.

Restaurant ›Historischer Weinkeller‹ (im Schloß), Ernst-von-Houwald-Damm 14, 15907 Lübben, Tel. 0 35 46/40 78.
Spreewaldhotel ›Stephanshof‹, Lehnigksberger Weg 1, 15907 Lübben, Tel. 0 35 46/ 2 72 10.
Hotel-Restaurant ›Spreeblick‹, Gubener Str. 53, 15907 Lübben, Tel. 0 35 46/23 20.
Pension ›Am Hafen‹, Ernst-von-Houwald-Damm 5, 15907 Lübben, Tel. 0 35 46/72 80.

Lübbenau

»... Der nächste Morgen brachte uns noch ein Reisedessert: den Besuch des Lynar'schen Parks. Er liegt wenn ich mich recht orientiert habe, auf einer Halbinsel, die durch zwei Spreearme gebildet wird. Schöne Baupartien ziehen sich an den beiden Längsseiten hin und gewähren an einzelnen Stellen, durch das Laub der Bäume hindurch, reizende Blicke in die Wiesenlandschaft hinein. Man übersieht, je nach der Aufstellung, die man nimmt, zwei ganz verschiedene Teile des Spreewaldes: nach Norden hin die reichen Felder, die zwischen Lehde und Leipe liegen, nach Westen hin das Wiesenterrain zwischen Lübben und Lübbenau. An dieser seiner nördlichsten Lisiere ist der Park von ganz besonderer Schönheit, und die Edeltannen und moosbewachsenen Steinbänke, vor allem die Spree selbst, die wie ein tiefer Waldgraben mit Schilf und Schlingkraut und Erlengebüsch uns unmittelbar zu Füßen lag, erinnerten mich an den Park von Warwick-Castle, wo sich, wie hier die Spree, so dort der Avon an moosigen Steinbänken vorüberzieht und durch die Erlenbüsche hindurch einen Einblick in die Wiesengründe ›des Herzens von England‹ gestattet...«

Fontane, ›Die Wanderungen durch die Mark Brandenburg‹

Schon Fontane beschreibt Lübbenau – oder Lubnjow, wie die sorbische Bezeichnung heißt – als die Perle des Spreewalds, vergleicht die Szenerie sogar mit Warwick-Castle. Ein deutliches Lob ist das, bedenkt man, daß er ein großer Bewunderer englischer Parklandschaften war. Heutige Besucher können diese Wertschätzung noch leicht nachvollziehen, da sich seit diesen Tagen glücklicherweise nicht allzu viel verändert hat.

Über die Mühlbrücke gelangt man am einstigen Rentamt vorbei in den eigentlichen, standesherrschaftlichen Schloß- und Parkbereich, eine Halbinsel, die früher als ›richtige‹ Insel von einzelnen Wasserarmen der Spree umgeben war. Bevor man allerdings auf das eigentliche Gelände gelangt, gilt es noch ein Tor zu passieren. Die in den Mittelfeldern der Torflügel dargestellten Insignien, ein Turm und eine kronengeschmückte Schlange, weisen nicht nur auf die jahrhundertelangen Besitzer von Lübbenau hin, sondern auch auf den Kern vieler Sagen, die sich um Lübbenau ranken. Zwei davon sollen hier kurz nacherzählt werden:

»Als der erste Lynar hierher kam, war das Schloß unbewohnt, wüst und verfallen. Auf der Wanderung durch die verlassenen Räumlichkeiten kam er auch in die Nähe des heutigen Eiskellers. Hier lebte ein ganzen Heer von Schlangen. Alle waren um eine große, schöne Schlange gruppiert, die eine prächtige, mit Diamanten geschmückte Krone auf dem Haupte trug. Später legte der Schlangenkönig seine Krone auf ein sauberes Plätzchen und legte sich zur Ruhe. All das beobachtete der erste Lynar.

Des anderen Tages sattelte er sein gutes, schnelles Pferd und band es an einen Baum. Wieder beobachtete er den Schlangenkönig, und als der sich zur Ruhe legte, ergriff er blitzschnell die Krone und schwang sich auf sein Pferd. Kaum aber war dies geschehen, so war der Raub auch schon entdeckt. Ein gellender Pfiff erschall und alle Schlangen setzten ihm nach. So schnell waren sie, daß sie Roß und Reiter beinahe eingeholt hätten, wenn nicht da die Schloßmauer gewesen wäre, über die Lynar und sein Pferd mit kühnem Sprunge setzten. Der Schmuck, den Lynar auf diese Weise erhalten hatte, war von unberechenbarem Werte und bildete die Grundlage für den großen Reichtum der Familie. Aus besonderer Dankbarkeit werden die Schlangen im Lynarschen Hause gepflegt.«

Diese Sage ist hübsch, für die Familie aber nicht eben schmeichelhaft, wird doch behauptet, das Lynarsche Vermögen sei durch eine räuberische Tat zusammengekommen. Ein besseres Licht auf die herrschaftliche Familie wirft dagegen eine Erzählung aus der Chronik der Stadt Lübbenau von 1928.

Dort, in ›Lynar und das Geschenk der Schlange‹, wird von einer »sehr schönen, blonden und schlanken Frau« erzählt, die, von den Wenden geraubt, in Kum-

Lübbenau, Lithographie von Alexander Duncker, 1859/60

mer und Verzweiflung starb. Kurz zuvor schenkte sie aber noch einem Jungen das Leben, über den »die Zauberin des Ortes ihre schützende Hand hielt«. Aus diesem Grund waren auch die Schlangen des Waldes seine Freunde und Spielkameraden.

Dieser Lynar, wie ihn die Wenden nannten, sah nun eines Tages »ein junges, schönes, blühendes Weib in Prachtgewändern vor sich, das sich angstvoll an einen Baum lehnte und die schönen, braunen Augen auf eine Schlange gerichtet hielt, die eben im Begriff war, ihren Fuß zu stechen.« Wie in einer Sage zu erwarten, konnte der jugendliche Held seine Freundin, die Schlange, von ihrem Ansinnen abbringen und wurde so zum Retter der jungen Frau. Eine Tat, die die junge Schöne zu würdigen wußte – ihr wesentlich älterer Gatte allerdings weniger.

Der trachtete aus Eifersucht unserem Lynar nach dem Leben und beauftragte deshalb einen Diener, ihn zu ermorden. Als sich der Mordbube in tiefer Nacht mit dem Dolche näherte, »sank er, von einer Schlange gestochen, mit lautem Schrei zu Boden.« Lynar erwachte und erkannte sofort die Gefährlichkeit der Situation. Nachdem die Schlange ihn in die sicheren Gefilde des Waldes zurückgeführt hatte, zeigte sie ihm auch noch einen freien Platz mit einem kleinen Hügel. Hier fand Lynar »das alte Wendenschwert und viel Gold«.

Die Erzählung endet genretypisch: »Jedermann erkannte ihn als Häuptling und er zog los mit seiner Wendenschar vor die Burg des heimtückischen Sachsenfürsten und tötete diesen mit eigener Hand.« Die junge Fürstin wurde sein Frau und er selbst der ›Hauptgraf aller Wenden‹. Von dem Schlangengold erbaute sich Lynar »eine schöne Burg zu Lübbenau«. Die Schlangen »aber hielt er auch fernhin hoch in Ehren, nahm sie in sein Wappen und befahl, daß alle aus seinem Blute

Schloß Lübbenau ist heute ein Hotel

Detail am Giebel

für alle Zeiten die Schlangen schonen und heilig halten sollten«.

Diese Sage führt uns bereits in die Tiefen der Spreewälder Geschichte und damit zu den Ursprüngen der Burg Lübbenau und des Geschlechts derer von Lynar. Allerdings ist sie, wie so viele Sagen, mit den bekannten und vermuteten Ereignissen nicht unbedingt in Einklang zu bringen.

Wo heute die Schloßanlage steht, befand sich bereits im 8. und 9. Jahrhundert eine große slawische Burganlage. Entsprechende Burgwallreste in der dafür typischen Holzrostkonstruktion konnten 1974 von Archäologen freigelegt werden. Sie nehmen an, daß die Wallmauer an ihrer Basis die beachtliche Breite von neun Metern aufgewiesen hat. Die Forscher gehen weiterhin davon aus, daß diese Slawenburg mit großer Wahrscheinlichkeit abgebrannt ist und dann viele Jahre nicht mehr genutzt wurde. Spätestens am Anfang des 12. Jahrhunderts sollen sich aber nochmals Slawen angesiedelt haben. Ursprünglich Wohnsitz des jeweiligen Zupan (slawischer Stammesfürst), diente die Burg in Kriegszeiten auch als Fluchtburg. Mit Wassergräben umgeben und von Wällen geschützt, konnte sie lange Zeit den deutschen Eroberern standhalten.

Erst 1190 wird Burg Lübbenau als solche urkundlich erwähnt, wobei nicht klar wird, wem sie gehört; von einer deutschen Besatzung kann aber wohl zu diesem Zeitpunkt bereits ausgegangen werden. Als erstes Dokument über Burg und Stadt wird eine Verkaufsurkunde von 1315 angesehen, in der ein Bodo der Ältere von Yleburg mit Zustimmung seiner Söhne Bedo und Bodo »castrum lübbenau cum oppido«, also Burg und Stadt, an Ritter Christian Lange den Älteren verkauft.

In der Folgezeit wechselt die Herrschaft mehrfach; so geht der Besitz 1419 an die von Köckeritz über, später dann an die von Kalkreuth, die dann 1496 an Georg und Peter Polenz verkaufen. Nachdem es noch einmal die von Köckeritz nach Lübbenau verschlägt, kommen 1505 die Grafen von Schulenburg, die mehr als 100 Jahre auf Lübbenau und dem nicht weit entfernten Stammsitz Salzwedel leben.

Erst 1621 – und nicht, wie in der Sage geschildert, mit dem Wendenschwerte durch die Tiefen des Spreewaldes streifend –, betritt die Familie von Lynar den Spreewälder Raum. Es war der Graf Rochus zu Lynar und dessen Familie, die wahrscheinlich ursprünglich aus der Toskana über Frankreich um 1588 nach Deutschland kamen. Ihr Ortswechsel war durch die unruhigen Zeiten in Italien motiviert, die durch die ständigen Auseinandersetzungen zwischen Kaiser Karl V. und Papst Klemens VII., dessen Nachfolger Paul III. und den grimmigen Diktator Cosima I. de'Medici, Großherzog der Toskana, gekennzeichnet waren.

Am Hof der Medici erzogen, gelangte Graf Rochus später als Festungsbaumeister in Sachsen und Brandenburg – zum Beispiel in Spandau und Peitz – zu hohen Ehren. Wahrscheinlich kam ein Teil seines Wissen aus der italienischen Heimat, wo bekanntlich um 1530 der berühmte Michelangelo die erste moderne Bastion überhaupt konzipierte, San Miniato bei Florenz. Heraldiker (Wappenkundler) erklären aus dieser Herkunft auch einen Teil des Lynar'schen Wappens: Die dort abgebildete Leinblüte (Linum) soll auf die flachsreiche Heimat der Familie, die Toskana, hindeuten. Wie und wann sich die gekrönte Schlange in das Wappen schlängelte, ist hingegen völlig unbekannt – wenn man von den erwähnten Sagen absieht.

Im Jahre 1621 erwarb die Witwe des Grafen Johann Casimir zu Lynar und Enkelin des kurbrandenburgischen Kanzlers Lampert von Distelmeyer die Herrschaft Lübbenau für ihren erst fünfjährigen Sohn Johann Siegmund, für stolze 160 000 Taler. Später erwarb sich Graf Johann einen guten Ruf. In der Schlacht bei Breitenfeld am 23. Oktober 1642 soll der 26jährige nicht weniger als sechzehn Verwundungen überlebt haben. Einer Erzählung nach wurde der Graf von einem Trompeter vom Schlachtfeld weg nach Leipzig geschleppt, dort gesundgepflegt und dann nach Lübbenau zurückgebracht. Jener Adam Bagge (1615–1675) wurde als Dank dafür zum Bürgermeister ernannt. Historischen Aussagen zufolge muß sich der Graf dann recht gut erholt haben, denn er soll um 1650 den letzten Bären im Spreewald eigenhändig zur Strecke gebracht haben.

Wie die Burg Lübbenau oder vielmehr das zu dieser Zeit sicherlich schon zu wohnlicheren Zwecken im Renaissancestil umgebaute Schloß ausgesehen hat, ist nicht bekannt. Sein heutiges Aussehen geht auf die Umbauten im Jahre 1817 zurück. Diese erfolgten, dem klassizistischen Zeitgeschmack entsprechend, nach den Plänen des Leipziger Professors Karl August Benjamin Siegel (1757–1832). Auf den Fundamenten der alten Wasserburg entstand so ein schmaler, hoher Mittelbau mit seinen beiden, fast rechtwinklig anstoßenden Seitenflügeln. Lisenen und Pilaster gliedern die Gesamterscheinung zusätzlich sehr klar. Die beiden Türme, die heute das Ensemble beleben, fehlten zu diesem Zeitpunkt noch und wurden erst 1839 nach den Plänen des Architekten Homann hinzugefügt.

Obwohl die gräfliche Familie bereits Anfang der 30er Jahre des 20. Jahrhunderts ihren ständigen Wohnsitz im nahegelegenen Schloß Seese nahm, verblieben die seit Jahrhunderten gesammelten Kunstgegenstände, Sammlungen und Möbel im Lübbenauer Schloß. Mit diesen richtete im Winterhalbjahr 1931/32 der Direktor des Märkischen Museums zu Berlin, Dr. Stengel, ein Schloßmuseum ein. Es umfaßte 18 Räume. Die Sammlung, darunter Aquarelle von Ch. G. Hammer, Musikalien, kostbare Waffen, Lutherhandschriften und Dürer-Originale, nahm allerdings großen Schaden, als in der Nacht vom 23. Januar 1944 in einem Flügel des Schlosses ein Brand ausbracht, der auch den Dachstuhl des Mittelbaus in starke Mitleidenschaft zog. Wie heute noch erzählt wird, warfen die Löschenden die Kunstgegenstände aus den Fenstern oder ließen sie im Freien liegen. Erst 1950 konnte in der ehemaligen Gerichtskanzlei mit den erhaltenen, nicht konfiszierten und nach Enteignung der von Lynar verbliebenen Gegenständen das Heimatmuseum eröffnet werden. Bis zu seinem Tode, Mitte der 50er Jahre, war Wilhelm Graf zu Lynar, der Schwager des letzten Standesherren, als engagierter Museumsleiter tätig.

Ein anderer Graf soll hier noch erwähnt werden. Getreu dem Familienwahlspruch ›Gerechtigkeit, Tapferkeit und Menschlichkeit‹ hatte Graf Wilhelm Friedrich zu Lynar als persönlicher Adjutant des Generalfeldmarschalls von Witzleben Anteil an den Vorbereitungen zum Attentat auf Hitler. Der junge Graf wurde dafür am 29. September 1944 in Berlin-Plötzensee hingerichtet. Ein schlichtes Holzkreuz in der Nikolaikirche zu Lübbenau und eine Gedenktafel am Schloß erinnern an ihn.

Heute dienen große Teile des Schlosses als Hotel, werden unter dem Motto ›Verliebt, verlobt, verheiratet‹ auch weit über die Gegend hinaus sehr beliebte Hochzeitsfeste arangiert: Mit herrschaftlicher Hochzeitskutsche, festlich geschmücktem Ballsaal und der naturgegebenen Schloßromatik. Fontane hätte es gefallen.

Chronologie

9. Jahrhundert
Existenz einer slawischen Burg.
Um 1190
Existenz einer deutschen gotischen Wasserburg.
1301
Erste urkundliche Erwähnung als ›castrum Lubbenowe‹.
1315
Erste Erwähnung als ›oppidum‹.
Um 1600
Erneuerung der mittelalterlichen Wasserburg zum Renaissanceschloß.
1621–1918
Standesherrschaft der Grafen zu Lynar.
1744–1746
Bau des sogenannten ›Efeuhauses‹ als Remise oder Marstall.
1817–1820
Erweiterung um einige klassizistische Bauten durch K. A. Siegel.
1820 (oder 1818)
Bau der Orangierie nach Plänen von K. A. Siegel und Anlage des Landschaftsparks durch J. E. Freschke und H. W. Freschke (andere Quellen nennen auch Johann Erdmann und Heinrich Wilhelm Freschke).

1839
Bau der quadratischen Türme in neoromantischer Tradition durch Homann.
1950
Eröffnung des Spreewaldmuseums in der früheren gräflichen Kanzlei.
1960–1962
Restaurierung des ›Efeuhauses‹.
1970
Nutzung als Kinderheim.
1971
Erste umfangreiche Rekonstruktion.
1974
Schulungszentrum für den DDR-Binnenhandel.
1990
Zweite umfangreiche Rekonstruktion und Umbau zu einem Hotel.
1992
Hoteleröffnung.

Spreewaldmuseum im Schloß, Schloßbezirk 6, 03222 Lübbenau, April bis Mitte Sept. Di bis So 10 bis 18 Uhr, Mitte Sept. bis Ende Okt. 10 bis 17 Uhr, Tel. 0 35 42/24 72.

Fremdenverkehrsverein Lübbenau und Umgebung e.V., Ehm-Welk-Str. 15, 03222 Lübbenau, Tel. 0 35 42/36 68.

Hotel und Restaurant Schloss Lübbenau, Schloßbezirk 6, 03222 Lübbenau, Tel. 0 35 42/87 30; www.schloss-luebbenau.de.
Restaurant ›Spreewald-Idyll‹, Spreestraße 14, 03222 Lübbenau, Tel. 0 35 42/22 51.
Gasthaus ›Fischkasten‹, An der Dolzke 6, 03222 Lübbenau, Tel. 0 35 42/89 99 70.
Restaurant ›Nußbaum‹, Dammstr. 76, 03222 Lübennau, Tel. 0 35 42/36 73.

Mühlberg

Wer heute sich heute Mühlberg nähert, ahnt sicherlich nichts von der einstigen Pracht und Bedeutung dieses idyllisch und von beschaulicher Ruhe getragenen Städtchens. Schon in grauer Vorzeit entstand an diesem wichtigen Handelsweg in Richtung Osten, der hier über die Elbe ging, eine slawische Ansiedlung. Da die Elbe im Laufe ihrer Geschichte mehrmals ihr Flußbett änderte, trifft der oftmals verwendete Name ›Mühlberg an der Elbe‹ nur bedingt zu. Im frühen Mittelalter allerdings floß die Elbe direkt durch die Stadt und Alt- und Neustadt waren sogar mit Brücken verbunden. Seit dem 15. Jahrhundert existierte ein ständiger Fährbetrieb mit der ›Gierseilfähre‹. Diese Fähre wurde über Jahrhunderte durch die Elbströmung angetrieben und ist noch heute als technisches Denkmal zu sehen.

In unmittelbarer Nähe erhebt sich das Mühlberger Schloß. Auf einer leichten Erhöhung gelegen, werden die ehemaligen Gräben heute von Schrebergärtnern genutzt, die ihre kleinen Datschen mitten in den historischen Grund gestellt haben.

In Urkunden aus dem Jahre 1272 ist Mühlberg als eine Wasserburg erwähnt. Wahrscheinlich entstand hier bereits im 8. oder 9. Jahrhundert eine slawische Befestigungsanlage. Die Burg war ehemals durch Wälle und wasserführende

Die Schrebergärten markieren den ehemaligen Verlauf des Burggrabens

Sonnenuhr über dem Hofeingang

Gräben geschützt und hatte wohl einen quadratischen Umriß. Darauf ließ 1545 Herzog Moritz von Sachsen sein Renaissanceschloß errichten. Dies war möglich und notwendig durch einen Brand, der zehn Jahre zuvor die alten Gebäude bis auf die Grundmauern zerstört hatte. Lediglich Teile des Ostflügels mit der Burgkapelle blieben vom Feuer verschont und sind noch immer zu bewundern.

Heute gelangt man über einen gepflasterten Weg, der bereits 1620 die Zugbrücke ablöste, und unter einer Sonnenuhr hindurch zu einem Holztor, durch das man wiederum den Innenhof des Schlosses betritt. Das ehemals beeindruckende Gebäude präsentiert sich heute in einem desolaten Zuistand: Marode Fenster, bröckelnder Putz, auf die historischen Mauern genagelte Sanitär- und Elektroleitungen, defekte Dachteile und der stockig-muffige Pilzgeruch aus dem Gebäudeinneren bilden einen traurigen Anblick.

Auf der anderen Seite hat der Zustand auch dazu geführt, daß der geplante Nachtclub – glücklicherweise – noch nicht realisiert wurde. Nach Erzählungen der Schloßbewohner wurde bereits mit einem entsprechenden Ausbau begonnen, direkt unter der Kapelle mit ihren spätgotischen Schnitzfiguren. Musik gibt es also nun doch nicht, Restaurierungsarbeiten aber ebensowenig. Historisch Interessierte hoffen auf das Jahr 2007. Denn am 24. April dieses Jahres jährt sich ein Ereignis zum 460. Mal, das Mühlberg einen Platz in der europäischen Geschichte sichert.

Nachdem Kaiser Karl V. 1539 – wieder einmal – mit seinem französischen Rivalen Franz I. einen Frieden geschlossen hatte, konnte er sich mit den religiösen Unruhestiftern im eigenen Land beschäftigen, die sich acht Jahre zuvor zum Schmalkaldischen Bund zusammengeschlossen hatten. Diese Protestanten waren in den Augen der Zentralgewalt nicht nur religiöse Abweichler, sondern gefährdeten auch die Allmacht des gerade zwanzigjährigen Herrschers. Zwar hatte

Karl V. auf den Reichstagen zu Regensburg 1541 und Speyer 1544 den Protestanten den religiösen Frieden und die Anerkennung ihrer Landeskirchen zugesichert, er hatte aber niemals vor, diese von außenpolitischen Zwängen diktierten Vereinbarungen auch einzuhalten.

Der Kaiser suchte nach Verbündeten, und er fand sie in italienischen, niederländischen und spanischen Truppen, die er heimlich ins Land holen ließ. Und in Herzog Moritz von Sachsen, der zwar nach außen als Protestant auftrat, sich gegen die Übertragung der einträglichen sächsischen Kurwürde und der Schutzherrschaft über die Bistümer Magdeburg und Halberstadt aber auf die Seite Karls gestellt hatte.

Als dann am 18. Februar 1546 Martin Luther in Eisleben starb, sah Karl eine günstige Gelegenheit zum Handeln und erklärte dem Schmalkaldischen Bund den Krieg. Unter Befehl des spanischen Generals Alba und des anwesenden Kaisers trafen schließlich am 24. April 1547 fast 25 000 Mann auf die fast dreimal so starke Streitmacht der Protestanten. Der Überlieferung nach sollen Elitetruppen der Spanier »im morgendlichen Nebel und mit Schwertern zwischen den Zähnen« die Elbe durchschwommen, die an diesem Flußufer vertäuten Boote entführt und zum Bau einer schwimmenden Brücke benutzt haben. Die Hauptstreitmacht des Kaisers ging auf diese Weise über die Elbe, überraschte die Protestanten und metzelte die Truppen nieder; ihre Heerführer mußten sich dem Kaiser ergeben.

Damit war zwar eine Schlacht gewonnen, der Protestantismus als religiöse und auch politische Bewegung ließ sich, weder in Deutschland noch in Europa, aber nicht mehr aufhalten.

Danach ging in Mühlhausen die Geschichte weniger aufregend weiter, Ereignisse von nationaler oder gar internationaler Bedeutung fanden hier nicht mehr statt.

Chronologie

Vor dem 12. Jahrhundert
Existenz eines slawischen Burgwalls und wahrscheinlich auch einer entsprechenden Wehranlage.

1150
Baubeginn einer meißnerischen Wasserburg.

1230
Erste urkundliche Erwähnung als ›Oppidum Moleberg‹.

1535
Fast völlige Zerstörung der Burg durch einen Brand.

1545
Herzog Moritz von Sachsen läßt Mühlberg wieder aufbauen.

1547
Schlacht bei Mühlberg.

Bis 1560
Vollendung der vierflügligen Anlage unter dem Kurfürsten August von Sachen; der Bau

ist durch Wälle und Gräben geschützt.

1620

Die Zugbrücke wird endgültig durch eine Steinbrücke ersetzt.

1773

Der Südflügel erhält einen Abschluß durch Dachreiter mit Schweifhauben.

1827

Durch das Abtragen der Wälle und Zuschütten der Gräben verliert die ehemalige Burg endgültig ihren wehrhaften Charakter.

Nach 1945

Im Schloß entstehen Wohnungen und eine Schule.

Stadtverwaltung, Neustädter Markt, 04931 Mühlberg/Elbe, Tel. 03 53 42/8 16 34, -2 01 (Dezernat Bildung, Kultur, Tourismus).
Stadtmuseum, Klosterstr. 9, 04931 Mühlberg/Elbe, Tel. 03 53 42/7 06 87.

Gasthaus und Pension ›Zum Zwerghahn‹, Hohe Str. 14, 04931 Mühlberg/Elbe, Tel. 03 53 42/2 93.
Speiserestaurant und Pension Wendland, Am Viertelfeld 2, 04931 Mühlberg/Elbe, Tel. 03 53 42/2 33.

Burgen im Oder-Spree-Dahme-Land

Beeskow

Das Städtchen Beeskow besitzt eine nahezu perfekte strategische Lage – zumindest für Touristen: jeweils eine Autostunde von Berlin oder Potsdam und knapp halb so weit von Spreewald oder Kloster Neuzelle entfernt, gilt es als idealer Ausgangspunkt für Ausflüge in alle Richtungen. Im Städtchen mit seinen 9500 Einwohnern selbst hat sich in den letzten Jahren eine Menge getan. Die historischen Wallanlagen wurden erneuert, ebenso die Spreepromenade und der sehenswerte Marktplatz. Respekt gebührt den Bürgern vor allem dafür, daß sie den Wiederaufbau der im April 1945 ausgebrannten gotische Hallenkirche Sankt Marien vorangetrieben haben.

Der Brandenburgreisende Fontane hat auch Beeskow besucht, allerdings fand der Ort nicht nur unter touristischen Gesichtspunkten sein Interesse. »Beeskow ist nicht so schlimm, als es klingt«, faßt er zwar, wenig begeistert von dem damals noch stark mittelalterlich geprägten Ort, 1862 seine Eindrücke in seinem Tagebuch zusammen. Ihn verband aber anderes mit der alten Bischofsstadt: Theodor Fontane heiratete 1850 Emilie Rouanet-Kummer, die Enkeltochter des Jean Pierre Barthelemy Rouanets, der sich während der französischen Besatzung große Verdienste um die Stadt erworben hatte und deshalb noch heute verehrt wird.

Besuchern der Stadt, die tiefer in die Geschichte von Beeskow und seiner Umgebung eindringen wollen, sei an dieser Stelle das älteste Haus in der Kirchgasse und das liebevoll gestaltete Regionalmuseum empfohlen, stilgerecht untergebracht hinter »trutzigen Mauern, die vom Ursprung der Stadtgründung auf der Spreeinsel künden«, wie es im Ortsprospekt heißt. Damit ist die Burg Beeskow gemeint. Neben dem Regionalmuseum befindet sich hier auch das deutschlandweit einzigartige ›Dokumentationszentrum der Kunst der DDR‹.

Hier waren in den vergangenen Jahren einige aufsehenerregende Ausstellungen zu sehen, die durchaus zu polarisierenden Meinungen führten, wie beispielsweise ›Die Schönheit der Macht‹ und ›Rahmenwechsel‹, in der die DDR-Kunst auch erstmals als Forschungsgegenstand behandelt wurde. Nachdem mit der großen Berliner Ausstellung ›Die Auftragskunst in der DDR‹ im Deutschen Historischen Museum und in der nüchternen Chronik ›Kunstkombinat DDR‹ (1990) erste Ansätze gemacht wurden, die DDR-Kunst zu analysieren, hatte hier die Diskussion um die bildende Kunst in der ehemaligen DDR neue Impulse erhalten.

»Widersprüche aus ihrer Verschleierung herausreißen, Bruchlinien kenntlich machen, Schicksale aufklären und offiziell verschwiegenes Hinterland deutlich machen«, so beschreibt Günter Feist das Anliegen. Der Blick auch für die

Geschehnisse hinter den Kulissen des DDR-Kunstbetriebes wurde geöffnet und es wurde versucht, die festgefahrenen Klischees von der sogenannten Staatskunst und einer quasi monolitischen Staatsgewalt abzubauen. Im burgeigenen Museum, das als Dokumentationszentrum für DDR-Kunst über 30 000 Bilder, Skulpturen und Blätter in seinen Archiven beherbergt, werden darüber hinaus aber auch Arbeiten gezeigt, die repräsentativ für das ›sozialistische Lebensgefühl‹ waren, wie es die Partei- und Staatsführung propagierte: Heldenverehrung, Optimismus, Klassenbewußtsein – in Öl, Bronze, Keramik, Gobelin oder Meißner Porzellan.

Daß man sich mit einem solchen Konzept nicht unbedingt nur Freunde macht, hat der letzte amtierende DDR-Kulturminister, der spätere Burgherr auf Beeskow und Initiator der Sammlung DDR-Kunst, Herbert Schirmer, auch erfahren müssen. Nach mehrjähriger Amtszeit wurde er von seiner Position entbunden. Die organisatorische und auch inhaltliche Betreuung der Sammlung erfolgt seitdem durch das ›Zentrum für DDR-Alltagskultur‹ in Eisenhüttenstadt. Die wissenschaftliche Auseinandersetzung mit der Sammlung wurde dadurch nicht unbedingt gefördert, Bilder sind aber noch immer zu sehen.

Neben der künstlerischen Ausrichtung für Burg Beeskow gab es auch große Meinungsverschiedenheiten, was die Pflege und Rekonstruktion der historischen

Der Innenhof mit den angrenzenden Gebäuden wird für kulturelle Veranstaltungen genutzt

Auffällig sind die abgeschrägten Seiten des Bergfrieds

Bausubstanz anbetrifft: Wiederholt haben Besucher ihre Verwunderung darüber geäußert, daß zwar im Innenhof Neubauten errichtet wurden, die historischen Außenmauern der Burg aber zunächst nicht ausgebessert und restauriert wurden.

Vereinzelt war auch der Vorwurf zu hören, die Beeskower sähen die Burganlage eher als einen beliebigen umbauten Raum für Kunstsammlungen an denn als wertvolles historisches Kulturgut.

Landrat und Burgherr können demgegenüber darauf verweisen, daß Rekonstruktion und Sanierung der alten Burggemäuer große Fortschritte gemacht haben: Die Bauarbeiten am Salzhaus und am Bergfried, für die immerhin 1,4 Millionen DM ausgegeben wurden, sind abgeschlossen. Im Zuge dieser Arbeiten wurden alte Wandmalereien entdeckt und verschüttete Keller und Gewölbe wieder freigelegt.

Die Beeskower hatten sich darauf geeinigt, mit dem Innenraum zu beginnen. Daher werden Besucher auf ihrem Weg vom Parkplatz zuerst mit den wildüberwucherten und recht desolat aussehenden Mauern konfrontiert. Wer aber den Weg bis in den Innenhof geschafft hat, sieht die Ergebnisse der Erhaltungsmaßnahmen, bewundert den fünfgeschossigen Bergfried mit seinen merkwürdig abgeschrägten Kanten und erlebt vielleicht auch die Ergebnisse des Innenausbaus: Seit Juli 1999 gibt es auf Burg Beeskow ein eigenes Kulturprogramm. Das bietet Theater und Musik, politische Diskussionen, Unterhaltung, aber auch literarische Lesungen. Immer dabei, wenn meistens auch nicht selber agierend, ist Beeskows Burgschreiber. Seit 1992 wird für diese Stelle ein Stipendium ausgeschrieben, das in Zusammenarbeit mit dem Brandenburger Kulturministerium für ein halbes Jahr ein monatliches Salär und freie Wohn- und Arbeitsräume auf der Burg sichert.

Chronologie

Erste Hälfte des 13. Jahrhunderts
Vorhandensein einer slawischen Burg und einer Siedlung (Kiez).
Ende des 13. Jahrhunderts
Gesamtbesitz geht an die Familie von Strehla, Erwähnung einer ›civitas Besicow‹.
1321
Das Münzrecht wird verliehen.
Anfang des 16. Jahrhunderts
Herren von Biberstein sind im Besitz der Burg.
1518–1558
Burg und Burginsel befinden sich im Besitz der Bischöfe von Lebus.
1519–1524
Bischof Dietrich von Bülow läßt die Burg zu einer Residenz umbauen.
1555/56
Nach Reformation und Säkularisierung geht die Burg in den Besitz des Markgrafen Johann von Küstrin über.
1556
Einrichtung eines Kürfürstlichen Amtes.
Anfang des 18. Jahrhunderts
Die Burgwälle werden eingeebnet.
1914
Die Burg wird vom letzten Domänenamtmann an die Stadt Beeskow verkauft.
1918
Bau von Wohnungen in der Burganlage; Finanzamt, Heimatmuseum und eine Molkerei werden ebenfalls dort untergebracht.
1945
Durch Kriegseinwirkungen brennt der Ostflügel aus, Unterbringung von Flüchtlingsfamilien und einer Musikschule.
1988
Abtragen von Mauerteilen.
Seit 1991
Einrichtung des Dokumentationszentrums ›Kunst der DDR‹ und Sanierungsarbeiten.

Burg Beeskow, Regionalmuseum und Ausstellungszentrum, Frankfurter Str. 23, 15848 Beeskow, Tel. 0 33 66/ 2 05 79. Die Burg ist täglich von 11 Uhr bis 17 Uhr geöffnet.

Fremdenverkehrsverein Märkische-Tourismus-Zentrale Beeskow e.V., Berliner Straße 30, 15848 Beeskow, Tel. 0 33 66/2 29 49.

Hotel & Restaurant ›Zum Schwan‹, Berliner Str. 31, 15848 Beeskow, Tel. 0 33 66/ 2 03 98.
Hotel und Restaurant ›Märkisches Gutshaus‹, Frankfurter Chaussee 49, 15848 Beeskow, Tel. 0 33 66/ 2 00 53.
›Spreebrücke‹, Uferstr. 18, 15848 Beeskow, Tel. 0 33 66/ 2 14 18.

Friedland

Auch wenn es namhafte Reiseführer gibt, in denen die Johanniterburg Friedland gar nicht beschrieben wird oder man über sie lesen muß, daß sie nur in Resten erhalten und überhaupt architektonisch nicht von Bedeutung sei, sollte man den Weg nicht scheuen. Nur wenige Kilometer von Beeskow entfernt, befindet sich eine der schönsten Burganlagen der gesamten Mark Brandenburg.

Denn genau so muß eine Burg wohl aussehen – wenigstens in einem Bundesland, das keine imposante Höhenburgen besitzt. Zudem befindet sie sich in einem bemerkenswerten baulichen Zustand: frisch rekonstruierte Außenfassade, neues Dach, geputztes Mauerwerk und instand gesetzter Hof. Selbst die ehemalige Zugbrücke und die schweren Außentore sind unter Beachtung denkmalpflegerischer Vorgaben renoviert worden.

Die Zwergstadt Friedland – mitunter ist zu lesen, sie wäre die kleinste Stadt der DDR gewesen – liegt eingebettet in eine typisch eiszeitlich geformte Wald- und Seenlandschaft nordöstlich des Schwielochsees. Begünstigt durch die zentrale Lage an der ehemaligen Salzstraße von Südosteuropa bis in den hohen Norden, war sie wirtschaftlicher Knotenpunkt, was sich über die gesamte Zeit des Mittelalters in einem pulsierenden Wirtschaftsleben widerspiegelte.

Über die Gründung der Stadt gibt es keine genauen Unterlagen, wahrscheinlich haben aber die Zisterzienser aus Neuzelle ihren Anteil an ihrer Entstehung. Eine erste Erwähnung fand Friedland im Jahre 1301, als ›Castrum et Oppidum Vredeburch‹ (Burg und Stadt) gemeinsam in der Aufzählung der Lausitzer Burgen, Städte und Dörfer von Landgraf Dietrich dem Jüngeren von Thüringen und Markgraf der Lausitz genannt werden. Der heutige Name Friedland findet sich dann in der Bannbulle des Papstes Clemens VI. aus dem Jahre 1350.

Das Stadtwappen mit den drei nach unten gerichteten, silbernen Sensenklingen auf rotem Grund soll auf die Familie von Strehla, manchmal auch Strele genannt, zurückgehen. Allerdings gibt es auch widersprechende Meinungen, weil im Gegensatz zu dem Friedländer Wappen das der Strehlas nach oben gerichtete Schneiden besitzt. Ein Unterschied, der nicht allzu groß zu sein scheint, aber heftige Auseinandersetzungen unter Heraldikern wie Historikern verursachte.

Das stattlichste Gebäude von Friedland ist die zwischen der Stadt und einem Mühlenteich gelegene Burg. Sie war einst Wohnsitz der Ritter Hanno von Lossow und seiner Söhne Hans und Kaspar. Diesen folgten die von Quasts und von Bennewitz, bis Burg und Stadt 1485 an Nickel von Köckeritz gingen. Nach 1500 kristallisiert sich eine andere Form von Kontinuität heraus: Die Burg ging in die Hände des Johanniter-Ordensmeisters Georg von Schlabrendorf über und später an den Herrenmeister des gleichen Ordens, Veit von Thümen.

Friedland wurde also Ordensamt und hatte damit das achtspitzige Kreuz der Ballei, das noch heute verwendete Symbol der Johanniter, im damaligen Herrschaftsgebiet des Böhmischen Königs errichtet. Da die Johanniter nicht aus den Einkünften Friedlands allein leben konnten, gehörten zum Ordensamt noch mehr als ein Dutzend weiterer Dörfer. Obwohl der Johanniterorden bereits seit 1518 auf der Burg ansässig war, konnte Veit von Thümen erst 1523 den für damalige Verhältnisse exorbitant hohen Kaufpreis von 21 500 Gulden erbringen. Warum die Kaufsumme so hoch war, ist heute nicht mehr bekannt – erstaunlich ist sie aber allemal. Denn der Nürnberger Burggraf Friedrich erhielt beispielweise von König Sigismund die komplette Mark Brandenburg 1411 für den Gegenwert von 100 000 Gulden.

Nicht nur der Kaufpreis sorgte, weit über die brandenburgischen Landesgrenzen hinaus, bei den Zeitgenossen für einiges Aufsehen. Noch unter der Ägide von Veit von Thümen wandten sich gleich drei Kommendatoren von den Ordensregeln der Ehelosigkeit ab, was der Großmeister des Ordens als Rebellentum und Ketzerei betrachtete. Eine Einstellung, die zwar in Friedland mit einiger Sorge betrachtet wurde, aber der Sitz des Großmeisters, die Insel Malta, war weit entfernt und die neuen, die lutherischen Landesherren, wesentlich näher.

Friedland zählt zu den schönsten Burganlagen Brandenburgs

Dauergäste in Friedland

Zu diesen gehörte der Markgraf Hans von Küstrin (1513–1571), der sich allzu gerne den Besitz Friedland einverleiben wollte. Wären die ›fetten Pfründe‹ allein nicht lohnend genug gewesen, es war mindestens ebenso verlockend, die Macht des böhmischen Löwen zu brechen. Hinzu kam, daß der Herrenmeister Franz Neumann nach seiner Wahl Ostern 1564 nicht den Vorstellungen seines einstigen Herren folgen wollte. Zuerst sah es noch so aus: »Nun dieser meister where wordenn. So wurde man kurtzlich zu Friedlandt annstadt des weißenn kreutzs so am Schloß doselbst gemhalet, einen rotenn Adeler mhalen, wie dann solchs redens viel gewest«, soll der Beeskower Burghauptmann frohlockt haben und irrte sich.

Daß verhindert werden konnte, daß der Großneffe des Markgrafen, Joachim Friedrich, die Ordensgeschäfte auf Friedland übernahm, stimmte den Markgrafen nicht gerade fröhlich und er sann auf Rache. Von gebrochenen Versprechungen, erbrochenen Siegeln und gefälschten Briefen ist die Rede – am Ende sagte der Herrenmeister Neumann gegen seinen Markgrafen aus und der Bruch war perfekt. Aber so schnell gab der Markgraf nicht auf: Nachdem Neumann einer Falle in Peitz noch entgehen konnte, ging er Hans von Küstrin im Oktober 1566 ins Netz. Auf die Ordensburg Sonnenburg verbracht, gelang dem damals bereits 80jährigen Greis trotzdem noch die Flucht: Lediglich in ein Tischtuch gehüllt und erst durch die Öffnung eines ›heimlichen Gemachs‹, dann auf dem Rücken seines treuen Knappens Glaubitz durch den Burggraben. Während Neumann das sichere Schlesien erreichte, durchsuchten die Mannen des Markgrafen die Friedländer Burg nach belastendem Material, allerdings ohne Erfolg. Trotzdem übte von Küstrin grausame Rache. Zuerst wurde alle Güter der Familie Neumann eingezogen, dann wurde der der Fluchthilfe verdächtigte Sonnenburger Schloßhauptmann in Küstrin zu Tode gefoltert. Der Schwiegersohn Neumanns, David von Doberschütz, wurde nach 13jähriger Festungshaft enthauptet.

Das liest sich kompliziert; diese Volten sind aber nicht untypisch für Auseinandersetzungen im Mittelalter, die häufig durch wechselnde Bündnisse gekennzeichnet waren.

Im Jahre 1539 erreichte die Reformation Brandenburg und damit auch Friedland. Es ist anzunehmen, daß das Evangelium hier seit 1540 gepredigt wurde. Später wurde auch Friedland nicht vom Dreißigjährigen Krieg verschont, die Bevölkerung hatte unter Unruhen und Brandschatzungen schwer zu leiden. Dem Haus- und Amtsbuch ist zu entnehmen, daß zudem eine Feuersbrunst im Jahre 1623 die Stadt schwer beschädigte und die Burg bis auf die Fundamente niedergebrannt wurde. Der Wiederaufbau erfolgte unter dem Herrenmeister Adam Graf zu Schwarzenberg im Jahre 1630, was durch einen im Turmbereich noch heute vorhandenen Deckenbalken mit einer entsprechenden Inschrift belegt wird. Rings um die Burg wurde eine Mauer mit sechs Bollwerken errichtet. Ein morastiger Graben, der nur durch eine Zugbrücke überwunden werden kann und ein aufgeschütteter hoher Wall sicherten die Burg zusätzlich.

Nachdem 1635 die böhmische Landesherrschaft geendet hatte, fiel Friedland bis 1815 an das Kurfürstentum Sachsen, danach an Preußen. Zu Beginn des 18. Jahrhunderts machte Friedland eine erstaunliche Entwicklung durch und wurde zu einem Zentrum des Judentums, so daß sich in historischen Quellen sogar der Name ›Jüdisch-Friedland‹ einbürgerte. Das ist umso erstaunlicher, da anderorts jüdische Bürger nicht geduldet wurden – sie lebten zu dieser Zeit in Sachsen nur in Leipzig und Dresden.

Nun waren die Friedländer weder aufgeklärter oder humanistischer als ihre Nachbarn, dafür aber sehr praktisch veranlagt: Das Ordensamt Friedland forderte von den Juden die Zahlung von Schutzgebühren, die eine lukrative Einnahmequelle bedeuteten. Darüber hinaus mußten alle Juden einen Paß zu vier Talern erwerben, der jedoch nur eine Gültigkeit von einem halben Jahr hatte. Wurden die Gebühren nicht bezahlt, mußten die Juden die Stadt verlassen.

Trotzdem waren um 1800 von den 779 Friedländer Bürgern 185 jüdischen Glaubens. Auch wenn Ende des 19. Jahrhunderts die Synagoge wegen Baufälligkeit abgerissen wurde, heißt im heutigen Sprachgebrauch der älteren Friedländer die heutige Mittelstraße immer noch die ›Judenlücke‹. Als in der zweiten Hälfte des 19. Jahrhunderts der Handel in anderen Teilen Brandenburgs erblühte, zogen es die meisten Juden vor, die Stadt zu verlassen: 1860 wurde der letzte Friedländer jüdischen Glaubens zu Grabe getragen. Der jüdische Friedhof ist noch heute vorhanden.

Das Jahr 1822 brachte erneut Unheil: Am 7. Dezember brach in den abseits der Stadt gelegenen Scheunen ein Feuer aus, das sich durch einen heftigen Sturm nicht nur auf alle angrenzenden Scheunen, sondern auch auf zwei Drittel der Stadt ausweitete. Mehr als 20 Groß-, 38 Kleinbürgergehöfte, zwei städtische Gebäude sowie die Kirche und die Synagoge wurden ein Raub der Flammen. Insgesamt wurden in einer einzigen Nacht 139 Familien obdachlos. Während die Synagoge schnell wieder aufgebaut wurde, nahm man vom Wiederaufbau der alten wendischen Kirche Abstand und errichtete statt dessen in den Jahren 1825 bis 1828 einen noch heute existierenden Neubau.

Die wechselvolle Geschichte der Stadt Friedland und besonders seiner Burg läßt sich bis in die Gegenwart verfolgen: Ab 1934 wurde die Burg kurzzeitig als Getreidelager genutzt, bis hier eine ›Führerschule‹ des Reichsarbeitsdienstes eingerichtet wurde. Nach 1945 diente die Burg wieder als Wohnhaus und es wurden auf ihr verschiedene kulturelle Einrichtungen untergebracht. Nach einer Generalsanierung, die sich allerdings fast ausschließlich auf die äußere Bausubstanz beschränkte, steht Burg Friedland wieder sehr hübsch da – aber ungenutzt. Weder ein Konzept gibt es noch »einen Prinzen, der es wachküßt«, wie eine Berliner Tageszeitung einmal formulierte.

Im Städtchen selbst hört man zwar immer mal wieder von neuen Konzepten oder Investoren, konkret wurden die Pläne für die Burg Friedland bislang aber noch nicht.

Chronologie

13. Jahrhundert
Ursprüngliche Anlage als Wasserburg.

1301
Erste urkundliche Erwähnung.

1350
Erste Erwähnung Friedlands.

1523
Sitz des Johanniterordens.

1623
Niedergebrannt, danach mehrfach wieder aufgebaut.

1635
Ende der böhmischen Landesherrlichkeit.

1815
Ende der sächsischen Landesherrlichkeit, Friedland fällt an Preußen.

1875
Das Rentamtgrundstück Burg Friedland wird von der Stadt Friedland erworben.

2000
Generalsanierung der äußeren Bereiche ist abgeschlossen.

Die Burg ist geöffnet von 10 bis 17 Uhr.

Amt Friedland, Lindenstraße 13, 15848 Friedland, Tel. 03 36 76/60 90.

Restaurant Dammühle, Beeskower Str. 1, 15848 Friedland, Tel. 03 36 76/2 92.
Restaurant Friedländer Hof, Lindenstr. 1, 15848 Friedland, Tel. 03 36 76/4 33.
Restaurant Brandenburg, Karl-Marx-Str. 6, 15848 Friedland, Tel. 03 36 76/7 20 39.

Königs Wusterhausen

Niemand spricht von Königs Wusterhausen – jedenfalls niemand, der aus Berlin oder der nächsten Umgebung stammt. Hier heißt Königs Wusterhausen kurz und bündig: KaWe. Es ist bekannt als Endhaltestelle der S-Bahn und Startplatz für Tagesausflüge in das angrenzende Seengebiet, vielleicht auch noch in Erinnerung als Absturzstelle eines großen Verkehrsflugzeuges russischer Bauart, und dann vielleicht auch noch einigen Spezialisten geläufig, weil hier im September 1920 die erste deutsche Rundfunksendung vom Funkerberg ausgestrahlt wurde. Ansonsten ließe sich wenig über dieses Städtchen sagen, daß das Stadtrecht erst seit 1935 besitzt, wäre da nicht die Burg oder vielmehr das Schloß. Wie bei vielen anderen Bauwerken auch, geht die Geschichte Königs Wusterhausens weit zurück bis ins frühe Mittelalter, wirklich bekannt wurde der Ort aber erst wegen einer königlichen Laune im 18. Jahrhundert.

Den nach Mittenwalde einzigen Übergang durch die Notte-Niederung und später die Grenze zwischen der Mark und der Lausitz sicherte vermutlich schon in voraskanischer Zeit eine Burg, die bereits 1320 als ›hus to wosterhusen‹ und 1375 als ›castrum wusterhausen‹ bezeichnet wurde. Zum Ende des 14. Jahrhunderts gelangte die Burg in den Besitz der Familie von Schlieben. Diesen gelang es trotz mehrfach erwiesener raubritterlicher Umtriebe, ihre Besitzungen zu behalten, obwohl sich der Nürnberger Burggraf Friedrich nach seiner Belehnung mit der Mark vor allem gegen die Brandenburger Raubritter wandte und einige ihrer Besitzungen eroberte und auch zerstörte.

Fontane, der sich auch zu Königs Wusterhausen äußerte, bestreitet die Raubzüge zwar: »Sie besaßen es (die Burg, d.Vf.) ein Jahrhundert lang, auch während der Quitzowzeit, ohne daß besondere Räubertaten aus dieser ihrer Besitzepoche bekannt geworden wären.« Andere Quellen sprechen hier aber eine recht deutliche Sprache.

Nach diesem Jahrhundert ging der Besitz an die Schenken von Landsberg, in deren Besitz sich bereits Burg Teupitz befand. Nach weiteren Besitzerwechseln kam Burg Wendisch-Wusterhausen 1683 an den Kurprinzen Friedrich, den späteren König Friedrich I. Dieser überließ es 1698 seinem damals erst zehn Jahre alten Sohn. Der spätere König Friedrich Wilhelm I. bekam die gesamte Herrschaft – drei Bauernhöfe, die Burg und anderthalb Kossätengüter – von seinem Vater als Weihnachtsgeschenk. Im Gegensatz zu anderen Präsenten liebte und pflegte er es bis zu seinem Tode.

Bereits in den Jahren 1717/18 ließ Friedrich die ehemalige Wasserburg zu einem wasserumgebenen Jagdschloß umbauen. Im Wesentlichen sieht der Bau – zumindest von außen – noch heute so aus. Auch dazu hatte Fontane seine ganz eigene Meinung: »Es ist gewiß ein ziemlich häßliches Gebäude, aber doch noch mehr originell als häßlich, und in seiner Apartheit nicht ohne Interesse.«

Man darf annehmen, daß sich Fontane in seinem Urteil nicht nur von der äußerlichen Gestalt leiten ließ. In seinem Kopf dürften vielmehr das bierselige Tabakskollegium und die Erzählungen von Jagden und vom guten Essen in diesem Hause herumgespukt haben. Bis hier richtig getafelt wurde, vergingen aber noch einige Jahre, in denen Wendisch-Wusterhausen schließlich erst zu Königs Wusterhausen wurde: Der spätere Soldatenkönig ließ hier Straßen- und Parkanlagen anlegen und bereits als Knabe seine Kadetten, später die ›Leib-Compagnie‹, auf dem auf seinen Befehl hin angelegten Hof exerzieren. »Hier übte«, so Fontane weiter, »und stählte er seinen Körper, um sich wehr- und mannhaft zu machen, und hier, nach erfolgtem Regierungsantritte, fanden jene weidmännischen Festlichkeiten statt, die Wusterhausen recht eigentlich zum Jagdschloß par excellence erhoben.«

Wie uns Fontane weiter berichtet, soll König Friedrich Wilhelm in jedem Jahr spätestens am 24. August in seinem Jadgschloß angekommen sein und es erst am 4. oder 5. November wieder verlassen haben. Begonnen wurde der Sommeraufenthalt immer mit einer Rebhuhnjagd, auf die dann die Pirsch nach Rot- und Schwarzwild folgte. Während der alljährlichen Wusterhausen-Saison gab es traditionell zwei Feste, wie sie besser nicht in diese Lokation passen würden: Am 11. September die Jahresfeier zur Schlacht bei Malplaquet. Hier stand der Kronprinz erstmalig im Feuer, soll heißen, S.M. wurde hier zum Mann.

Dann gab es das Hubertusfest, das auch gleichzeitig als Saisonausklang gefeiert wurde. Davon gibt uns wiederum Fontane ein kleines Bild: »Es war ein Män-

Hier erlebte der ›Soldatenkönig‹ seine glücklichsten Stunden

nerfest. Zwanzig bis dreißig Offiziere, meist alte Generale, die unter Eugen und Malborough mitgefochten hatten, saßen dann um den Tisch herum und Rheinwein und Ungar wurde nicht gespart. Der ›starke Mann‹ mußte kommen und seine Kunststücke machen; zuletzt, während die Lichter flackerten und qualmten und die Piqueurs auf ihren Jagdhörnern bliesen, packte der König den alten Generalleutnant von Pannewitz, der von Malplaquet her eine breite Schmarre im Gesicht hatte, und begann mit ihm den Tanz. Dazwischen Tabak, Brettspiel und Puppentheater, bis das Vergnügen in sich selbst erstarb.«

Von Pannewitz und der König beim Tanze – ein gewiß eindrucksvolles Bild.

In all den Jahren soll lediglich einmal das Hubertusfest ausgefallen sein, am 3. November 1730. Sechs Tage zuvor hatte das Kriegsgericht in Köpenick über das Schicksal des »ehrvergessenen Sohnes«, den Kronprinzen Friedrich und dessen Freund Hans Hermann von Katte befunden.

Vater und Sohn kamen nicht miteinander aus, so daß sich der spätere König Friedrich II zusammen mit seinem Freund zur Flucht ins Ausland entschloß. Die Pläne wurden bekannt, Katte auf Befehl des Königs in der Festung Küstrin enthauptet und der Kronprinz gezwungen, der Hinrichtung zuzusehen.

Neben der Jagd soll Königs Wusterhausen auch Schauplatz einiger Hof- und Heiratsintrigen gewesen sein, die auch mit dem Namen der Markgräfin von Bayreuth, vormals Prinzesssin Wilhelmine, Lieblingsschwester Friedrich Wilhelm II, vebunden sind. Sie berichtete in einem damals aufsehenerregenden weil offenherzigen Memoiren über ihre Zeit in Schloß Wusterhausen wenig Schmeichelhaftes:

»Dieses sogenannte Palais bestand aus einem sehr kleinen Hauptgebäude, dessen Schönheit durch einen alten Turm erhöht wurde, zu dem eine hölzerne Wendeltreppe führte. Der Turm selber war ein ehemaliger Diebswinkel, von einer Bande Räuber erbaut, denen das Schloß früher gehörte. Das Gebäude war von einem Erdwall und einem Graben umgeben, dessen schwarzes und fauliges Wasser dem Styxe glich. Drei Brücken verbanden es mit dem Hof in Front des Schlosses, mit dem Garten zur Seite desselben und mit einer gegenüberliegenden Mühle. Der nach hinten gelegene Hof war durch zwei Flügel flankiert, in denen die Herren von des Königs Gefolge wohnten. Am Eingang in den Schloßhof hielten zwei Bären Wacht, sehr böse Tiere, die auf ihren Hintertatzen umherspazierten, weil man ihnen die vorderen abgeschnitten hatte… Wie auch das Wetter sein mochte, wir aßen zu Mittag immer im Freien unter einem Zelte, das unter einer großen Linde aufgeschlagen war. Bei starkem Regen saßen wir bis an die Waden im Wasser, da der Platz vertieft war… In Berlin hatte ich das Fegefeuer, in Wusterhausen aber die Hölle zu erdulden.«

Die Dame litt offensichtlich sehr unter den Bedingungen auf Schloß Wusterhausen und war daher auch etwas ungerecht. Die Episode mit dem verstümmelten Bären soll wirklich stimmen, die Zelte und das Mahl unter freiem Himmel auch, bloß das Essen war wohl besser. Denn wie glaubhafte Berichte versichern, wurde hier, auch ohne daß ein besonderer Anlaß vorlag, viel und erlesen getafelt: Suppe, gestovtes (also gegartes) Fleisch, Schinken, eine Gans, Fisch, später dann Pastete. Hinzu kamen noch regionale Küche aus Krammetsvögeln, Leipziger Lerchen, Rebhühner und Weintrauben. Dazu gab es reichlich Rhein- und Ungarnwein.

Das vielgerühmte Tabakkollegium soll übrigens in einem Gartenhäuschen stattgefunden haben, das 1920 abgerissen wurde. In die Europageschichte ging Schloß Königs Wusterhausen nur einmal ein: König Friedrich Wilhelm I. schloß hier am 12. Oktober 1726 mit einem Vertreter Kaiser Karls VI. den sogenannten Wusterhausener Vertrag. In ihm erkannte Preußen die ›Pragmatische Sanktion‹ an, also die österreichische Erbfolgeregelung und die Unteilbarkeit der habsburgischen Lande auch bei weiblicher Sukzession, und Österreich den preußischen Besitz.

Nach dem Tod des Regenten geriet Schloß Königs Wusterhausen in Vergessenheit und verfiel. Im Herbst des Jahres 2000 wurde es, nun für fast 10 Millionen Mark vollständig restauriert, wieder der Öffentlichkeit übergeben. Im Schloßmuseum werden 160 Bilder gezeigt. Präsentiert werden auch einige der wieder hergestellten mittelalterlichen Kellerräume mit ihren bis zu drei Meter dicken Wänden aus Feldstein.

Die an der Restaurierung beteiligten Fachleute berichten stolz über einen »sensationellen Fund«, sprechen gar von einem Wunder, daß sie zwei große Stuckmedaillons mit mythologischen Szenen –›Fest der Flora‹ und ›Toilette der Venus‹ – durch einen Zufall fanden. Sie hätten nur bei Fontane nachlesen brauchen – auch darüber hatte er ausführlich berichtet.

Chronologie

11. Jahrhundert
Mit großer Wahrscheinlichkeit existiert eine voraskanische Burganlage.

1375
Die Burg kommt in den Besitz derer von Schlieben.

1475
Verkauf an die Schenken von Landsberg.

1683
Verkauf an den Kurprinzen Friedrich, den späteren König Friedrich I.

1698
Die Anlage geht als Weihnachtsgeschenk in den Besitz des 10jährigen Kronprinzen Friedrich Wilhelm und späteren König Friedrich Wilhelm I. über, den sogenannten ›Soldatenkönig‹.

1717/18
Umbau der Burg zu einem Jagdschloß, Wendisch-Wusterhausen heißt ab jetzt Königs Wusterhausen.

1863
König Friedrich Wilhelm IV. läßt das stark verwahrloste Jagdschloß wieder herrichten.

1926
Einrichtung eines Museums.
1945
Ein Brand zerstört das Schloß; anschließender Wiederaufbau, spätere Nutzung als Schule, Kaserne und Verwaltungsgebäude.
1991
Beginn der Restaurierungsarbeiten.
2000
Abschluß der denkmalpflegerischen Instandsetzung und Eröffnung des Museumsschlosses Königs Wusterhausen.

Heimatmuseum Königs Wusterhausen, Schloßplatz 7, 15711 Königs Wusterhausen, Tel. 0 33 75/29 30 34; geöffnet täglich außer Mo 10 bis 16 Uhr.

Tourismusinformation Königs Wusterhausen, Am Bahnhof, 15711 Königs Wusterhausen, Tel. 0 33 75/25 20 19, Mo bis Fr 9 bis 18.30 Uhr, Sa 9 bis 16 Uhr; Nov. bis April: Mo bis Fr 9 bis 17.30 Uhr, Sa 9 bis 13 Uhr.

Stadt Hotel Königs Wusterhausen, Bahnhofsstraße 16, 15711 Königs Wusterhausen, Tel. 0 33 75/29 51 94.
Pension am Schloß, Schloßstraße 2, 15711 Königs Wusterhausen, Tel. 0 33 75/25 20 80.

Lietzen

Noch nicht einmal zehn Kilometer von Storkow entfernt, auf einem kleinen Hügel über dem Küchensee, liegt die ehemalige Ordenskomturei der Templer und Johanniter – die Komturei Lietzen.

Der geistliche Ritterorden der Templer besaß vermutlich schon vor 1229 neben den Gütern östlich der Oder um Quartschen/Chwarszczany und im Teltow sowie südlich von Berlin auch größere Ländereien westlich der Oder um Lietzen. Die Komturei Lietzen liegt in dem landschaftlich äußerst reizvollem Gebiet über dem Platkower Mühlenfließ, das den Küchensee, den Großen See und mehrere andere Seen in der Umgebung speist.

Teile der Komtureikirche stammen aus dem 13. Jahrhundert

Bereits 1232 wird eine feste Mauer beschrieben, die die Komturei gegen Angriffe und Überfälle schützen sollte. Von dieser beeindruckenden Mauer sind noch heute einige Teile vorhanden. Genützt hat das den Templern wenig, kam die Gefahr doch von ganz anderer Seite. Der mächtige Templerorden erregte den Neid des französischen Königs Philipp des Schönen, der dann den in Avigon residierenden Papst Clemens V. veranlaßte, den Orden im Jahre 1312 aufzulösen, auch um sich seine Reichtümer anzueignen. Der größte Teil der auf dem Territorium der Mark Brandenburg gelegenen Güter gingen fünf Jahre später in den Besitz des Johanniterordens über. Die Komture von Lietzen waren über Jahrhunderte vertraute Berater aller brandenburgischen Kurfürsten. Aus der Familie von Schlieben gingen ab 1416 mehrere Komture hervor, von 1596 bis 1710 sogar in ununterbrochener Reihenfolge. Im Zuge der Stein-Hardenbergschen Reformen von 1810 wurde der Besitz der Johanniter preußisches Staatseigentum. König Wilhelm III. von Preußen verlieh 1814 seinem Staatskanzler Fürst von Hardenberg das Dorf Quilitz (das heutige Neu-Hardenberg) und die Komturei Lietzen als Dotation. Die Komturei Lietzen blieb dann bis 1944 im Besitz der Familie – und ist es seit einigen Jahren wieder.

Der westliche Bauteil der Komtureikirche mit seinen behauenen Granitsteinen stammt noch aus der Mitte des 13. Jahrhunderts. Die ursprünglichen kleinen und später zugemauerten Rundbogenfenster sind noch heute im Außenmauerwerk gut erkennbar. Der fünfseitige Ostschluß mit seinen Strebepfeilern wurde dann im 14. Jahrhundert angebaut. Zu dieser Zeit erhielt auch der Innenraum die Sterngewölbe. Das Fachwerk-Dachtürmchen mit der offenen Laterne wurde erst 1727

Das Herrenhaus der ehemaligen Johanniterkomturei

aufgesetzt und in den Jahren 1987 bis 1989 vollständig rekonstruiert. Der reichgeschnitzte Kanzelaltar ist eine Arbeit aus der Zeit um 1730 und zeigt im Kanzelkorb Christus und die vier Evangelisten. Flankiert wird das kunstvoll gearbeitete Ensemble von Moses und Johannes. Unter dem barocken Altar befindet sich der ursprüngliche Steintisch, der über allem schwebende Taufengel zeigt die Jahreszahl 1730. In der Südwand ist eine stark abgetretene Ritzgrabplatte für den Magister Johannes de Neindorf von 1276 eingefügt.

Auch der Speicher gehört zur Komturei

Das Herrenhaus selbst wurde wahrscheinlich um 1690 unter Verwendung weitaus älterer Mauerreste erbaut. Bemerkenswert sind vor allem die prächtigen Stuckdecken im Treppenhaus und in den zehn Wohnräumen. Die Arbeiten sind in der Art italienischer Meister, zum Teil mit Deckenbildern auf Leinwand, ausgeführt. Ähnliche Kunstwerke soll es auch in Frankfurt/Oder und Berlin gegeben haben.

Hier zeigen sie die Ordenstugenden in der Form emblematischer Plafondmalereien. Ebenfalls überaus sehenswert sind die holzgeschnitzten Totenschilde, die Erinnerungstafeln und die Porträts aus dem 16. bis 18 Jahrhundert, die die Wände schmücken. Der aus behauenen, sauber aufgeschichteten Feldsteinen bestehende Speicher stammt vermutlich aus dem 14. Jahrhundert. Sein Rundbogenportal ist an der Ostseite abgetreppt und der Giebel zeigt schmale spitzbogige Lichtöffnungen.

Chronologie

Um 1220
Erste Erwähnung der Komturei als Templerkommende.

Um 1244
Bestätigung des Templerordens mit der Kommende durch den Bischof von Lebus mit gleichzeitiger Erwähnung der wehrhaften Hofmauer, der Kirche und des Herrenhauses.

1320
Auflösung des Templerordens, Neubelehnung für den Johanniterorden.

Um 1350
Errichtung des Speichers, dem ältesten heute noch vorhandenen Profanbau östlich der Elbe in Deutschland.

Um 1690
Erneuerung des Herrenhauses unter Einbeziehung der vorhandenen Bausubstanz in barocken Formen,

Anbringung von Stuckdecken im Haus mit allegorischen Gemälden, die sich auf die Geschichte der Johanniter beziehen.

1810
Im Zuge der Säkularisierung Übergang der Kommende an die Krone.

1814
Schenkung der Kommende an den Staatskanzler von Hardenberg zusammen mit den Gütern um Quilitz/Neuhardenberg.

1944
Beschlagnahme aller Güter der Familie von Hardenberg durch die Nationalsozialisten wegen der Beteiligung am Attentat auf Hitler.

1993
Im Zuge der Restitutionsansprüche Rückgabe von Lietzen an die Familie von Hardenberg.

Infos und Führungen über ABM-Projekt ›Auf den Spuren der Ritterorden‹, Am Mühlenfließ 8, 15306 Lietzen, Tel. 03 34 70/4 20 86.

Hotel Alte Mühle, Mühlenstraße 11, 15518 Alt Madlitz, Tel. 03 36 07/5 99 05. Gaststätte ›Zur Dorfaue‹, Dorfstraße 34, 15306 Lietzen, Tel. 03 34 70/2 35.

Storkow

Besucht man heute die Stadt Storkow, läßt sich die ehemalige überregionale Bedeutung der Burg Storkow kaum noch erahnen. Zu zerstört sind die Bauteile der Burganlage. Ihr jetziger trauriger Zustand wurde durch ein Feuer verursacht, das 1978 in der Hausmeisterwohnung der Anlage ausbrach, und durch die Vernachlässigung der Anlage seit dieser Beschädigung.

In ihren Ursprüngen ist Burg Storkow wohl als slawische Sumpfburg entstanden und wurde dann um 1200 von deutschen Kolonisten übernommen. Durch den Einbau von Pfahlgründungen wurde Storkow zu einer der ersten Burganlagen unter deutscher Herrschaft in Ostbrandenburg ausgebaut. Die Burg übernahm nicht nur den Schutz der Stadt Storkow – erstmals 1209 erwähnt –, sondern war auch militärisches Zentrum eines Herrschaftsbereiches, der nach Norden, Osten und Westen durch die Spree begrenzt wurde.

Erst mit dem Beginn des 14. Jahrhunderts verlor die Burg Storkow ihre militärische Bedeutung an die Burg Beeskow, die dann die Sicherung eines Spreeübergangs entlang des Handelsweges von Lübben nach Frankfurt/Oder übernahm.

Nachdem Storkow 1382 an die Familie von Biberstein gegangen war, verpfändete Ulrich von Biberstein die Burg 130 Jahre später an Dietrich von Bülow, den damaligen Bischof von Lebus. In jenem Jahr, 1518, begann auch der Ausbau der Burg zu der Residenz der Lebuser Bischöfe. 1555 starb auf Storkow der letzte katholische Bischof von Lebus, Bischof Dr. Johann VIII. von Horneburg, und die gesamte Anlage ging in den Besitz des Markgrafen Johann von Küstrin über. Zu Beginn des 17. Jahrhunderts hatte die Storkower Burganlage dann ihr repräsentativstes Ausmaß angenommen. Anhand eines bekannten Stichs von 1700 kann man noch erahnen, wie eindrucksvoll die die Stadt weit überragende Anlage gewesen sein muß. Darauf ist zu erkennen, daß zu dieser Zeit eine geschlossene, hochherrschaftliche Wohnanlage bestanden haben muß. Von diesem Renaissancebau, dessen Kern noch immer eine typisch mittelalterliche Burganlage bildete, sind noch heute Spuren zu sehen.

Der gesamte Herrschaftskomplex war von einem Burggraben umgeben. Darüber hinaus besaß die Burg einen Wirtschaftshof, das sogenannte Vorwerk, von dem aus die Burgbesatzung mit allem Lebensnotwendigen versorgt wurde. Es lag zwischen der Burg und der Stadt an jener Stelle, an der heute ein Baustoffhandel angesiedelt ist. Die Burg- und Schloßanlage selbst, deren maßgeblicher Ausbau in der ersten Hälfte des 16. Jahrhunderts durch die Bischöfe von Lebus vorgenommen wurde, wies auch für heutige Verhältnisse sehr großzügige Abmessungen auf. Das zur Zeit noch in seinen Grundrissen und Mauerresten sichtbare, aber durch einen Brand stark zerstörte Hauptgebäude, in der Literatur auch häufig als das ›Alte Schloß‹ bezeichnet, war einmal ein massives dreistöckiges Gebäude mit

Hier sollen nach der Rekonstruktion Stadtbibliothek und Tourismuszentrum einziehen

einem Satteldach. Das Gebäude brannte bereits 1775 durch Unachtsamkeit ab, das dritte Geschoß des Hauptgebäudes wurde ebenfalls schwer beschädigt und später nicht wieder aufgebaut. Nach dem Wiederaufbau besaß das Hauptgebäude nur noch zwei Stockwerke.

Neben dem Hauptgebäude stand das Brauhaus, das bis 1850 ebenso zweigeschossig und mit einem Satteldach versehen war. Es ist heute ebenfalls noch in seinen Rudimenten zu erkennen. Kurze Zeit nach Bauabschluß mußte aber wieder ein komplettes Geschoß abgetragen werden. Erhebliche Setzungen im Baugrund, die auf den schlechten Unterbau der Anlage zurückzuführen sind, waren dafür die Ursache. Direkt an das Brauhaus war die im 14. Jahrhundert entstandene alte Burgmauer angeschlossen, die an ihren anderen Seiten an den alten Turm grenzte. Dieser war ehemals dreigeschossig und wurde lange Zeit als Gefängnis genutzt. Er mußte ebenfalls um 1850 zum Teil abgetragen werden, so daß für den heutigen Betrachter nur noch ein erhöhtes Fundament sichtbar ist. An der Stelle des heutigen Fachwerkhauses stand bis 1934 noch ein massiver Stall für Pferde und Rindviecher.

Die Burg wurde nach dem großen Brand von 1627 als Renaissanceschloß wieder aufgebaut; vor allem König Wilhelm IV. von Preußen soll sich danach ausdrücklich um die Anlage gekümmert haben. 1910 wurde Burg Storkow noch einmal im romantisch historisierenden Stil umgebaut; es wurde ein weiterer Turm angefügt und ein Park angelegt. Storkow wurde zwischen 1934 bis 1937 als Jugendburg der Hitlerjugend und nach 1945 von der Kommune genutzt – bis 1978.

Auch der Storch scheint auf bessere Zeiten zu warten

Wie sich die ehemals stolze Burg Storkow in Zukunft präsentieren wird, ist noch unklar, Grund zur Freude und Hoffnung gibt es allerdings: Fünf Millionen Mark aus einem Fördertopf der Brandenburger Ministerien für Landwirtschaft und Inneres sind für die Rekonstruktion der Burg bewilligt worden. Die Baumaßnahmen an der Nord- und Ostwand sowie am Fachwerkgebäude haben im Herbst 2000 begonnen und werden sich über mehrere Jahre hinziehen. Nach den Plänen sollen auf Burg Storkow später ein Tourismuszentrum und die Stadtbibliothek einziehen.

Chronologie

Um 1200
Existenz einer Befestigung im Sumpf.

1209
Markgraf Konrad von Landsberg überweist der thüringischen Kleinen Pforte in seiner Mark Lausitz den Holtsee im Bereich der Burg und des Burgwards Sturkuowe.

Bis 1382
Burg im Besitz der Familie von Stehla, danach geht die Burg durch Erbschaft an die Familie von Biberstein.

1518
Ulrich von Biberstein verpfändet die Burg an Dietrich von Bülow, Bischof von Lebus, Beginn des Ausbaus zu einer Bischofsresidenz.

1555
Tod des letzten katholischen Bischofs von Lebus auf der Burg.

1556
Die Burg geht in den Besitz des Markgrafen von Küstrin über.

1627
Die Burg brennt bis auf die Grundmauern ab, anschließender Wiederaufbau als Spätrenaissance-Schloß.

1910
Nochmaliger Umbau im historisierenden Stil.

1978
Ein Brand vernichtet große Teile der Anlage.

Ab 1990
Erste, zaghafte Sanierungsarbeiten.

2000
Beginn der Generalrekonstruktion.

Tourist-Informationen Storkow, Markt 11, 15859 Storkow, Tel. 03 36 78/ 7 31 08.

Schloß Hubertushöhe, Robert-Koch-Straße 1, 15859 Storkow, Tel. 03 36 78/4 30.

Restaurant Karlslust, direkt am Großen Storkower See, Tel. 03 36 78/64 20.

Storkower Schützenfest (Mai), Strandfest (Juli), Storchenfest (August).

Teupitz

Es ist immer wieder erstaunlich, wenn ein Ort in der Literatur und der Presse schlecht wegkommt, obwohl er das nicht verdient hat. Teupitz ist so ein Fall: »Von der Romantik der einstigen Burg Teupitz ist fast nichts mehr übrig. Ursache dafür sind Abrisse und Umbauten«, urteilte beispielsweise eine große Berliner Tageszeitung 1999.
Ein ansonsten sehr verläßlicher Kunstreiseführer hat für die über 700jährige Geschichte des Schlosses gerade einmal zwei Zeilen übrig, und der sonst oft nachsichtig urteilende Fontane beschrieb zunächst die Armut des Landes: »Ein Teupitzer Bettelkind, wenn es ein Stück Brot kriegt, ißt nur die Hälfte davon; die andere Hälfte nimmt es mit nach Hause. So rar ist Brot in Teupitz«, um dann fortzufahren: »Ein früherer Geistlicher in Teupitz sollte bloß deshalb unverheiratet geblieben sein, weil die Stelle einen Hausstand nicht tragen könne.« Und schließlich stellt er fest: »Es gibt kein Schloß Teupitz mehr, nur noch ein Amt gleichen Namens.«

Das alles liest sich wenig verheißungsvoll – und stimmt durchaus nicht. Inmitten einer wunderschönen Seenlandschaft wenige Kilometer südlich von Berlin gelegen, befindet sich auf einer Halbinsel im gleichnamigen See die ehemalige Burg Teupitz. Beiderseits der Dahme, zwischen Köthener See und Teupitzer See, dehnt sich das von Wäldern und versteckt gelegenen Seen geprägte Schenkenländchen aus. In seinem Zentrum liegt Teupitz, ein Ackerbürgerstädtchen am Teupitzer See mit historischem Marktplatz, der 600 Jahre alten Heilig-Geist-Kirche und seinem malerischen Schloß auf der Halbinsel. Einmalig an diesem Ort ist zweiffellos, daß man hier noch heute auf die baulichen Zeugnisse aus allen Perioden brandenburgischer Burgengeschichte trifft: Burgwall – Burg – Schloß.

Als erstes befestigten die Slawen von Stamme der Lutizen die damalige Insel im Teupitzer See durch einen Burgwall aus Erde, der wiederum mittels einer komplizierten Holzkonstruktion im Inneren seine Form hielt. Mit Sicherheit kann davon ausgegangen werden, daß diese wehrhafte Konstruktion von einer Palisadenwand gekrönt war. Der Burgwall, damals ›Tups‹ genannt, soll durch eine 143 Schritt lange Zugbrücke und zwei hohe Tortürme befestigt gewesen sein und gehörte zum Herrschaftsbereich des Fürsten Jaxa von Köpenick. Nach der Eroberung des Teltow durch den askanischen Markgrafen Albrecht der Bär 1142 haben deutsche Herren den Burgplatz übernommen, wahrscheinlich ohne größere bauliche Veränderungen vorzunehmen. Später wurde der viereckige Burgplatz durch eine zwei bis drei Meter dicke Ringmauer aus Feldsteinen und Ziegeln umgeben und durch einen wuchtigen Turm geschützt, während die Wohn- und Stallgebäude hölzerne, mit Schilfrohr bedeckte Bauten waren.

Durchgang zum Innenhof

Erstmalig wird Teupitz im Jahre 1307 als Eigentum des märkischen Adelsgeschlechts von Plotzick (bzw. Plötzke) urkundlich erwähnt. Als die Lausitz, zu der damals auch Teupitz gehörte, 1328 durch den brandenburgischen Markgrafen Ludwig an den Herzog Rudolf von Sachsen verpfändet wurde, wurden die Schenken von Landsberg mit Burg Teupitz belehnt. Aus dieser Zeit stammt auch der heute noch gebräuchliche Name für diese Region: Schenkenländchen. Die namensgebenden Adligen begaben sich 1431 unter brandenburgische Lehenshoheit, die dann 30 Jahre später von Böhmen vertraglich anerkannt wurde.

Solange die Edlen Schenken von Landsberg und Syda zu den reichsten Feudalgeschlechtern der Lausitz und später der Mark Brandenburg gehörten, ließen sie die alte Wasserburg zu einem stattlichen Anwesen ausbauen. Noch heute schmückt der starke Torturm in großen, gut erhaltenen Teilen die gesamte Anlage. Er diente den Rittern auch als Burgverließ und bildete gleichzeitig das Ende des Burgzwingers. Eine erhaltene Zeichnung aus dieser Zeit zeigt das Schloß mit zwei

Die Anlage vereint Bauten verschiedener Jahrhunderte

mehrgeschossigen, aneinander gereihten Herrenhäusern mit hohen Schmuckgiebeln, einem Treppenturm davor und einer angefügten Kapelle. Der gesamte Burghof war damals von weiteren Wirtschaftsgebäuden umgeben.

Dennoch begann bald darauf der Niedergang von Schloß Teupitz. Im Dreißigjährigen Krieg wurden das Schenkenländchen und auch Schloß Teupitz stark in Mitleidenschaft gezogen. Hinzu kam, wie in Quellen zu lesen ist, daß »die Schenken von Teupitz im 16. und 17. Jahrhundert ihre Herrschaft nicht gut verwaltet haben«. Unmittelbar vor dem Aussterben des Adelsgeschlechts verkauft Ludwig Alexander Freiherr von Schenk im Jahre 1717 den Besitz für 54 000 Taler an den preußischen König Friedrich Wilhelm I. Der König soll mitunter hier zur Jagd anwesend gewesen sein. Östlich des alten Schlosses ließ der eingesetzte Amtmann 1769 auf königliches Geheiß ein Amtshaus im Stil barocker Gutshäuser errichten. Zwischen 1788 und 1791 wurden die drei oberen Etagen des Burghauses, Teile des Burgturms und das Torhaus abgetragen. In diese Zeit fällt auch der Bau des heutigen Burghauses mit dem Rittersaal und die Aufschüttung eines Damms, der die Insel noch heute mit dem Festland verbindet. Nach dem Tod des letzten Amtsmannes wurde das Schloß im Jahre 1810 wegen Geldmangels erst an den preußisches Staat und ab 1812 an wechselnde Privatiers verkauft.

Erst 1860 erwarb mit Arthur von Parpat-Parcobron wieder ein Burgen-Enthusiast das Anwesen. In den nächsten 50 Jahren wurden umfangreiche Erhaltungsmaßnahmen durchgeführt und auf der gesamten Halbinsel Gärten im englischen Stil angelegt. Auch das frühere Amtshaus wurde durch Parpat-Parcobron in den Jahren 1860/61 nahezu vollständig umgebaut. In den 20er Jahren wurde Schloß Teupitz, wie das gesamte Schenkenländchen, ein beliebtes Ausflugsziel der nahegelegenen und aufstrebenden Hauptstadt. In der darauffolgenden Zeit, besonders unmittelbar nach dem Zweiten Weltkrieg, verfielen die Gebäude, und Schloß Teupitz nahm eher den Charakter eines Bauerngehöfts an. An den ehemals trutzigen Charakter der Burg erinnerte man sich dann allerdings schon in den 50er Jahren. Schloß ›Bonzenburg‹ – so der spöttische Volksmund – diente seit dieser Zeit als Erholungsheim des Zentralkomitees der SED und wurde Mitte der 80er Jahre großzügig umgebaut und neu eingerichtet.

Auf die Bewahrung der historischen Strukturen wurde dabei nicht viel Wert gelegt, so daß der Burgencharakter lediglich in der Brücke, dem Turm und der Mauer erkennbar blieb. Heute bietet das Schloßhotel Teupitz 38 modern ausgestattete Zimmer und Appartements sowie Seminarräume und einen sogenannten Rittersaal, in dem Veranstaltungen mit bis zu 100 Personen stattfinden können.

Wenn man heute auf der Terrasse des Schloßhotels sitzt und über den Teupitzer See schaut, ist von Romantik noch viel zu spüren. »Winde hauchen hier so leise, Rätselstimmen tiefer Trauer«, heißt es dazu bei Nikolaus Lenau. Man muß sie nur hören können.

Chronologie

1307
Burg Teupitz wird Eigentum der Familie von Plötzke.
1350
Familie Schenk von Landsberg übernimmt die Burg für fast vierhundert Jahre.
Ab Mitte des 17. Jahrhunderts
Schloß Teupitz gerät in Vergessenheit und verfällt.
1718
Friedrich Wilhelm I. kauft das Schloß und läßt es zum Amtshof ausbauen.
1810
Beginn zahlreicher Besitzerwechsel.
1945
Ausbau zu einem Gästehaus des Zentralkomitees der SED.
1993
Schloß Teupitz wird von einer privaten Betreibergesellschaft erworben; seither Nutzung als Hotel mit Seminar- und Konferenzräumen.

Fremdenverkehrsamt Dahmeland e.V., Am Nottekanal, 15711 Königs Wusterhausen, Tel. 0 33 75/29 12 69.

Schloßhotel Teupitz, Kirchstraße 8, 15755 Teupitz, Tel. 03 37 66/6 00.

Burgen in der Prignitz

Eldenburg

Es gibt wenige Burgen in der Mark, über die man sich so viele spannende Geschichten erzählt, einst so mächtig und groß waren und die gleichzeitig heute ein so trostloses Dasein fristen wie die Eldenburg. Heute werden selbst die kargen Spuren ihrer Vergangenheit kaum einmal erwähnt, die Burg wird zumeist – fälschlicherweise – als ›vollständig eingeebnet‹ bezeichnet. Das stimmt nicht ganz, trostlos ist der Zustand dieses einstigen bedeutenden Kulturdenkmals dennoch.

Von Lenzen ist Eldenburg, ein Dorf von etwa 250 Einwohnern, nach sechs Kilomtern erreicht, Schilder leiten zu einer Ausstellung historischer Landmaschinen und zur Eldenburg. Das wohl seit Mitte des letzten Jahrhunderts als Großbauernhof geführte Anwesen zeigt noch heute die Umrisse und Mauereinfassungen, die im Mittelalter einmal eine beachtliche Fläche umschlossen.

Hat der Besucher die Unterstellungen der landwirtschaftlichen Geräte hinter sich gelassen und geht auf den kleinen Park zu, der bereits von weitem an die frühere Pracht erinnert, empfängt ihn laute Musik. Das, was von der einstigen Burg, dem ehemals schönsten Schloß der Prignitz, die Zeiten überdauert hat, ist heute ein etwas heruntergekommener Jugendclub, an den sich die Reste eines Turmes lehnen. Dieser, früher als ›Lug ins Land‹ genutzt, stand einige Meter vor der eigentlichen Burg entfernt. Und in ihm befindet sich noch heute die berühmt-berüchtigte ›Judenklemme‹.

Kaum etwas weist auf die ehemalige Bedeutung der Anlage hin

Die Nordseite vor dem Brand, Aufnahme von 1881

Erläuterungen oder Abbildungen der einstigen mittelalterlichen Anlage sind nicht zu finden, im angrenzenden Park findet sich lediglich ein kleiner Hinweis auf das, was noch Theodor Fontane in seinen ›Fünf Schlössern‹ viele Seiten der Beschreibung wert war.

Am Gründonnerstag des Jahres 1881 brannte das Schloß Eldenburg bis auf die Grundmauern ab. Es wurde dann teilweise wieder aufgebaut, 1945 aber zur Gewinnung von Baumaterial fast vollständig geschleift. Es wird erzählt, daß das Schloß soviele Fenster hatte wie das Jahr Tage und daß es in den Jahren 1588 bis 1590 auf den Mauern einer weitaus älteren Burg errichtet worden war. Fontane, wie auch der Sagenforscher Eduard Handtmann, dessen ›Neue Sagen aus der Mark Brandenburg‹ 1883 erschienen, gehen davon aus, daß die Eldenburg im Frühjahr 1308 vom Markgrafen Waldemar festlich eingeweiht und Kuno Hartwig von Quitzow als Lehen übergeben wurde. Aus diesem Anlaß soll eben jenem Quitzowsproß auch der legendäre ›Silberne Quitzowring‹ übergeben worden sein.

»Zur Weihe der neuen Burg aber war ein Priester von Havelberg erschienen und hatte zu dem vor ihm Knieenden die Worte gesprochen: ›Und nun, Kuno Hartwig von Quitzow, um dich fester zu binden an das dir anvertraute Schloß, verlobe ich dich im Auftrage des hochwürdigen Landesbischofs zu Havelberg mit der Eldenburg und stecke diesen Ring aus geweihtem Silber vom Tempel aus der heiligen Gottesstadt Jerusalem an deine Hand. Der Bischof hat es befohlen, der Markgraf hat es gnädig genehmigt. Nun laß Gott walten.‹« Soweit Fontane.

Bei Handtmann ist noch zu erfahren, daß der Priester angeblich bei den Mönchen auf dem nahegelegenen Marienberg wohnte, weil »die Burg zu klein und zu eng war und keine Schloßkapelle noch eine Wohnung für den Schloßcaplan einzurichten vermochte«. Der Ring, so führt er aus, war aus einer silbernen Reliquie geschmiedet worden, die aus dem ersten Kreuzzug von 1099 ihren Weg von der heiligen Stadt in den Havelberger Domschatz gefunden haben soll.

Woher die beiden Brandenburgforscher ihr Wissen hatten, ist nicht überliefert. Es ist aber nicht belegbar. Denn Markgraf und Bischof können den knieenden

Quitzow nicht mit der Eldenburg belehnt haben, da es zu dieser Zeit noch keine Burg mit dem Namen Eldenburg gab – zumindest nicht in der Prignitz. Und ein Kuno Hartwig von Quitzow ist für diese Zeit ebenfalls nicht nachweisbar.

Die Eldenburg wurde, so sie überhaupt feierlich eingeweiht wurde, auf den Namen Geldenitz getauft, den sie bis 1488 führte. Auch der knieende Raubritter ist mit den überlieferten Fakten nicht in Einklang zu bringen, denn das Vasallengeschlecht derer von Alsleben wurde um 1310, sicher aber ab 1319 von Markgrafen Waldemar mit Geldenitz und einem großen Teil des ›terra lenzen‹ belehnt. Die Quitzows kamen erst 1465 in den Besitz der Burg. Sie wurde von Dietrich XIII. von Quitzow gekauft und blieb bis zu Aussterben der Linie 1719 in Familienbesitz. Ebenso ranken sich um die Umbennung zwar Geschichten, von denen aber keine einen wahren Kern aufzuweisen scheint.

Die Eldenburg und ihre Bewohner selbst sind Gegenstand zahlreicher weiterer Legenden. Eine der bekanntesten hat zum Inhalt: Den silbernen Quitzowring, die Judenklemme, den Quitzowstuhl, eine abgebissene Hand, einen Brudermord und dessen Sühne.

»Als während der Regierungszeit Joachims I. die Juden in der Mark verfolgt wurden, flüchteten viele von ihnen nach Mecklenburg, Hamburg und Lüneburg. Sie mußten auf ihrer Flucht an der Eldenburg vorbei. Dort war der schmale Damm durchs Eldebruch durch einen Schlagbaum versperrt, und der Burgherr, ein Ritter von Quitzow, verlangte einen hohen Wegzoll. Wer nicht gutwillig zahlte, kam in die ›Judenklemme‹. Das Marterinstrument befand sich und befindet sich noch heute in einem Turm. Das Opfer mußte sich auf ein Hufeisen setzen, das in die Mauer eingelassen war. Es war so hoch angebracht, daß der Gefangene nur mit den Fußspitzen den Boden berührte. Der Leib wurde durch eine Doppelkette an die Wand gekettet, der Hals durch ein Halseisen gesteckt und die ausgestreckten Arme wurden durch Hand- und Armschellen an die Wand geschlossen.

In dieser Klemme ließ der Quitzow die Juden so lange leiden, bis das Lösegeld zur Stelle war. Da kam eines Tages ein ehrwürdiger weißhaariger Jude mit seiner Tochter an den Schlagbaum. Er verweigerte dem Wächter die verlangten zwei Gulden Wegzoll, weil er zu Fuße ging und auch gar nicht so viel Geld besäße. Zu dem Streit kam schließlich der Burgherr selbst hinzu. Vergeblich flehte ihn der Jude an, ihn ziehen zu lassen. Er sei kein Kaufmann, sondern ein armer Rabbi aus Stendal. Als das der Quitzow hörte, lachte er ihn aus und sagte: ‹Da du ein Rabbi bist, so mußt du 100 Goldgulden zahlen. Deine Tochter mag zu deinen Leuten laufen und das Geld schaffen! Du bleibst solange im Turm, bis das Geld da ist.‹ Dann wurde das arme Mädchen mit harten Schlägen vertrieben und der Jude in die Klemme gesetzt.

Am anderen Morgen fragte ihn der Quitzow, ob er zahlen wolle. Statt einer Antwort stimmte der Rabbi aber ein Trauerlied an. Da schlug der Ritter die Tür zu und ging davon. Das gleiche geschah am nächsten Morgen. Die ehrwürdige Erscheinung des Juden hatte aber doch auf den Quitzow einigen Eindruck gemacht und der Klagegesang kam ihm die ganze Nacht nicht aus dem Sinn. Am dritten Morgen befahl er deshalb, den Juden auf einen Wagen zu setzen und nach Dömnitz über die Grenze zu schaffen. Als der Ritter eben selbst sehen wollte, ob und wie sein Befehl ausgeführt wird, fand er auf dem Hofe die Tochter des Juden mit einigen Stammesgenossen, die das Lösegeld bringen. Ärgerlich wies Quitzow zurück mit den Worten: ›Behaltet euer Geld und macht, daß ihr mit dem Alten wegkommt!‹

Man eilte zum Turm und kam eben zurecht, den Greis sterben zu sehen. Noch rief er seinen Mördern zu: ›Es steht geschrieben: Ich der Herr, dein Gott, bin ein eifriger Gott, der die Sünden der Väter heimsucht an den Kindern‹ – dann hauchte er seine Seele aus. Schnell wurde der Tote befreit. Wehklagend trugen ihn die Juden auf den Wagen und führen ihn davon. Das Mädchen warf das Lösegeld dem Ritter mit einem Fluche vor die Füße. Er hat keinen Juden mehr in den Turm gesetzt. Immer hat ihm der sterbende Jude vor Augen gestanden, und er ist seither ein stiller Mann gewesen und hat sich zum Guten gewendet. An seinen Söhnen aber ward seine Sünde heimgesucht.

Der ›Judenklemmerer‹ Quitzow war längst gestorben, und seine Söhne Hans und Kurt Dietrich hausten nun auf der Eldenburg. Kurt Dietrich war leichtsinnig und verschwendete seines Vaters Geld. Hans, der Ältere, war verständiger und ermahnte oft seinen Bruder zur Sparsamkeit. Das verdroß diesen, und er trug sich fortan mit schlechten Gedanken. Als einmal alle Knechte im Priemer Wald Holz schlugen und die Mägde an der Elde wuschen, sagte er wie im Scherz zu seinem Bruder: ›Weißt Du, man hat uns schon so oft mit unsers Vaters Judenklemme verspottet, und wir haben sie noch nie gesehen. Wie wär's, wenn wir uns mal das alte Eulennest, den Judenturm, anschauten?‹

Der Bruder war damit einverstanden. Auf einer Leiter stiegen sie in das alte Turmgemach hinauf. Anfangs war es ihnen wohl ein wenig gruselig zu Mute; aber Kurt Dietrich setzte sich lachend auf die Judenklemme und baumelte vergnügt mit den Füßen. ›Angenehm sitzt es sich gerade nicht darauf‹, meinte er, ›versuch's nur einmal!‹ Da setzte sich auch Hans auf das Hufeisen, legte sich sogar die Kette um den Leib und zog das Schloß durch. Wie zum Spaß befestigte darauf Kurt Dietrich seines Bruders Arme in den Arm- und Handschellen an der Wand und legte ihm auch das Halseisen um. Dann schlüpfte er schnell aus dem Gemach, schlug die Tür zu, stieg eilends die Leiter hinab, warf sie ins Gebüsch und ging davon. Schnell beseitigte er des Bruders Schwert und Roß. Das Pferd erstach er im Kienkamp, einem nahen Walde, und das Schwert warf er in die Löcknitz. Den heimkehrenden Leuten erzählte er, daß sein Bruder auf die Jagd geritten sei, und heuchelte Sorge und Verwunderung über sein langes Ausbleiben.

Hans dachte erst, sein Bruder wollte ihn bloß ängstigen, und verhielt sich ganz still, obgleich ihn alle Glieder schmerzten. Aber Kurt Dietrich kam und kam nicht. Da fing Hans an zu rufen, gab es aber bald wieder auf, denn durch die dicken Mauern konnte sein Schreien doch nicht dringen, und der Hof lag zu fern. Er verbrachte eine qualvolle Nacht. Am anderen Morgen schickte Kurt Dietrich wieder alle Leute beizeiten möglichst weit weg an die Arbeit. Dann stieg er zu dem einsamen Kerker empor. Hans erwartete nichts anderes, als daß er endlich befreit würde, und überhäufte seinen Bruder mit Vorwürfen. Aber der sagte mit spöttischem Lachen: ›Kein Mensch wird dein Schreien hören, niemand dich befreien. Du wirst hier verhungern, wie der alte Jude. Nun wirst du mir keine Vorschriften mehr machen, jetzt bin ich allein der Herr!‹ Sprach's und ging davon – vergaß aber nicht, dem Bruder den silbernen Quitzowring vom Finger zu ziehen.

So verhöhnte er seinen Bruder jeden Morgen. Nach acht qualvollen Tagen war der Unglückliche verschieden. Da verscharrte der Mörder die Leiche nahe dem Turme. Dann schickte er Boten auf die verschiedenen umliegenden Schlösser und ließ nach seinem Bruder forschen. Natürlich brachte niemand eine Kunde. Hans von Quitzow war und blieb verschollen. Kurt Dietrich aber war nun alleiniger Herr der Eldenburg und erreichte in Ansehen und ritterlichen Ehren ein hohes Alter.

Er nahm aber, wie ihm vorausgesagt wurde, ein schreckliches Ende. Als er einst in fröhlicher Gesellschaft von der Jagd heimkehrte, wurde sein Sohn Philipp von einer Wildsau angefallen. Der Vater sprang dazwischen und versuchte dem wilden Tier sein Jagdmesser in den Rachen zu rammen. Das Messer glitt aber an den Zähnen des Ebers ab, das Tier biß dem Ritter die Hand ab, zerfleischte ihm den Rest des Armes und verschwand in der Tiefe des Waldes, die Hand mit dem silber-

Die frühere ›Judenklemme‹

nen Quitzowring im Maul. In derselben Nacht starb der Brudermörder unter entsetzlichen Qualen und noch ehe ihm das Abendmahl gereicht werden konnte. Daher wandelt sein ruheloser Geist noch immer in der Frühlingszeit während der Morgendämmerung von der alten Pferdewiese, wo die alte Eldenburg einst stand, nach dem Judenturme. Die Gestalt soll gebückt sein und sein Bart fast bis auf die Erde reichen. Selbst das Wasser hindert den Spuk nicht, wenn etwa die Gegend wieder einmal überschwemmt ist. Hinter ihm her rauschen dann die Wind- und Wasserwirbel. Wer etwa des Weges geht oder im Kahn vorüber fährt, dem soll das Blut vor Schreck in den Adern erstarren. Wer aber ein gutes Gewissen hat, mag sich nicht fürchten; es wird ihm nichts geschehen. Nach dem schrecklichen Ende des Brudermörders wurde von dessen Sohn Philipp an der Stelle, wo die Wildsau ihr garstiges Werk getan, eine Kirche gestiftet – vorgeblich von dem Gelde bezahlt, das einst die Tochter des Juden auf der Eldenburg gelassen hatte.«

Wie bei vielen Sagen gehen auch hier tatsächliche Ereignisse und Hinzugedichtetes eine schwer zu entschlüsselnde Mischung ein. Den Quitzowring soll es aber tatsächlich gegeben haben. Wahrscheinlich wurde er gefunden, als im Jahre 1902 die Gruft unter der Kletzke-Kirche geöffnet wurde. Hier fand man einen massiven Ring, in den bis heute nicht entzifferte geheimnisvolle Zeichen eingraviert sind. Allerdings ist dieser Ring nicht aus Silber, sondern aus Gold, er steckte auch nicht am Finger, sondern wurde an einer Kette um den Hals getragen, und er wurde nicht an den fleischlosen Knochen von Philipp gefunden, sondern an denen seines 1605 gestorbenen Bruders Achatz. Auch der einhändige Quitzow ist verbürgt: In Perleberg, im Jahre 1542, ist als Zeuge bei dem Prozeß gegen den Raubritter Hans von Wartenberg »der Quitzow mit der einen Hand« nachweisbar.

Einen Burdermord gab es auch. Auf einer Hochzeitsfeier am 12. November 1583 soll der jüngere Sohn Elisabeth von der Schulenburg, geborener von Quitzow, seinen älteren Bruder erschlagen haben. Ein Bruderpaar Hans und Kurt Dietrich hat es allerdings nicht gegeben. Ob schließlich die ›Judenklemme‹ einmal betrieben wurde, ist auch nicht eindeutig belegt, ähnliche Folterinstrumente waren im Mittelalter durchaus verbeitet. Es gibt aber keine Hinweise, die die Quitzows damit in Verbindung bringen.

Die späteren Quitzows waren wirtschaftlich erfolgreich, ihr Lebenswandel bot keinen Stoff für derartige Geschichten. Der letzte und auch angesehenste der Eldenburger Quitzows war der Königlich Preußische Legationsrat Kuno Hartwig von Quitzow, Ritter des Johanniterordens, Besitzer der Güter Rühstädt, Stavenow, Kietzke, Boigtshagen, Gottberg und Lübars. Wegen seiner Güte wurde sein Tod – er starb am 11. Januar 1719 – von allen betrauert, die unter seiner Herrschaft standen. Er wurde in der Kirche in Seedorf begesetzt. Kein Grab und Denkmal kündet mehr von ihm; aber als der ›Gute Räuberquitz‹ ist er noch bekannt.

Chronologie

Vor 1300
Eine Burg ist bekannt, aber noch nicht eindeutig nachgewiesen.
1310 oder 1319
Burg Geldenitz, wie die Eldenburg bis 1588 heißt, wird von Markgraf Waldemar an die Familie von Alsleben als Lehen übergeben.
1465
Dietrich von Quitzow kauft die Burg.
Ab 1588
Die Anlage heißt Eldenburg.
1719
Der letzte Quitzow der Eldenburger Linie stirbt. Über die weiteren Besitzer gibt es – bislang – keine verbürgten Erkenntnisse.
Die Burg wird zu einem der prächtigsten Renaissanceschlösser der Prignitz ausgebaut.
1881
Ein Brand zerstört große Teile des Schlosses; danach Teilaufbau.
1945
Das Schloß wird nahezu vollständig zur Gewinnung von Baumaterial abgebrochen.

Burgmuseum Lenzen, 19309 Lenzen, Tel. 03 87 92/ 72 91.

Restaurant ›Zur Kegelbahn‹, Zur Kegelbahn 4a, 19309 Eldenburg/Seedorf, Tel. 03 87 92/17 42.

Freyenstein

Das kleine Prignitzer Städtchen Freyenstein hat es in seiner Geschichte nicht leicht gehabt. Zwar war und ist es sehr malerisch gelegen, doch beherbergte es die östlichste aller Prignitzburgen in Richtung Mecklenburg und weckte deshalb die Begehrlichkeiten der Nachbarn.

Die Siedlung muß es aber schon lange vor der Zeit Brandenburgs und Mecklenburgs gegeben haben: Der Name ›Vrigenstene‹ oder Freyenstein läßt auf den Kult der Heiden schließen, hier der Göttin Freia, Göttin der Liebe und Spenderin des befruchtenden Sommerregens, Opfer zu bringen. Später verehrte man die Jungfrau Maria, nach der auch die Kirche im Ort benannt ist. Das Stadtwappen zeigt ebenfalls die Jungfrau Maria, in dem einen Arm das Jesuskind haltend, in dem anderen den Palmenzweig, Sinnbild des Friedens.

Freyenstein war wegen seiner strategischen Lage oft und schwer umkämpft und wechselte häufig seine Eigentümer. Von dem Mecklenburger Fürsten von Werle wissen wir, daß ihm Markgraf Johannes I. von Brandenburg die Burg Freyenstein im Jahre 1263 entrissen haben muß, er sie aber bereits elf Jahre später wieder in seinen Besitz brachte, um dann im Jahre 1287 die sogenannte ›Alte Stadt‹ völlig zu zerstören. Angeblich aus Rache, da der Markgraf von Brandenburg ihm beziehungsweise den Mecklenburgern ihre Stadt weggenommen hatte. Eine Logik, die heute nur noch schwer nachzuvollziehen ist. Trotzdem revanchierten sich die Brandenburger Herrscher wenige Jahre später: Die Markgrafen Otto IV. und Konrad verliehen den Freyensteinern die Stadtprivilegien; als einziger Prignitzer Ort erhielt Freyenstein das Brandenburger Stadtrecht, während allen anderen Städten das Seehausener oder Salzwedler Stadtrecht zugesprochen wurde, das sowohl die Zünfte als auch die Gerichtsbarkeit stark beschränkte.

Dazu wurde den Freyensteiner Bürgern 100 Hufen Land geschenkt, damit sie ihre Stadt wieder aufbauen konnten. Die Bürger errichteten ihre neue Stadt nicht anstelle der alten, sondern zogen direkt daneben in ein Sumpfgebiet, um sich so vor den Überfällen der Mecklenburger besser schützen zu können.

Auch die heute noch existierende Kirche stammt aus dieser Zeit und wurde mit Hilfe von reichen Lübecker Handelsherren erbaut, wie auch der angrenzende Marktplatz seine Entstehung alten Hansebunden verdankt. Märkte wurden hier zwar kaum abgehalten, Freyenstein war aber ein wichtiger Stapel- und Wagenplatz für Kaufleute, die auf der Durchreise waren. Das waren damals nicht so wenige wie heute, lag die Stadt doch an einer wichtigen und verkehrsreichen Handelsstraße, die von Berlin über Wittstock und Freyenstein nach Plaue, Güstrow, Lübeck und bis nach Pommern reichte.

Dank der günstigen Lage blühte die Stadt schnell auf. Dennoch oder gerade deshalb dauerten die räuberischen Überfälle der Mecklenburger weiter an. Um dieser Unsicherheit auf Dauer ein Ende zu bereiten, setzte Markgraf Ludwig der Römer um 1350 den begüterten Adalbert von Rohr als Lehnherren von Freyenstein ein. Dieser errichtete hier sofort eine Burg »und zwar so, daß auf der einen Seite der Burggraben und der Stadtgraben eins waren«, wie es beim Stadtchronisten heißt. Außerdem ließ von Rohr die Stadt mit einer Stadtmauer befestigen, die mit Hilfe seines Bruders, des Bischofs von Havelberg, und einigen Städten der Prignitz finanziert wurde. Die Bürger der Stadt begrüßten den Bau dieser Anlagen und waren dankbar für die schützenden Kräfte der Ritter bei Überfällen. In der Ortschronik wird davon gesprochen, daß »es keine Last war, die Ritterfamilien zu unterhalten: ja man räumte ihnen sogar allerlei Rechte ein und gab auch Land für sie her.« Ganz so idyllisch scheint es allerdings nicht zugegangen zu sein, denn die adligen Beschützer zwangen die Bürger nicht nur, ihnen große Teile der städtischen Feldmark abzutreten, sie mußten ab 1500 auch Frondienste leisten. Hinzu kam, daß die Bürger ab 1492 vor einem ausschließlich adligen Gericht zu erscheinen hatten, das bis 1849 (!) Bestand hatte. Die Machtverhältnisse spiegeln sich in dem Eid wider, den jeder Freyensteiner zu leisten hatte:

Die markanten Erker dienten als Schmuck und Wehr zugleich

»Ich schwöre zu Gott dem Allmächtigen und Allwissenden einen wahren leiblichen Eid, daß ich, nachdem ich von dem hochwohlgeborenen Herrn Hauptmann Detlef Ludwig Alexander von Winterfeld zu einem Bürger und Untertan in Freyenstein auf- und angenommen worden, Seiner Königlichen Majestät von Preußen und dieser meiner vorgesetzten Obrigkeit hold und gewärtig zu sein. So oft ich von meiner Obrigkeit bei Tag und bei Nacht in heimlichen und öffentlichen Sachen gefordert werde, will ich allemal gern und willig erscheinen und dasjenige, was mir auferlegt wird, mit getreuem Fleiß bestellen, auch alle mir zustehenden Gaben und Dienste gern und willig abtragen.«

Ungewöhnlich dürfte auch eine Regelung gewesen sein, die 1554 von Conrad und Cyriax von Rohr durchgesetzt werden konnte: Bei allen Rechtsgeschäften, die Haus oder Grund betrafen, mußten die von Rohrs ihre Zustimmung geben. Dies alles waren Verfügungen, die sich nicht förderlich auf die weitere wirtschaftliche Entwicklung Freyensteins auswirken sollten. Und so wehrten sich die Freyensteiner Bürger einige Male, etwa mit Protestschreiben an den König, Klageeinreichungen am Berliner Kammergericht und passivem Widerstand, 1798 mußte der preußische König Friedrich Wilhelm sogar Soldaten schicken, die die Freyensteiner Bürger mit Waffengewalt zum Gehorsam zwangen.

Trotzdem ging der wirtschaftliche Schwung verloren; Pest, Dreißigjähriger Krieg und vor allem die zahlreichen Brände taten ihr Übriges. Es ist überliefert, daß die Stadt im Jahr 1652 noch genau 28 Einwohner hatte.

Trotzdem und deshalb: Der malerische turmartige Rest der früheren Dreiflügelanlage legt ein beredtes Zeugnis von der einstmaligen Bedeutung Freyensteins ab. Im 17. Jahrhundert – die Datierung ist nicht gesichert, spätestens aber um 1650 – wurde anstelle der alten Wasserburg ein neues Schloß erbaut. Die Burg wurde teilweise abgerissen, teilweise grundlegend saniert und schließlich in vielen Teilen verändert, was möglicherweise zu der noch heute üblichen, aber irreführenden Bezeichnung ›Neues Schloß‹ geführt hat. Denn im Jahr 1556 war durch den damaligen Besitzer, Kurt (oder Curdt) von Rohr, ganz in der Nähe der Burg ein Neubau errichtet worden, das heute noch in Teilen erhaltene, sogenannte ›Alte Schloß‹.

Vermutlich weist dieser Name darauf hin, daß sich an dieser Stelle noch ein wesentlich älterer Vorgängerbau befand. Verwirrenderweise muß also das Alte Schloß als das neue und das neue Schloß als das ältere gelten.

»Der heute noch erhaltene Turmbau beherbergt vier Etagen, die bisher als kleines Museum genutzt wurden«, heißt es dazu in einer Studie von Anita-Maria von Winterfeld. »Er bildete einst den Anschluß des westlichen Flügels, der zur Stadt hin ehemals sein Pracht entfaltete. Raffiniert treten die Erker auf segmentbogigem Grundriß aus dem Mauerwerk hervor – quasi als kleine Türmchen, die Wehr und Schmuck gleichermaßen suggerieren. Sie könnten den Wandel in der Funktion der Burgen von der Befestigung zum Wohnschloß ausdrücken«, so von Winterfeld weiter, deren Ahnen zwischen 1620 (anderen Quellen zufolge erst ab 1701) und 1872 Burg- und Stadtrechte besaßen.

Der Baumeister der Anlage soll Domenicus Parr gewesen sein. Der aus Italien stammende und häufig in Mecklenburg und Schweden tätige Baumeister ist später vor allem durch sein Mitwirken an der Residenz in Güstrow, die zwischen 1558 und 1563 entstand, bekannt geworden. »Auffällig«, so wiederum von Winterfeld, »ist der Terrakottaschmuck, der mit seiner markanten Pilastergliederung und den Medaillons Schloß Freyenstein zum prächtigsten Bau Nordbrandenburgs macht. Seine heute nur noch als ca. vier Meter hohes Mauerwerk erhaltene repräsentati-

Der Ahnensaal im Alten Schloß, Aufnahme von Max Zeisig um 1910

ve Portalseite könnte ähnlich projektiert gewesen sein und wäre dann ein Höhepunkt der Schloßdekoration der Renaissance der Prignitz geworden. Das hier anzutreffende Motiv der Torhalle mit den zwei kleinen flankierenden Türmchen, das sich auch beim nahegelegenen Schloß Meyenburg erhalten hat, dominiert fast die gesamte Südseite.«

Medaillons, Ranken, Grotesken und Figuren bestimmen das einzigartige Terrakottarelief, das in seinem Phantasiereichtum, zumal für diese Region, äußerst ungewöhnlich ist. Diese Arbeiten wiederum stammen vermutlich aus den Werkstätten des Lübeckers Stativs van Düren. Es ist ein eindrucksvoller und geschichtsträchtiger Bau. Ein Nachfahre des Erbauers Kurt von Rohr, Hans-Oloff von Rohr, spricht gar vom »Heidelberger Schloß der Mark«, der Architekt Friedrich Adler zählt Freyenstein schwärmerisch »zu den Prachtstücken norddeutscher Renaissance«.

Die Nachfahren der Familie von Winterfeld sehen das etwas leidenschaftsloser, wohl auch notwendigerweise pragmatischer: »Als Georg von Winterfeld die Schloßanlage 1620 kaufte, ahnte er sicherlich nicht, daß sich seine Nachfahren im ausgehenden 20. Jahrhundert ihre Erhaltung zur Aufgabe machen werden. Das 1945 enteignete und seither in städtischem Besitz gelangte Anwesen wird von einem 1997 gegründeten Förderverein betreut, der auf die Initiative von Hans-Carl von Winterfeld zurückgeht.«

Terrakottapilaster im alten Schloß, Aufnahme von Max Zeisig, vermutlich um 1910

Eine erstaunlich-schauerliche Sage hat sich auch zu Freyenstein erhalten, allerdings nicht aus dem Mittelalter, sondern aus späterer Zeit:

»Im neuen Schlosse hat in der Franzosenzeit ein französischer General seine junge, bildhübsche Frau erstochen. Darum ist es in dem betreffenden Zimmer noch viele Jahre danach nicht recht geheuer gewesen. Nachts um zwölf klirrten Fenster, man hörte hastiges Laufen, Stühle und Tische wurden umgeworfen, schließlich erscholl ein gellender Schrei – dann war alles still. Obwohl man jeden Abend alle Zimmer durchsuchte und die Fenster und Türen schloß, war der Spuk doch immer pünktlich da, bis er schließlich nach Jahren von selbst aufhörte.«

Chronologie

Frühgeschichtliche Periode
Zahlreiche bronzezeitliche Hügelgräber belegen eine frühe Ansiedlung, der Name deutet auf eine Kultstätte der Göttin Freia hin.
Vor 1287
Die Burg muß bereits bestanden haben, da sie Teile der eindeutig datierten Stadtmauer aufnimmt.
1332
Erste urkundliche Erwähnung
16. Jahrhundert
Großzügige Sanierung und starke Umbauten, Begriff ›Neues Schloß‹ bürgert sich ein.
1556
Kurt von Rohr läßt das ›Alte Schloß‹ erbauen.
1638
Die Pest wütet in Freyenstein.
1646
Ein großer Brand verwüstet die Stadt.
1652
Die einstige aufstrebende mittelalterliche Hansestadt hat nur noch 28 Bewohner.
1718
Weiterer Brand verwüstet die Stadt, der Aufbau dauert 20 Jahre.
1786
Erneut verwüstet ein Brand die gesamte Stadt.
1968–1974
Restaurierung der Terrakotten durch Hedwig Bollhagen (Marwitz/Velten).

Das kleine Museum im Schloßturm kann am Wochenende zwischen 14 und 16 Uhr besichtigt werden. Andere telefonische Vereinbarungen auch über den Förderverein oder über 03 39 67/6 02 09 möglich.

Förderverein Freyenstein/Ostprignitz e.V., Marktstraße 11, 16918 Freyenstein, Tel. 03 39 67/6 02 13.

Hirschhof Hildebrandt, Küsterland 19, 16918 Freyenstein, Tel. 03 39 67/6 03 07.
Landhaus ›Zur Mühle‹, Schmolder Weg 3, 16918 Freyenstein, Tel. 03 39 67/6 03 34.

Goldbeck

Burg Goldbeck gehört zu jenen Bauwerken, die sich noch in voller Pracht zeigen können, über deren Geschichte allerdings wenig bekannt ist. Immer im Schatten der wesentlich bekannteren und nur wenige Kilometer entfernten Bischofsburg Wittstock gelegen, wurde sie kaum in kriegerische Auseinandersetzungen verwickelt und ist deshalb sicherlich auch noch so gut erhalten. Ansonsten ist Goldbeck lediglich in der Zeit zwischen 1424 und 1480 als Unterschlupf gefürchteter und landesweit gesuchter Raubritter bekannt geworden. Erst nach 1920 machte Goldbeck wieder von sich reden: als hoch modernes Mustergut mit maschineller Pflanzenproduktion.

Goldbeck an der Dosse wird erstmalig in einer Grenzbeschreibung aus dem Jahre 1274 erwähnt. Der Ort war damals im Besitz der Familie von Werle und gehörte zur Landschaft Lietze. Die Herren von Mecklenburg-Werle besaßen zu dieser Zeit weite Flächen in der Prignitz, besonders zwischen dem Land Ruppin und Mecklenburg. Ob es zu dieser Zeit schon eine Burg in Goldbeck gab, ist nicht bekannt, aber auch nicht wahrscheinlich, denn zwei Jahre nach der erwähnten Grenzbeschreibung befand sich der Markgraf Otto V. mit den Herren von Werle im Krieg. Die Grafen von Ruppin standen dabei auf der Seite Ottos V., der schließlich den Streit gewann. Die Ruppiner erhielten für ihre treuen Dienste das Gebiet um Goldbeck als Lehen, mußten aber gleichzeitig die Lehensherrschaft des Bischofs von Havelberg anerkennen, der sich offenbar noch auf alte Rechte berufen konnte. Von einer Burg ist in den überlieferten Quellen in diesem Zusammenhang nicht die Rede; weder in Beschreibungen über die kriegerischen Auseinandersetzungen noch in den Aufzählungen über die Lehensgebiete.

Erstmals wird Burg Goldbeck – ausdrücklich als ›castrum‹ bezeichnet – im Jahr 1325 erwähnt, und so ist zu vermuten, daß erst die Grafen von Ruppin die Burg am Westufer der Dosse zum Schutz ihrer landeinwärtigen Herrschaft bauen ließen. Dann sind über einen Zeitraum von gut 100 Jahren keine weiteren Nachrichten überliefert, erst 1424 tritt die Burg wieder in Erscheinung.

Hans von Bosel und Klaus von Königsmark heißen die beiden landesweit bekannten Raubritter, die Burg Goldbeck zu ihrem Hauptquartier ausersehen hatten. Es muß ein recht lustiges Leben gewesen sein, das sie hier geführt haben: als in den 80er Jahren des 20. Jahrhunderts einige Grabungen direkt unterhalb der Burgmauern nötig wurden, stieß man auf abertausende von Austernschalen, die während der vielen Gelage wohl aus dem Fenster geworfen worden waren.

Lange hat dieses lustige Leben nicht gedauert, denn Spuren der beiden Raubritter lassen sich in den Quellen nicht mehr finden. Erst in den 70er Jahren des 15. Jahrhunderts hören wir wieder von Goldbeck – und von dem legendären Hans von Rohr, auch er ein gesuchter Raubritter. Mit dem Aussterben der Grafen von Ruppin ging Burg Goldbeck als bischöfliches Lehen in den Besitz des Kurfürsten Joachim I. über. Der ihm folgende Kurfürst Joachim II. gab die Burg 1524 in die Hände von Johann Gans Edlen Herrn zu Putlitz, der die Burg stark ausbauen ließ. Von dieser Bautätigkeit zeugen heute noch einige Räume mit ihren eindrucksvollen Kreuzgratgewölben im Ostflügel der Burg. Weitere Schätze stellen die Schnitzereien im Fachwerk des Innenhofes aus der späten Renaissance und dem frühen Barock dar. Ansonsten ist es für Besucher relativ schwierig, sich ein genaues Bild vom Inneren der Burg zu machen. Einige Teile sind noch von Bürgern der Gemeinde bewohnt, der die Burg auch gehört.

Die meisten Burgräume werden allerdings seit den 70er Jahren von Berliner Künstlern als Ateliers und Erholungsräume genutzt. Die Anwesenden können sich hier in die Ruhe zurückziehen, die sie in der Großstadt vermissen, müssen dafür aber auch Aufbauarbeit leisten. Auf diese Weise konnten in den letzten Jahrzehnten einen ganze Reihe von Sicherungs- und Sanierungsarbeiten durchgeführt werden, die allerdings nicht immer auf Gegenliebe bei der Gemeinde und bei den Denkmalschutzbehörden stießen. Auf Grund dieser, schon seit vielen Jahren schwelenden, Streitigkeiten gibt es bis heute auch noch kein einheitliches, dem Bau und seiner Geschichte geschuldetes Sanierung- und Nutzungskonzept. Eben-

Der Innenhof ist für Besucher zugänglich

falls diesen Streitigkeiten geschuldet ist offenbar, daß Besucher auf der Burg – insbesondere wenn sie unangemeldet kommen und nicht zum unmittelbaren Freundeskreis der jeweiligen Parteien zählen – nicht sonderlich willkommen sind.

Während der Innenhof noch besichtigt werden kann, gibt es kaum eine Möglichkeit, sich Burggarten und Burggraben anzuschauen. ›BETRETEN VERBOTEN‹ steht auf den Schildern und macht deutlich, daß die Anlage nicht für die Öffentlichkeit zugänglich ist.

Zwei Besonderheiten hat Burg Goldbeck noch zu bieten. Wer direkt vor der Burg steht, die heruntergekommenen Industriegebäude drumherum ignoriert und sich auf das schmale Eingangsportal konzentriert, sieht neben dem eigentlichen Entree eine schmale Durchgangspforte, in der eine alte Glocke hängt. Das ist ein unspektakulärer Anblick, gleichwohl eine bauliche Besonderheit. Denn hier handelt es sich um die einzige noch in Brandenburg existierende Ein-Mann-Schlupfpforte.

Die zweite Besonderheit hat etwas mit den Meliorationsbemühungen früherer Jahrhunderte zu tun. Mehrfach wurde die Dosse umgeleitet, die Veränderungen des Flußlaufes bewirkten dann auch Veränderungen der Grundwasserverhältnisse. Kommt es heute in diesen geologischen Formationen zu Schwankungen des Wasserstandes, setzen sie sich auch auf der Oberfläche fort. Burg Goldbeck kommt dann aus dem Gleichgewicht und neigt sich auf die Seite, nicht um mehrere Meter, aber doch so viel, daß sich, wie von Geisterhand betrieben, sämtliche Türen des einen Flügels öffnen, während die auf der anderen Seite kaum noch aufzuschließen sind.

Chronologie

1274
Erste Erwähnung des Ortes Goldbeck mit Familie von Werle als Besitzer.

1276
Die Grafen von Ruppin erhalten das Gebiet um Goldbeck von Markgraf Otto V. für treue Dienste.

1325
Erste Erwähnung von Burg Goldbeck (›castrum‹).

1424
Raubritter Hans von Bosel und Klaus von Königsmark auf der Burg.

1524
Goldbeck fällt an den Bischof zurück.

1548
Johann Gans Edler Herr zu Putlitz wird Verwalter von Burg Goldbeck.

1920
Goldbeck wird Mustergut.

Nach 1945
Nutzung als Flüchtlingsunterkunft.

70er Jahre
Zuzug Berliner Künstler.

Fremdenverkehrsverein Wittstock Ostprignitz e.V., Markt 1, 16909 Wittstock, Tel. 0 33 94/43 34 42.

Scharfenberger Krug, Scharfenberg 28, 16909 Wittstock, Tel. 0 33 94/ 71 24 17.

Dorfkrug und Pension Dossow, Fretzdorfer Str. 12, 16909 Dossow, Tel. 0 33 94/44 04 70.

Kletzke

Die Burg von Kletzke ist verwunschen. Wie ein sagenhafter Schatz versteckt sie sich in der Prignitz und wartet darauf entdeckt zu werden. Während die kleine Kirche des Dorfes mit ihren drei Renaissanceportalen und dem Grabmal Philipps von Quitzow auf seine Besucher zu warten scheint und auch bereits auf die früheren Besitzer von Kletzke und seiner Burg hinweist, sind die geschichtsträchtigen Ruinen von Kletzke nur schwer zu finden. Auf die Überreste früherer Quitzowherrlichkeit wird weder mit einem Wegweiser noch mit einem eigenen Zugang hingewiesen.

Schräg gegenüber der Kirche befindet sich der Gasthof ›Zum alten Quitzow‹. Man kann hier nicht nur gut einkehren, sondern auch Hinweise zum Weg erhalten – die freundlichen Gastleute helfen gerne. Den etwas abenteuerlicher Gestimmten wird folgender Weg geraten: Am Gasthaus vorbei, etwa 30 Meter weiter und direkt auf eine 90-Grad-Kurve zu. Mitten in der Kurve befindet sich ein Tor, das zu einem Grundstück zu gehören scheint. Der Schein trügt aber, also dort hindurch und weiter durch einen sehr verwilderten Park und an einem kleinen, völlig versandeten See vorbei weiter in den Wald. Nach gut 150 Metern steht man plötzlich vor einem großen Hügel, auf dem sich die Überreste früherer ritterlicher Macht präsentieren.

Kirche und Kneipe Zum Alten Quitzow

Auf den ersten Blick sieht man, daß hier in den letzten hundert Jahren nichts verändert wurde, und auch nichts saniert, restauriert oder überhaupt die Bausubstanz geschützt oder bewahrt wurde. Bäume wachsen aus dem meter-

Die Überreste ritterlicher Macht liegen versteckt im Wald

dicken Mauerwerk, Reste von Portalen und Stuckbrocken liegen auf dem Areal verteilt und verleihen dem Ort einen Hauch von Melancholie. Andererseits wirkt dieser Ort mit seinen bizarr in den Himmel ragenden Ruinenteilen auch etwas verlassen-gespenstisch und ein wenig auch wie eine Filmkulisse – so unwirklich und in seiner Geschichte belassen findet sich kaum einmal ein Bauwerk.

Diese Atmosphäre wird es noch für viele Jahre geben, denn es ist von keiner Seite daran gedacht, an dem baulichen Zustand von Burg Kletzke etwas zu ändern. Damit dieser Zustand in der Öffentlichkeit nicht ganz so stark auffällt, wird sicherlich auch in Zukunft kein Hinweisschild oder gar eine Schautafel auf die Burg hinweisen. Wenn es einen Hinweis gibt, dann lediglich auf die schicke und renovierte Plattenburg, die sich in unmittelbarer Nachbarschaft befindet und mitunter mit dem Ort Kletzke in Verbindung gebracht wird.

Die Herrschaft Kletzke kam um 1375 in den Besitz der Herren von Quitzow, die die an der wichtigen Handelsstraße von Berlin nach Hamburg und Lübeck gelegene Burg zum Ausgangspunkt für ihre späteren Fehden und Raubzüge benutzten. Sie waren in den letzten Jahrzehnten des 14. und zu Beginn des 15. Jahrhunderts in ständige Kämpfe mit Pommern, Mecklenburg, Sachsen-Lauenburg und dem Erzstift Magdeburg verwickelt.

Die große Wasserburg Kletzke, von der heute nur noch einige Mauern und geringe Reste erhalten sind, wurde 1390 von den Herzögen Heinrich von Lüneburg und Erich von Sachsen-Lauenburg belagert. Kuno von Quitzow überstand die Belagerung – auch als ›Schlacht bei Kletzke‹ bekannt – nicht nur, sondern konnte seinen Feinden auch noch eine empfindliche Niederlage bereiten. Die beiden ältesten Söhne Kunos, Dietrich und Johann, bauten die Macht der Familie weiter aus und erwarben später die Burgen Plaue, Saarmund, Köpenick, Kleinbeuthen, Friesack und Bötzow. Der Markgraf Jost von Mähren verpfändete ihnen 1408/09 die Städte Strausberg und Rathenow. Sie beherrschten von ihren Burgen aus Prignitz, Havelland, Teltow und Barnim. Ihre Bündnisse mit den Städten Berlin und Frankfurt machten sie 1404 zu einer Art Landeshauptmann in der Mark. Die unmittelbare Gerichtsbarkeit lag bei ihnen, ebenso das Recht, Steuern zu erheben und einzutreiben. Ihrer Macht hatten die rechtmäßigen Landesverweser wenig entgegenzusetzen, und erst dem Burggrafen und späteren Kurfürsten Friedrich I. gelang es 1414, die Quitzowburgen einzunehmen. Kletzke ging den Quitzows aber erst endgültig 1712 verloren. Es kam in den Besitz der Grafen von Kameck, 1797 an die Herren von Knobelsdorf und 1805 an die Freiherren von Eckardstein.

Wer heute Kletzke besucht, sollte in der Gaststätte ›Zum alten Quitzow‹ speisen. Hier ist man zu Recht stolz auf eine jahrhundertelange Tradition. Begründet wurde der Gasthof durch die Quitzows. Der damalige ›Krug‹ wurde Mitte des 14. Jahrhunderts an dem Flüßchen Stegen erbaut. Vor dem Dreißigjährigen Krieg gaben die Quitzows einem Mann Namens Krüger den Gasthof in Erbpacht, der nach den Anweisungen der Burgherren hier auch das Bier zu brauen hatte. Der Dreißigjährige Krieg sucht auch das Dorf Kletzke heim, vom ›Krug‹ blieben nur die Grundmauern stehen. Auf diesem 65 Zentimeter starken Felsenmauerwerk wurde er wieder aufgebaut und konnte sich bis heute als Gasthof halten. Aus der grauen Gaststätte der DDR-Konsum-Zeit ist seit 1991 ein schmucker Hotelgasthof mit fünf Zimmern entstanden.

Zur Geschichte der Quitzows gibt auch die Kirche im Ort einige interessante Auskünfte. In ihr befinden sich Särge, Gedenksteine, Grabschmuck der Quitzows sowie als einmalige Kostbarkeit sieben Bände der Originalwerke Luthers in Pergament und in Folienformat, die Anna von Quitzow im Jahre 1603 der Kirche schenkte.

Figürliche Grabsteine an der Dorfkirche zu Kletzke, Christopher von Kletzke (gest. 1005)

Chronologie

Um 1375
Burg und Herrschaft Kletzke kommen in den Besitz der Familie von Quitzow.

1390
Burg Kletzke wird von den Herzögen Heinrich von Lüneburg und Erich von Sachsen-Lauenburg belagert.

1414
Der Burggraf und spätere Kurfürst Friedrich I. läßt Burg Kletzke belagern.

1712
Familie der Grafen von Kamecke kaufen Burg Kletzke.

1805
Freiherren von Eckardstein werden die neuen Besitzer; danach völliger Verfall.

Informationen zur Burg im Gasthof und über das Amt Plattenburg: Dorfstraße 52a, 19336 Kletzke, Tel. 03 87 96/ 4 02 75.

Gasthof ›Zum alten Quitzow‹, Dorfstraße 58, 19336 Kletzke, Tel. 03 87 96/ 4 02 63.

Lenzen

Wer sich Burg Lenzen nähert, wird als erstes die weithin sichtbare Kupferhaube des mittelalterlichen Burgturms erkennen können. Trifft der Besucher zur richtigen Jahreszeit ein, kommen noch die Störchenpaare dazu, für die diese Gegend berühmt ist. Eine geradezu poetische Stimmung, die durch die wie verwunschen daliegende Burg verstärkt wird.

Die Lenzener Burganlage war ursprünglich eine slawische Wallanlage, die als Schutzburg gegen die vom westlichen Elbufer einfallenden christlichen Truppen gebaut wurde. Es wird vermutet, daß der Burghügel wiederum auf eine Sumpfburg zurückgeht, die im Morast der Elbniederung lag und mit Hilfe von Eichenpfählen und Rosten künstlich aufgeschüttet wurde. Bereits im Jahre 10 vor unserer Zeitrechnung sollen die Römer hier die Elbe überquert haben. 700 Jahre später begann Karl der Große (742–814) mit Unterstützung der Abodriten und Sorben einen Feldzug gegen die Wenden. Die slawischen Wilsen und die Sachsen verbündeten sich gegen Karl und errichteten in Lenzen einen etwa 23 Meter hohen Hügel aus miteinander verbundenen Eichenstämmen. Diese Burg wurde wahrscheinlich mit Ringwällen und Palisaden geschützt.

Im Jahre 929, unter Kaiser Heinrich I., wurden die Wenden aus Lenzen vertrieben, gegen die Burg ›Lunzini‹ richteten sich nun die Angriffe des sächsischen

Aufgebots unter Markgraf Bernhard. Lenzen ist damit der Ort in der Prignitz, dessen Name als erster überliefert ist. Diese Schlacht bei Lenzen von 929 ist im Burgmuseum in Form eines Dioramas nachgebaut und läßt deutlich den früheren Aufbau der Burg erkennen.

Nach dem Slawenaufstand von 983, durch die die Gebiete westlich der Elbe von den Wenden zurückerobert wurden, erlangte die Burg wieder eine größere Bedeutung, weil jetzt die Elbe erneut zu einem Grenzfluß zwischen Wenden und Deutschen wurde.

Nachdem Kaiser Lothar seinen neuen Markgrafen Albrecht den Bären ernannt hatte, führte dieser eine ganze Reihe von erfolgreichen Raubzügen in der Prignitz durch. Das eroberte Land wurde von den ritterlichen Kreuzfahrern schließlich in Besitz genommen. Um die eroberten Gebiete dauerhaft zu sichern, ließ der Markgraf deutsche Siedler aus dem Westen einwandern und die Prignitz durch Schutzburgen sichern, die von deutschen Rittern wie beispielsweise die Gans Edlen zu Putlitz befehligt wurden. Auch Lenzen war eine Burg, die durch die deutsche Bürgerbesiedlung gekennzeichnet war. Der Historiker und Pastor Friedrich Zander vermutet, daß zu dieser Zeit, spätestens aber im 13. Jahrhundert, der Burgturm von Lenzen gebaut wurde. Er besteht aus gebrannten Steinen und mißt 14 Meter im Durchmesser. Bis zur Galerie ist der Turm 18 Meter hoch, die Gesamthöhe beträgt 28 Meter. Wahrscheinlich diente der Turm als Ausguck und soll in Notzeiten die Bürger auch als Bergfried geschützt haben, wofür eine Zugangstür in acht Meter Höhe spricht. Allerdings soll der Turm auch einmal ganz anderen Zwecken gedient haben:

»Das Ende des 14. Jahrhunderts war für die Mark und auch die Prignitz eine unsichere Zeit. Keine Zentralmacht hinderte die Willkür, mit der die lokalen Herrscher die jeweilige Bevölkerung regierten. ›Reiten und Rauben war eben keine Schande, es thaten es auch die Edelsten im Lande‹. war damals ein geflügeltes Wort. Das mochte aber der Edle von Quitzow, der Herr von Eldenburg und von Lenzen, nicht mit ansehen und er sprach:

›Hält auch zur Zeit kein Markgraf Ordnung im Lande, so bin ich doch Vasall von Brandenburg und muß des Landes Schaden abwenden, soweit es von Lenzen aus geht in der Prignitz.‹ Sprachs und schloß auf eigene Hand ein Bündnis mit den Nachbarfürsten von Mecklenburg. Und nun gab es ein gestrenges Gericht über die kleinen Räuber in der Prignitz. Wen der Quitzow lebendig fing, der durfte auf Lösegeld nicht rechnen.

Zum abschreckenden Beispiel ließ er den Gefangenen auf seine Feste Lenzen führen, geleitete ihn zum Turm und stieß ihn eigenhändig zum schmalen Fenster desselben hinaus, daß der Räuber unten am Steinwerk zerschellte. Natürlich fanden die Spießgesellen der so Hingerichteten dies wenig erbaulich, und als die Mecklenburger einmal mit sich selbst genug zu thun hatten, brach eine racheschnaubende Schar gegen den Quitzow los. Der aber vertraute auf Gott und sein gutes Schloß Lenzen und sprach zu seinen Leuten: ›Sie sind gleich Raben, und Raben können diesen Turm wohl umflattern, aber nicht zerhacken. Haltet nur drei Tage aus, indeß ich unter der Erde nach der Eldenburg gehe. Von dort aus komme ich über der Erde wieder.‹ Gesagt, gethan. Nach drei Tagen überfiel der Quitzow von Eldenburg aus die Belagerer, von denen keinen entrinnen sollte. Die meisten fielen im Kampfe, aber dreizehn wurden gefangen. Da standen diese dreizehn, die Füße gefesselt, die Hände frei, auf der Zinne des Turms und Quitzow sprach ihr Urteil: ›Seht ihr das Land, die grüne Wische am Elbstrom, den Wald auf den Höhen? Fürwahr, ein Garten Gottes. Du aber‹, schrie er mit fürchterlicher Stimme jeden einzelnen an, ›du dünge den Boden, den du verwüsten wolltest.‹ Und in schrecklicher Grausamkeit ließ er die Verurteilten über den Mauerrand stoßen, daß sie mit den Köpfen abwärts rund um den Turm hingen. Entsetzliches Wimmern umtönte nun den Turm. Die Unglücklichen mühten sich vergeblich, mit den freien Händen an dem Mauerwerk empor zu klimmen. Da die gefesselten Füße ihnen keine Hülfe gewährten, sanken sie immer wieder zurück. Erst nach vierundzwanzig Stunden verstummte das letzte Wimmern, erst da war des letzten Seele entflohen. Quitzow ließ nun die Stricke durchschneiden, daß die Toten, den Füchsen und Vögeln ein Fraß, zur Tiefe stürzten. Im Oktobermonat geschah's. Und alljährlich im Oktobermonat kann man's sehen, daß dreizehn Raben den Rundgang des Turmes umflattern. Das sind die Seelen der schmählich dort ohne beichte umgekommenen Räuber. Wer oben auf dem Rundgang steht zu solcher Zeit, hört deutlich auch das schauerliche Wimmern der Ruhelosen.«

Ein Quitzow als Hüter der Ordnung ist schwer vorstellbar, wenn man an all die Geschichten denkt, die sonst so über diese Familie noch heute im Umlauf sind – in einer Sage aber möglich.

Durch eine Öffnung im Gewölbe des Turmes erreichte man das Erdgeschoß, um von da aus mittels einer Leiter weiter hinab in das Burgverließ zu gelangen. Und hier saß sogar einmal ein bekannter Herrscher ein, von dem eine weitere Sage zur Burg Lenzen handelt:

»König Waldemar der Siegreiche von Dänemark fiel durch Verrat in die Hände des Grafen Heinrich von Schwerin. Dieser ließ ihn erst nach Schwerin, dann nach der Feste Dannenberg bringen. Und endlich verschwand der König, wohin, das hat niemand erfahren. Doch der alte Turm bei Lenzen weiß Bescheid. In einer finsteren Gewitternacht tauchte am Fuße des Burghügels eine verschlossene schwarze Kutsche, gezogen von zwei schwarzen Rossen, aus dem Gewässer der Löcknitz auf… Zwei schwarz verhüllte Männer sprangen aus der Kutsche und rissen einen dritten mit sich heraus. Im unteren Geschoß des Turmes, das keine Thür und nur sieben Meter hoch in der glatten Rundwand ein kleines Fenster hat, ward es bald darauf hell. Ein Scharren und Knarren: dann riß ein Mann die lästige Hülle vom Haupte und sah sich – allein! König Waldemar war's... Wie lange er da zugebracht – er selber wußte es nicht; denn nicht Tag nicht Nacht ward es in seinem thürlosen Kerker.«

Auch wenn der König später freikam, Schauerliches erzählt die Sage für die spätere Zeit:

»Wenn in Sommernächten schwere Gewitterwolken den Burghügel von Lenzen umziehen, dann trappelt es plötzlich längs der Auffahrt und ein schwarzer Schatten saust dem Burgthore zu. Eine altmodische schwarze Kutsche hält dann

Der kupferbeschlagene Turm ist das Wahrzeichen Lenzens

vor der Gartenpforte, im unteren Turmgeschoß wird es plötzlich hell und ein tiefes Stöhnen erschallt darinnen. Eine Stunde ist vergangen: dann donnerts bergabwärts, das Wasser der Löcknitz teilt sich und ein Schatten senkt sich hinein. Noch ein gewaltiger Blitzschlag, und alles ist wie zuvor. Wehe aber dem, der die schwarze Kutsche auffahren sieht. Eine Stunde lang ist er steif an allen Gliedern, bis die Kutsche wieder zurückgefahren kommt. Und innerhalb eines Jahres geht es mit ihm unter's Wasser.«

Erstaunlich schaurige Geschichten – über eine wunderschöne Burg.

Nach dem Bau des Turmes wurde sie zusätzlich durch feste Mauern geschützt und der Zwischenraum durch Wohnungen und Ställe ausgefüllt. Diese Burggebäude waren zunächst nur aus Holz. Da sie, wie auch andere kleinere Burgen des frühen Mittelalters, sehr eng und unwohnlich waren, haben die mächtigen Burgherrn, denen Lenzen gehörte, wohl selbst nicht auf Lenzen gewohnt, sondern die Burg ihren Dienstmannen überlassen. Vermutlich zu Beginn des 14. Jahrhunderts erfolgte dann der Bau der Neustadt im Norden Lenzens. Der mittelalterliche Grundriß der Stadt und der Verlauf des Mauerrings sind noch heute gut zu erkennen, obwohl sich von den damaligen Befestigungsanlagen nur noch der Turm des Bergtores, der ›Stumpfe Turm‹, und der Schafrichterturm erhalten haben. Nach einem Chronisten des 14. Jahrhunderts waren Burg und Stadt durch eine Zugbrücke verbunden. Die Burg war nach dieser Quelle von starken Mauern umgeben, der Burghof wurde durch einen stark gewölbten Torturm mit Kellern und zwei Stockwerken betreten.

Rüstungsteile aus dem Mittelalter – im Hintergrund Bild der Burg

Im Jahre 1334 war die Familie von Alvensleben noch Besitzer von Lenzen, verlor den Ort aber zwei Jahre später an den Grafen Heinrich von Schwerin, der es wiederum an seine Vetter versetzte. In den folgenden Jahren wechselte Lenzen mehrfach seinen Besitzer. Auch hier zogen in den Folgejahren Raubritter ein, bis 1398 Herzog Albrecht von Mecklenburg Stadt und Burg belagerte und fast vollständig zerstörte. Beides wurde allerdings schnell wieder aufgebaut und beides wechselte in den kommenden Jahrhunderten sehr oft seine Besitzer.

Dazu gehörten neben den Gans Edlen zu Putbus auch die Quitzows und derer von Alvensleben. Die Burg war bis ins 18. Jahrhundert Sitz des Amtes Lenzen und ging dann wieder in wechselnden Privatbesitz über. Vorher, im Jahr 1703, wurden Stadt und Burg noch einmal von einem Brand heimgesucht, der innerhalb von sechs Stunden sämtliche Gebäude in Schutt und Asche gelegt haben soll. Aus dem anschließenden Neuaufbau resultierten wieder eine ganze Reihe von baulichen Veränderungen. Das Arbeitshaus, das zuvor als Zollhaus gedient hatte, wurde 1724 ausgeführt, während der noch verbliebene Rest des Burgtores 1725 abgetragen wurde. Für den Bau des früheren Amtshauses, direkt neben dem Turm gelegen, wurden hauptsächlich die Steine der alten Burgmauer verwendet, die dazu abgetragen werden mußte. Schließlich wurde 1734 der Graben zwischen der Stadt und der Burg zugeschüttet und die Zugbrücke durch einen gepflasterten Damm ersetzt. In diesem Jahr erhielt der Turm auch seine Haube.

Als das Amt Lenzen im Jahre 1767 auf die Eldenburg verlegt wurde, verlor Burg Lenzen gänzlich seine Bedeutung und wurde von König Friedrich dem Großen verkauft. Nach weiteren Besitzerwechseln – so beispielsweise an Feldmarschall von Wilamowitz-Möllendorff, August Jahn aus Berlin und Elsbeth von Saldern – gelangte die Burg in das Eigentum des Berliner Fabrikbesitzers Ludolph Isermann, der viel für den Erhalt der Burg tat. Mit den Mitteln einer von ihm angeregten Lotterie konnte der Burgturm saniert und ein kleines Museum eingerichtet werden. Als 1929 die Feierlichkeiten zur 1000-Jahr-Feier von Lenzen stattfanden, vermerkte die Chronik: »Seit 1922 waltet auf der alten Burg ein neuer rühriger Besitzer, der dem Hügel ungeahnte gärtnerische Schönheit bringt.« Zum Bedauern der Stadt hatte dieser Herr Isermann allerdings 1930 »den dringenden Wunsch, die Burg zu verkaufen, da er durch finanzielle Schwierigkeiten in seinen industriellen Betrieben sich dazu gezwungen fühlt.« Wie weiter aus den Unterlagen des Magistrats zu Lenzen hervorgeht, wurde, »während die Burg in seinem Besitz war, das Grundstück in einen Zustand versetzt, wie er schöner nicht gewünscht werden kann.«

Nachdem sich die Stadt einige Zeit mit dem Gedanken trug, die Burg zu kaufen, erwarb sie schließlich der Architekt Renner, und seine Ehefrau Margarete Renner wurde 1931 als Besitzerin eingetragen. In den damaligen Ausschreibungsunterlagen heißt es zur Burg: »Zu der Burg, die unter Denkmalsschutz steht, gehören 16 Morgen Land, ein großer Park mit Wiesen und alten Baumbeständen, außerdem große gärtnerische Anlagen. Die Wohngebäude sind modern und erstklassig eingerichtet, da der Besitzer mehrere hunderttausend Mark dafür ausgegeben hat. Das Schloß verfügt über 27 Zimmer mit Wirtschaftsräumen und einem Extragebäude, das Pförtnerhaus.«

Nun sollte auf Lenzen ein internationales Mädchenpensionat entstehen, dessen Lehrplan Aufgaben des Haus- und Küchenwesens vorsah, wobei Hausschlachtung, Geflügelzucht und Milchwirtschaft besondere Berücksichtigung finden sollten. Der Burgpark sollte zur körperlichen Ertüchtigung genutzt werden, ebenso wie die Löcknitz zum Schwimmen, Rudern und Angeln zur Verfügung stehen sollte. Diese Ideen blieben allerdings Utopie, die bereits in englischer Sprache gedruckten Werbebroschüren wurden nie verteilt.

Die Familie Renner blieb bis 1953 auf der Burg, verließ dann die Prignitz in Richtung West-Berlin und wurde daraufhin enteignet. Nach einer Nutzung als Landwirtschaftliche Produktionsgenossenschaft (LPG) und als Veteranenheim verfiel die Burg immer weiter – trotz einiger Pflegebemühungen durch die Stadt.

Im Jahr 1993 kam Frau Kreckel, geborene Renner, durch Restitution in den Besitz der Burg und schenkte sie mit den dazu gehörenden Ländereien dem Bund für Natur- und Umweltschutz, verbunden mit der Auflage, die Burg zukünftig ausschließlich für Zwecke des Naturschutzes zu verwenden, insbesondere zur Sicherung eines langfristigen Elbtalschutzes.

Im September 1999 begann man mit der Sanierung der denkmalgeschützten Anlagen. Das Haupthaus der Burg wird in Zukunft ein Informations- und Weiterbildungszentrum beherbergen, der Burgturm mit seiner lichtdurchfluteten Kuppel soll später Ausstellungen rund um die Elbe präsentieren. Im anmutigen klassizistischen Teepavillon im Burggarten sollen nach seiner Restaurierung Lesungen und Konzerte abgehalten sowie verschiedene Wanderausstellungen gezeigt werden. Insgesamt sollen in dieses ›Europäische Zentrum für Auenökologie, Umweltbildung und Besucherinformation‹, kurz Z.A.U.B., einmal 19 Teilprojekte eingebunden werden. Schon jetzt übernachten Gruppen und Einzelgäste auf der Burg, und der derzeitige einfache Standard in den Zimmern wird durch die geschichtsträchtige Umgebung und den herrlichen Ausblick auf den Park mehr als ausgeglichen.

Chronologie

Bis Anfang des 10. Jahrhunderts
Existenz einer slawischen Wallanlage.
929
Schlacht bei Lenzen und Eroberung durch Markgraf Bernhard.
Mitte des 11. Jahrhunderts
Errichtung eines Klosters durch den christianisierten Slawenfürsten Gottschalk.
1219
Albrecht II. belehnt die Grafen von Schwerin mit Lenzen.
1223
Gefangenschaft des Dänenkönigs Waldemar II. im Verlies von Burg Lenzen.
1319
Lenzen fällt an die Bischöfe von Havelberg.
Um 1382
Die Familie von Quitzow erwirbt Burg Lenzen.
1399
Eroberung durch Wilhelm von Meißen und den Herzog von Mecklenburg.
Ab 1484
Ständiger Sitz des landesherrlichen Amtmannes.
Mitte des 16. Jahrhunderts
Lenzen wird zur wichtigsten und einträglichsten Elbzollstätte.
1676
Burg fällt in das Eigentum des brandenburgischen Kurfürsten zurück.
1703
Großer Stadtbrand und Abriß der Burgmauer.
1725–1727
Neubau des Hauptgebäudes.
1768
Burg Lenzen verliert seinen öffentlichen Charakter und wird Privateigentum.
1792
Errichtung des Seitenflügels.

1819
Das Zollamt wird nach Wittenberge verlegt.
1931
Der Architekt Renner erwirbt Lenzen und will es zu einem Mädchenpensionat umbauen lassen.
Nach 1953
Burg Lenzen dient als Entbindungsheim, Krankenhaus, Sitz der sowjetischen Kommandantur, LPG, Pionier- und Veteranenheim.
1993
Nach Rückübertragung Schenkung an den BUND, Landesverband Niedersachsen.
1999
Beginn größerer Sanierungsarbeiten.

Trägerbund der Burg Lenzen (Elbe) e.V., Burgstraße 3, 19309 Lenzen, Tel. 03 87 92/ 92 40 bzw.-12 21.

›Burgklause‹, Tel. 03 87 92/ 73 52, und Restaurant ›Schützenhaus‹, Am Volksplatz 2, 19309 Lenzen, Tel. 03 87 92/92 00. Restaurant ›Stadt Hamburg‹, Friedrich-Ludwig-Jahn-Straße 1, 19309 Lenzen, Tel. 03 87 92/74 88.

Im Mai findet das alljährliche Filzfest statt, in dem die Filzmanufaktur am Rudower See im Mittelpunkt steht.

Meyenburg

Kinder lärmen freudig über den Spielplatz, hängen am schon etwas lädierten Klettergerüst und hüpfen auf halb eingegrabenen Traktorreifen. Daß dies der Zugang zu einem stattlichen Park und einem hochgerühmten Schloßensemble sein soll, kann man sich kaum vorstellen. Man sollte aber den Weg wagen, er lohnt sich.

Eine Burg steht stolz im Wappen der Stadt. Und das aus gutem Grund. Die Kleinstadt Meyenburg (2 600 Einwohner) liegt im Norden der Prignitz, fast genau an der Grenze zwischen Brandenburg und Mecklenburg. Es ist eine geographische Lage, die dem Städtchen eine wechselhafte 800jährige Historie bescherte, der sie auch ein erhaltenes stolzes Schloß verdankt.

Die Anfänge Meyenburgs liegen im Dunkeln, mangelt es doch an entsprechenden Urkunden oder anderen Erwähnungen. Da aber noch heute etwa einhundert Meter nördlich des Schlosses ein relativ intakter Burgwall zu erkennen ist, wird angenommen, daß Meyenburg bereits zu Zeiten der Wenden ein militärisch genutzter Platz war. Wie in der Ortschronik vermutet, könnte hier, in der Stepenitzniederung, »eine slawische Wehranlage gewesen sein, die dann mit der deutschen Inbesitznahme der Prignitz im Zuge des Wendenfeldzuges 1147 ihren

Besitzer wechselte.« In dieser Zeit muß dann auch der Name Meyenburg entstanden sein, denn die Fachleute gehen davon aus, daß Meyenburg nichts anders als ›die Burg des Meinhart‹ bedeutet.

Ausgehend von der Annahme, daß hier bereits die Wenden einen Stützpunkt unterhielten, der dann den Bischöfen von Havelberg zufiel, die dann wiederum neben vielen deutschen Siedlern auch einen, eben jenen Meinhart, die Burg verwalten oder anderweitig in Besitz nehmen ließen, wäre diese Namensgebung plausibel. Auch wenn der Name Meyenburg noch immer nicht auftaucht, wissen wir, daß die Edlen Gans zu Putlitz im 12. und 13. Jahrhundert diese Gegend beherrschten. Allerdings erscheint die Deutung, daß der Vogel, der über dem Burgtor im Wappen der Stadt flattert, auf das Gänsemotiv derer zu Putlitz hinweist, etwas weit hergeholt; ein Verweilen der Edlen Gans zu Putlitz auf der Meyenburg wäre aber durchaus denkbar. Im Zuge der märkisch-dänischen Auseinandersetzungen um 1214 haben dann die Putlizer, wohl auf der falschen Seite stehend, die Burg an die Brandenburgischen Markgrafen verloren. Trotzdem wird auf deren späteres Wirken heute sowohl die Anlage der Stadt wie auch ein weiterer Ausbau, wenn nicht sogar ein Neubau der Burg zurückgeführt.

Mit dem Tode Waldemars (1319), der das Erlöschen des askanischen Herrschergeschlechts bedeutete, und des damit verbundenen Machtvakuums zumindest in den Grenzgebieten der Mark fiel Meyenburg an die Fürsten von Mecklenburg. Als sich sechs Jahre später die Machtstrukturen in dem damals als Nordmark bezeichneten Gebiet wieder gefestigt hatten, ging auch die Meyenburg wieder in den Besitz der Märker über. Diese gaben die Burg an die Familie von Rohr weiter. Ob sie sie verpfändeten, verkauften oder belehnten, ist nicht bekannt, ebensowenig in welchem Jahr dies geschah und welche Motive derer von Rohr antrieben, sich hier im äußersten Norden der Mark niederzulassen. Auch Hans Olaf von Rohr gibt in seiner 1963 erschienenen Schrift ›Qui transtulit. Eine Stammreihe der von Rohr‹ keine schlüssige Erklärung.

Bekannt ist lediglich, daß die Familie von Rohr zu dieser Zeit aus Bayern in die Mark kam und erst hier in späteren Jahrhunderten zu dem bekannten Adelsgeschlecht aufstieg, das wir heute noch kennen. Erst für das Jahr 1364 ist die Familie von Rohr auf der Meyenburg zweifelsohne nachgewiesen: ›hus und stad‹, wie es in einer Urkunde heißt, befanden sich nun in ihrem Besitz – und blieben es bis 1918. Eine nicht nur für die Prignitz, sondern auch für alle anderen Landesteile der Mark überaus ungewöhnliche Kontinuität von über 550 Jahren. So ist natürlich die Geschichte der Familie von Rohr auch untrennbar mit der Geschichte von Burg Meyenburg, später Schloß Meyenburg, verbunden.

Lange hat es die eigentliche Burg, von der heute noch Reste der Mauer und Teile von einem der Türme zu sehen sind, nicht gegeben, denn ein erster großer Umbau zu einem Wohnschloß ist bereits für die Jahre um 1500 verbürgt. Eine spä-

Das restaurierte Gebäude wartet auf neue Nutzer

tere Umgestaltung wurde erforderlich, als sich die Familie von Rohr in zwei Linien teilte und damit auch ein zweiter Rittersitz nötig wurde. Daß an einem Standort zwei Teile einer Familie oder gar zwei völlig verschiedene Familien saßen, ist in der Prignitz nicht so selten. Im einige Kilometer entfernten Neuhausen haben sich die Familien von Rohr und von Winterfeld ebenfalls eine Anlage geteilt.

Zu der heutigen Form wurde Meyenburg dann in den Jahren von 1865 bis 1866 umgebaut; andere Quellen sprechen von einer weitaus längeren Umbauphase, die von 1860 bis 1870 gedauert haben soll. Möglich wurden diese Umbauten durch einen innerfamiliären Transfer, die eine Linie verkaufte an die andere. Jetzt konnte Otto von Rohr (1810–1892) an den Berliner Architekten Friedrich Adler einen entsprechenden Auftrag geben. Dieser ließ nicht nur die gesamte Anlage im Neorenaissancestil überbauen, ihm gelang noch weit mehr: Der nördliche Hauptflügel, der bis dahin aus zwei Teilen bestand, wurde jetzt zu einem einheitlichen Ensemble zusammengeführt. Noch heute erinnert eine Inschrift unterhalb des Rohr'schen Wappens an diese Zeit: »Nach Vereinigung der Güter wurden die Häuser vereinigt«. Schließlich wurde dann noch ein, wenn auch sehr bescheidener, Ostflügel angebaut.

Auf das Jahr 1860 wird auch die Anlage des heute kaum mehr erkennbaren Landschaftsparks datiert. Ein Hofgärtner Fink, dessen Vorname nicht mitüberliefert wurde, soll diese Arbeit ausgeführt haben. Auch wie der Park aussah, ist weitgehend nicht mehr nachvollziehbar, da dieser am Anfang des 20. Jahrhunderts noch einmal stark verändert wurde. Von der einst so beliebten und gelobten Teichanlage sind ebenfalls nur noch Rudimente zu sehen. Und trotz der Restaurierung von 1998 hat sich mitten im Park auch die Bausünde einer Freilichtbühne aus Beton erhalten.

So wie die Historie von Meyenburg mit der Familie von Rohr verbunden ist, so endet sie auch mir ihr: der letzte Erbe derer von Rohr fiel im Ersten Weltkrieg. Obwohl das Gut dann an eine Magdalene Reichsgräfin von Harrach kam, wurde es kaum bewohnt und schließlich einer, wie die Ortschronik formuliert, »anderen Nutzung« zugeführt. Erst beherbergte Meyenburg eine Sportschule, danach den Reichsarbeitsdienst, darauf Kriegsvertriebene, schließlich einen Kindergarten, eine Schule, ein Internat mit Lehrerwohnungen und Schulküche.

Seit 1992 wird Meyenburg restauriert. Bisher wurden von der Stadt etwa 3,6 Millionen Mark investiert, so daß sich ein großer Teil der Anlage einschließlich der Außenfassade schon wieder in einem sehr ansprechenden Erscheinungsbild präsentieren kann. Seit 1998 wird am Innenausbau gewerkelt. Welche Nutzung später auf Meyenburg zukommt, ist allerdings noch völlig unklar. Im Ortsprospekt der Stadt Meyenburg heißt es hoffnungsvoll zur Zukunft der Anlage: »Die künftige Nutzung ist offen. Ob als Museum, Bibliothek, Galerie oder Tagungshotel, das Schloß bietet vielfältige Möglichkeiten. Jeder Investor ist eingeladen, das Schloß wieder zu dem zu machen, was es dereinst war: Ein kultureller und architektonischer Anziehungspunkt.«

Von der ursprünglichen Burg sind nur Reste erhalten

Chronologie

Vor 1250
Bau einer markgräflichen (Wasser-) Burg.
1285
Erstmalige urkundliche Erwähnung der Burg.
1319
Meyenburg gelangt in den Besitz des Herzogs Heinrich von Mecklenburg.
1325
Für den Burgbezirk ist der Besitz von 25 Dörfern verbürgt.
1329
Burgbesitz geht zurück an den Markgrafen von Brandenburg.
1332
Erstmalige Erwähnung der Stadt.
Mitte des 14. Jahrhunderts, aber vor 1364
Der neue Eigentümer von Meyenburg ist die Familie von Rohr; sie bleibt es in ununterbrochener Folge für über 550 Jahre.
Um 1500
Umbau der Burg zu einem Schloß.
1795
Ein großer Stadtbrand vernichtet auch Teile des Schlosses.
1860
Anlage eines Landschaftsgartens mit Teichen durch den Berliner Landschaftsarchitekten und Hofgärtner Fink.
1860–1870 (anderen Quellen zufolge **1865/66**)
Letzter großer Umbau der Meyenburg durch den Architekten Friedrich Adler.
1996–1998
Restaurierung des Hauptflügels einschließlich des alten Burgturms.

Amt Meyenburg, Freyensteiner Str. 42, 16942 Meyenburg, Tel. 03 39 68/82 50, hier Führungen über Frau Brandt mit Herrn Gerhard Tiede telefonisch vereinbaren.
Freundeskreis Schloß Meyenburg e.V., im Amt Meyenburg.

Gasthaus ›Zur Glocke‹, Marktstr. 23, 16945 Meyenburg, Tel. 03 39 68/8 03 46.
Restaurant ›Zur alten Apotheke‹, Marktstr. 8, 16945 Meyenburg, Tel. 03 39 68/8 06 90.
Hotel Germania, Bahnhofstr. 7, 16945 Meyenburg, Tel. 03 39 68/8 03 98.

Neuhausen

Jede noch so kleine Deutschlandkarte benennt uns mindestens zwei Dutzend Orte mit dem Namen Neuhausen – im Handbuch der historischen Stätten Deutschlands (Teil Berlin-Brandenburg), dem Standardwerk zum Finden und Erklären alter Bauwerke, ist aber nicht einer zu finden. Dennoch gibt es einen erwähnenswerten Ort dieses Namens in Brandenburg. Unser Neuhausen liegt in der Prignitz, zwischen der B 5 bei Karstädt und der A 24 hinter Putlitz. Der frühere Neuhausener Lehrer Albert Müller weiß Genaueres zu berichten: »Am Nordwestrand der Prignitz«, heißt es in seiner Arbeit ›Neuhausen und seine Burgen‹, »hart an der mecklenburgischen Grenze, etwa sechs Kilometer nordöstlich von Dallmin, liegt Gut und Dorf Neuhausen. Die Reste einer mittelalterlichen Doppelburg im Osten des Dorfes beweisen, daß Neuhausen einst ein wichtiger Grenzpunkt der Prignitz gewesen ist.«

Recht hat der Mann, auch wenn sich die Grenze zu Mecklenburg etwas verschoben hat. In Neuhausen gibt es eine Doppelburg – und sogar eine sehr gut erhaltene, die zudem auch noch eine sehr lange und interessante Geschichte aufweist. Bereits vor 1100 muß es hier eine für die Zeit mächtige, allerdings keine deutsche Burg, gegeben haben, die es wert war, erobert und zerstört, dann aber auch gleich wieder aufgebaut zu werden: Als die wendische Burg 1147 von Mecklenburger – sprich Wismarer – Truppen im Zuge der Wendenfeldzüge Albrecht des Bären genommen wurde, setzten sich hier sofort Burgleute fest. In einer Urkunde wird vom ›castellanis residentibus in novo castro‹ gesprochen.

Knapp 150 Jahre später fällt die Burg Neuhausen erneut – diesmal einem Friedensschluß zum Opfer. Als sich am 23. November 1317 Herzog Heinrich von Mecklenburg und der Brandenburgische Markgraf Waldemar dazu durchringen konnten, wurde beschlossen und festgeschrieben, daß Burg Neuhausen geschleift und nie wieder aufgebaut werden soll. Der Vertrag wurde allerdings nur teilweise eingehalten. Bereits ein Jahr später ist von einem ›novum castrum prope Perleberg‹ zu lesen, einem neuen befestigten Haus bei Perleberg. Die Gegend um Perleberg ist zwar groß und die Anzahl der Neugründungen von Befestigungsanlagen dieser Jahre auch, die Fachleute gehen aber trotzdem davon aus, daß es sich hier um Neuhausen handeln muß. Schließlich sind für 1343 die Brüder Henricus et Arnoldus, für das Jahr 1345 Nicolaus von Lohbeck und 1346 ein Gherardus auf ›nova domo‹ als Burgmannen verbürgt. Kein bekannter Name, den gibt es dann im Jahr 1344, als dem ›lieben getreuen Kune von Winterfeld für treu geleistete Dienste‹ vom Markgrafen Ludwig I. das wenige Kilometer entfernte Dallmin (Dalmyn) verliehen wurde; die von Winterfeld begründen hier ihre über mehr als 600jährige Brandenburgische Familiengeschichte (unter König Heinrich sollen sie ja bereits um 930 aus Thüringen und Sachsen nach Pommern gekommen sein).

Im Jahr 1396 kam noch eine bekannte Familie in diese Gegend und schließlich in den Besitz der Burg: Klaus von Rohr, der hier eine Linie dieser Familie begründete, bis 1431 die vereinigten Truppen der Mecklenburger, Sachsen und Lüneburger einen Raubzug durch das Land Perleberg unternahmen und die Burg Neuhausen schließlich zerstörten. Sieben Jahre später wurde die zerstörte Burg dann an die Familie Rohr wieder zurückgegeben. Auch wenn es keinen dauerhaften Frieden in der Region gab – die landesherrliche Verkündung, es »solle niemanden den anderen befehden, berauben, fangen, belagern, noch irgendein Schloß, Dorf oder Weiler einnehmen oder mit Brand schädigen«, scheint einige Wirkung getan zu haben. Burg Neuhausen wurde wieder aufgebaut; größer und schöner denn je. Welche früheren, heute nur noch sehr schwer zu erkennenden Ausmaße die Anlage einmal gehabt haben muß, war noch Mitte des 19. Jahrhunderts nachvollziehbar. Henning von Winterfeld legte zu dieser Zeit die alten Umfassungsmauern und Fundamente frei; und der bereits erwähnte Lehrer Albert Müller protokollierte:

»Auf einer von breiten Teichen und tiefen Wiesen umgebenen Insel erheben sich die Rohr- und Winterfelds-Burg. Vermutlich rührt diese Bezeichnung aus einer Zeit her, wo beide Geschlechter gleichzeitig Neuhausen in Besitz hatten. In die Winterfeldsburg führte auf der Westseite, 2 Fuß unter dem Wasserspiegel, ein alter Damm, nur passierbar von denen, welche ihn genau kannten. Beim Reinigen eines Teiches fand man einen Steigbügel, eine Kandare und eine alte Degenklinge. Vielleicht hat einst ein des Weges Unkundiger hier seinen Tod gefunden. Diesen Damm schloß eine Zugbrücke, die in das noch vorhandene, gewölbte Torhaus führte. Einst war es in sich geschlossen, verteidigungsfähig, mit tiefen Kellern versehen, in denen das Verließ mit seinen eingemauerten Eisen noch erkennbar ist. Das alte Herrenhaus, auf alten Fundamenten stehend und mit Kellern aus dem 13. Jahrhundert, das 1740 völlig umgebaut und vormals nach der Dorfseite nur schmale Schießscharten aufwies, schließt sich an das Torhaus an. Ein noch vorhandener hoher runder Turm beherrscht noch heute die ganze Gegend. Nur durch einen breiten Graben von dieser Burg geschieden, erhob sich auf einer Anhöhe die rundliche und kleinere Rohrburg – das alte, feste Haus inmitten war ein Viereck; rundherum standen die Wirtschaftsgebäude, Wohnhäuser der Dienstleute, Brauhaus, Backhaus, Ställe usw., welche einen Hof umgaben, in dessen Mitte sich der Brunnen befand. Das ganze war mit einer Mauer, welche durch Strebepfeiler gestützt wurde, umzogen. – Die Gebäude waren nach unseren Begriffen sehr unwohnlich, finster und eng; die Fenster klein und unregelmäßig, meistens in bedeutender Höhe angebracht, und lagen fast alle an der Hofseite. Die Türen waren ebenfalls klein und so versteckt, daß der Fremde sie erst suchen mußte; dazu lagen sie sehr tief. Nördlich von den beiden wasserumgebenden Burgen steht das später entstandene Dorf auf Wiesengrund, der früher zur Weide diente und daher feldwärts an der Ostseite noch durch einen Wall am Bach entlang geschützt wurde.«

Einen ebenfalls recht spannenden Einblick in die Geschichte Neuhausens und seiner Umgebung gibt uns ein altes Wandgemälde in der Schloßkapelle, dem ehemaligen Jagdzimmer von Neuhausen. Hier ist eine Schar Ritter beim Würfelspiel und Trinkgelage zu sehen. Plötzlich erscheint der Teufel und erwischt einen falschspielenden Edelmann bei seiner ehr- und ruchlosen Tat, während die anderen Anwesenden erschrocken von ihren Bänken springen und die Flucht ergreifen. Der Spielteufel ist an dieser Stelle nicht zufällig abgebildet, denn obwohl über mehrere Jahrhunderte sehr vermögend und angesehen, mußte 1620 ein Hans von Rohr wegen seiner Spielschulden nicht nur einen Teil von Neuhausen veräußern, sondern auch das unweit gelegene Freyenstein aufgeben.

Er verkaufte an den Nachbarn. Georg von Winterfeld, der Kurbrandenburgische Geheime Rat, Landvogt der Neumark, Herrenmeister des Johanniterordens, Herr auf Dalmin, Varnow, Kleinlinde, Neuendorf und Kehrberg, erwarb am 23. Februar 1620 nicht nur Freyenstein, sondern auch das sogenannte ›halbe Neuhausensche Gut‹. Natürlich ging ein solcher Verkauf nicht ohne dramatische Spitzen über die Bühne: Es wird noch heute erzählt, daß ein Joachim von Rohr eben jenen Georg von Winterfeld solange zum Duell forderte, bis es schließlich zu dem – damals bereits lange verbotenen – finalen Hauen und Stechen kam; »durch einen Stich dermaßen verletzet, sank der von Rohr darnieden, daß er zur Stelle und Stunde Todes verblichen«, heißt es in der Familienchronik. In der Natur der Sache lag es, daß mit einem solchen Kampf das Ende der familiären Auseinandersetzungen noch lange nicht in Sicht war: »Der Enkel des Rohr, Franz Jacob, soll dem Georg von Winterfeld, um den Tod des Großvaters zu rächen, aufgelauert haben, um ihn zu erschießen; die Pistole habe jedoch versagt, und der Täter sei vor vollführter Tat ergriffen und dem Gerichte übergeben«, weiß Lehrer Müller zu berichten. Was aus dem jungen Heißsporn dann später geworden ist und warum der von Winterfeld für das Duell nicht zur Verantwortung gezogen wurde, ist unklar.

Bekannt ist hingegen, wie die von Winterfelds dann doch noch in den Besitz der anderen Hälfte von Neuhausen gelangten. Fast 300 Jahre später, im Jahre 1902, starb die Rohrsche Linie aus (der letzte verstarb der Lehrer-Quelle nach schwachsinning und kinderlos). Die von Winterfelds kauften sofort und gaben 1903 umfangreiche Restaurierungsmaßnahmen in Auftrag, die zwar einerseits die schönen Wand- und Deckenmalereien in der kreuzgratgewölbten Kapelle aus dem 16. Jahrhundert hervorbrachten, andererseits aber auch den Seitenflügel um ein Geschoß erhöhten und so den Charakter des Baus doch stark veränderten. Anderen Quellen zufolge – wie etwa dem Dehio, Handbuch der deutschen Kunstdenkmäler – wurde die gesamte Anlage auch noch einmal im Jahr 1959 restauriert. Drei Jahre zuvor waren allerdings die gesamten Restbestände an Porzellangegenständen und Gemälden aus dem Schloß ins Heimatmuseum nach Perleberg transportiert worden.

Substanzrettende Maßnahmen wurden erst 1994 eingeleitet: Mit der Sanierung der Dachkonstruktion begann das neue Leben auf Neuhausen. Heute ist man hier, in einer der schönsten Ecken der Prignitz, schon einen gehörigen Schritt weiter, von fertig kann aber noch nicht die Rede sein. Das ehemalige Stallgebäude der Hofanlage am Schloß Neuhausen wurde zu einem kleinen Hotel mit Restaurant und Café ausgebaut. Die Reste der alten Burganlage und die Schloßruine mit dem Kellergewölbe aus dem 13. Jahrhundert und der Kapelle aus dem 16. Jahrhundert bilden dazu eine angenehme, spannende und kulturgeschichtliche Kulisse. Das kleine Café mit bis zu 40 Plätzen ist von zwei Seiten durch den Schloßteich umfaßt. Durch den Ausbau des Kellergewölbes wurde ein weiterer, schöner Raum

Noch ist die Sanierung nicht abgeschlossen

geschaffen. Für die Übernachtungen stehen derzeit 13 Doppelzimmer zur Verfügung – eine ungewöhnliche und zugleich sehr ruhige Hotelanlage, da höchstens ein Hundegebell die nächtliche Ruhe stört.

Der Vollständigkeit halber sei noch nachgetragen, daß in unmittelbarer Umgebung von Neuhausen noch zwei weitere Burgen existiert haben. Einen Kilometer von Neuhausen entfernt befand sich am Mühlenteich die sogenannte ›Karwer- oder auch Lobeckeburg‹. Erbaut zum Schutz der alten Handelsstraße aus Mecklenburg ins Brandenburgische (in diesem Fall der Abschnitt zwischen Dambeck nach Klüß), beherrschte sie die Straße und den Weg über das Flüßchen Karwe. Ein Wall, etwa in der Form eines länglichen Rechtecks, umgibt das Ganze, umspült von dem sehr tiefen Teich der Karwer Mühle. Die Befestigung der Burg durch

Wälle und Gräben und der leicht zugängliche Zugang beweisen, daß diese Wasserburg recht bedeutend und auch relativ groß und gut befestigt gewesen sein muß. Mitten durch den Mühlenteich führte von der Burg ein breiter Steindamm, heute etwa drei Meter unter dem Wasserspiegel gelegen und bei hellem Wetter noch sichtbar, eingefaßt von mächtigen Eichen, deren abgesägte Stämme noch erhalten sind. Dem Eingang gegenüber stand ein fester Turm, dessen Fundamentereste noch im Müllergarten zu sehen sind. Sein Zweck war, die alte Burgmühle zu schützen und den Weg, der zwischen ihm und dem Burgwall läuft, zu versperren.

Eine zweite Burg, von der heute aber nichts mehr zu finden ist, soll sich direkt im Dörfchen Klüß befunden haben. Nochmals Lehrer Müller dazu: »Hier sollen sich Reisige verborgen haben, nach dem sie den Übergang über die Karwe mit Ketten gesperrt hatten, um die reisenden Kaufleute zu überfallen und zu berauben. Diese äußerst starke Burg wurde 1444 durch die bewaffnete Bürgerschaft Perlebergs zerstört. Diese Lobeke-Burg (so genannt nach einem Vetter des Heine von Winterfeld, der Lobeke hieß – d. Vf.) wurde nach ihrer Zerstörung durch die Perleberger nicht wieder aufgebaut. Die Zeit, da man der schützenden Burgen bedurfte, ging allmählich zu Ende.«

Chronologie

1147
Erste Zerstörung der wendischen Burg Neuhausen.

1265
Hartwig auf Neuhausen.

1309
Gherhardus de nova domo.

1334
Neuhausen gehört zum Lande Perleberg.

1345
Markgraf Ludwig I. verleiht Burg Neuhausen an den Ritter Nicolaus von Lobeck.

1396
Die Familie von Rohr ist als Besitzer von Neuhausen verbürgt.

1438
Friedensvertrag zwischen Behrend und Helmond von Rohr und den Herzögen von Mecklenburg, die die Zerstörung der Burg festschreibt – aber unterbleibt.

1618
Georg von Winterfeld erwirbt einen Teil von Neuhausen.

1712
Nach dem Aussterben der Familie von Rohr (1711) kaufen die von Winterfeld auch den zweiten Teil von Neuhausen.

1738
Umbau der Burg zu einer barocken Zweiflügelanlage durch Johann Gebhard von Winterfeld.

1899
Nach mehrmaligen Verkäufen gelangt Neuhausen wieder in den Besitz der Familie von Winterfeld.

1903
Umbau des Herrenhauses.
1956
Überführung der Restbestände aus dem Neuhausener Schloß ins Heimatmuseum Perleberg.
1959
Restaurierung der Schloßkapelle.
1994
Sanierung der Dachkonstruktion der Schloßruine.
1997
Beginn des Umbaus zu einem Hotel, Café und Restaurant.

Kulturamt des Landkreises Prignitz, Mönchort 7, 19348 Perleberg, Tel. 038 76/71 31 21.

›Am Schloss‹, Neuhofer Straße 16, 19348 Neuhausen, Tel. 03 87 85/6 04 18, Caféöffnungszeiten Mi bis So 12 bis 22 Uhr.

Perleberg

Folgt man in Perleberg der Uferstraße, so kommt man auf eine schmale eiserne Brücke, die in einem malerischen Winkel über die Stepnitz führt. Hier soll sich im Dreißigjährigen Krieg, wahrscheinlich bei der großen Plünderung durch die Kaiserlichen Truppen im Jahre 1638, eine Geschichte zugetragen haben, die uns in den ›Prignitzer Sagen und Geschichten‹ von Reinhard Heuer überliefert ist.

»Die Stadt stand in Flammen, überall raubten und plünderten die zügellosen Soldaten, mordeten wehrlose Bürger und schändeten Frauen und Mädchen. Da suchten sich zehn Jungfrauen der Schande durch die Flucht zu entziehen. Ihnen nach rannte eine ganze Horde Soldaten. Die verängstigten Verfolgten hofften über die Stepnitz zu entkommen. Aber die Brücke fehlte und der Fluß, der damals viel tiefer war als heute, war durch Regengüsse angeschwollen. So bot sich also kein Ausweg. Näher stürmten die Verfolger – da beschlossen die Mädchen in ihrer Verzweiflung, den Tod der Schande vorzuziehen und sprangen in die Fluten. Die später an dieser Stelle gebaute Brücke führt darum den Namen Jungfernbrücke.«

Die mittelalterliche Stadt lag damals auf einer Flußinsel, die von dem Hauptlauf der Stepnitz im Westen und ihrem Nebenarm im Osten gebildet wurde. Die Stadt, deren Anfänge bis in das ausgehende 12. Jahrhundert zurückreichen, wuchs im Schutz einer Burg der Edlen Gans zu Putlitz, die vermutlich an der Stelle des späteren Walles an der Ostseite der Stadt errichtet wurde. Perleberg ist spätestens im 14. Jahrhundert mit einer Mauer umgeben worden, die mit zahlreichen Türmen, sogenannten Weichhäusern, besetzt war. Die ehemals stadtherrliche Burg, die 1315 von der Stadt erworben worden war, wurde zwar in den Mauerring einbezogen, blieb aber durch einen Graben von der Bürgersiedlung getrennt. Von den drei Toren war besonders das Parchimer Tor im Norden stark befestigt.

Die Burg begann Anfang des 14. Jahrhunderts eine bedeutende Stellung in den Auseinandersetzungen um die Prignitz einzunehmen und wurde bald als wichtigster Ort der Landschaft betrachtet, nachdem sie schon 1325 an der Spitze des Bundes gestanden hatte, den die Städte mit der Ritterschaft geschlossen hatten. 1420 wurde hier ein Frieden zwischen Kurfürst Friedrich I. und seinen Gegnern, den Herzögen von Mecklenburg, Pommern und Sachsen-Lauenburg, geschlossen. Weitere Fürstentreffen fanden 1421, 1423 und 1425 am gleichen Ort statt, ohne allerdings die ständigen Fehden zwischen Brandenburg und Mecklenburg beenden zu können.

Im 15. Jahrhundert ging die Bedeutung der Stadt, die noch im 14. Jahrhundert eine der reichsten der Mark gewesen war, zurück. Der Handel wurde besonders durch den von Kurfürst Friedrich II. erzwungenen Austritt aus der Hanse schwer geschädigt.

Im Jahr 1546 wurde Perleberg Sitz des Landesgerichts der Prignitz. Zum Landrichter wurde der Bürgermeister Hans Konow ernannt. Damals ersetzte man das alte hölzerne Rolandsbild durch eine Figur aus Sandstein. Das 5,40 Meter hohe Standbild stellt einen Ritter in Panzerplatten mit erhobenem Schwert dar. Der Schild zeigt den Brandenburger Adler. Mitte des 18. Jahrhunderts begann man mit dem Einebnen der Wälle und dem Durchbrechen des Mauerrings. Von der Burg selber steht nur noch das sogenannte Wallgebäude, das zur Zeit aufwendig restauriert wird.

Das ›Wallgebäude‹ stammt von 1606 (Aufnahme um 1920)

Chronologie

12. Jahrhundert
Die Stadt wächst im Schutze einer bereits lange vorhandenen Burg, die zu diesem Zeitpunkt den Gans Edlen zu Putbus gehört.

1275
Graf Helmold von Schwerin tritt seine landesherrlichen Rechte an Markgraf Otto V. und Albrecht III. ab.

1315
Die Burg wird von der Stadt Perleberg erworben.

1344
Markgraf Ludwig der Römer gewinnt die Hoheit über Stadt und Burg.

1420
Frieden zwischen Kurfürst Friedrich I. und den Herzögen von Mecklenburg, Pommern und Sachen-Lauenburg.

1421, 1423, 1425
Weitere Fürstentreffen auf Burg Perleberg.

Ende des 14. Jahrhunderts
Perleberg zählt zu den reichsten Städten Deutschlands.

1626
Besetzung durch Ernst von Mansfeld.

1627–1631
Die Burg dient als Hauptquartier der Truppen Wallensteins.

1638
Plünderung durch kaiserliche Truppen.

1648
Perleberg hat nach Ende des Dreißigjährigen Krieges nur noch 300 Einwohner.

Mitte des 18. Jahrhunderts
Beginn der Wall-Abbrucharbeiten.

Seit Mitte der 90er Jahre des 20. Jahrhunderts
Beginn der Sanierungsarbeiten am letzten Überbleibsel der Burg, dem Wallgebäude.

Stadtinformation Perleberg, Mönchort 7, 19348 Perleberg, Tel. 0 38 76/61 22 59.
Stadtmuseum Perleberg, Mönchort 7 bis 11, 19348 Perleberg, Tel. 0 38 76/61 29 64, Mo bis Fr 9 bis 17 Uhr, Sa 9 bis 12 Uhr.

Bestes Haus am Platz und trotzdem rustikal: ›Historisches Hotel und Restaurant Deutscher Kaiser‹, Bäckerstraße 18, 19348 Perleberg, Tel. 0 38 76/ 7 91 40.
Hotel ›Stadt Magdeburg‹, Wittenberger Str. 67, 19348 Perleberg, Tel. 0 38 76/7 80 90.
Gästehaus Perleberg, Pritzwalker Str. 4, 19348 Perleberg, Tel. 0 38 76/7 99 40.

Im August ›Perleberger Lotte-Lehmann-Kurs‹, im September ›Perleberger Welt-Musik-Festival‹ und Abschluß-konzert des ›Prignitz-Sommers‹.

Die Plattenburg

Das Amt Plattenburg ist ein fast vergessenes Fleckchen Erde. Niedliche Dörfer, in denen sich kleine Backsteinhäuschen wie Perlen aneinanderreihen, Felder und Wälder ziehen sich bis zum Horizont. Hier, wo die Havel in die Elbe fließt, befindet sich die größte und besterhaltene Wasserburg in Norddeutschland. Neben frischgebackenem Brot aus den Buschbacköfen und den hervorragenden Fischteichen trifft man hier, in der Westprignitz, besonders gastfreundliche Einheimische. Und es gibt ein kleines Naturparadies zu entdecken, an dem sich die Autobahn von Berlin nach Hamburg großräumig vorbeischlängelt. Die Abfahrt Neuruppin sollte man aber nicht verpassen, denn in Richtung Perleberg gibt es die schönsten Baumalleen der Gegend.

Matthias von Saldern, Öl auf Holz (16. Jahrhundert)

Von den blutigen Schlachten um 1150, in denen die Prignitz von Albrecht dem Bären (1135–1170) von den Slawen zurückerobert wurde, ist in dieser friedvollen Idylle nichts mehr zu sehen. Nur manchmal lugt eine kleine Burgspitze hervor: Die Plattenburg. Seit 1319 befand sie sich im Besitz der Havelberger Bischöfe, bis 1552 Burg und Herrschaft für 20000 Gulden an den Kämmerer Matthias von Salden verpfändet wurden. 1560 erhielt von Saldern den Besitz auch als erbliches Lehen. Seit dieser Zeit bestimmte das Adelsgeschlecht derer von Saldern die Geschicke der an dem kleinen Flüßchen Karthane gelegenen Plattenburg. Nach einer überaus wechselvollen Geschichte wurde die Familie 1945 enteignet.

Matthias von Saldern (1508–1575), der als erster seines Geschlechts die Herrschaft Plattenburg besaß, trat schon in jungen Jahren in den Dienst des brandenburgischen Kurfürsten Joachim I. (1484–1535). Unter dessem Nachfolger, Joachim II. (1505–1571), stieg er in höchste Hof- und Regierungsämter auf. Am kurfürstlichen Hof lernt er auch seine Gemahlin, Gertrud von Hake (1510–1595), kennen, die Erzieherin der kurfürstlichen Töchter, der Schwestern Joachims II., Elisabeth Magdalene, Hedwig und Sophia. Matthias von Saldern bekleidete am

Hof zunächst niedere Hofämter mit Aufgaben eines Zeremonienmeisters. Schließlich erreichte er mit seiner Bestallung zum Oberkämmerer und Geheimen Rat den Höhepunkt seiner beruflichen Karriere. Neben dem Kanzler Lampert Diestelmeyer (1522–1588) und den beiden Hofräten Levin von der Schulenberg und Eustachius von Schlieben gehörte Matthias von Saldern in den 50er und 60er Jahren des 16. Jahrhunderts zu den einflußreichsten und wichtigsten Hofbeamten und Geldgebern Joachims II.

Die von den Wällen und doppelten Gräben umschlossene, in verschiedenen Bauzeiten entstandene mehrteilige Burganlage besteht im wesentlichen aus zwei Gebäudegruppen: Einem um den leicht erhöhten inneren Burghof gelegenen

Die Plattenburg und die Kapelle

Wohnkomplex und einen um den größeren Burghof gelegenen Wirtschaftskomplex. Der Wohnkomplex besteht aus dem Bischofsflügel mit vorgelegter Terrasse und dem rechtwinklig anschließenden Wohnflügel mit Turm.

Der Wirtschaftskomplex besteht aus dem Knappenhaus, dem Stallgebäude, dem Brau- und Backhaus und wird durch die Kapelle abgegrenzt, die im 19. Jahrhundert völlig neu gestaltet wurde. Die Burgmauer schließt den weiteren Burghof nach Norden hin ab. Bemerkenswert ist die zur Burganlage gehörige Wassermühle von 1843 im Westen der Burg.

Seit 1991 wird die Plattenburg von einem Förderverein wirtschaftlich getragen, der bereits umfangreiche Sanierungsarbeiten durchführen ließ. Die Restaurierung ist zwar noch nicht abgeschlossen, aber Feste können bereits gefeiert, Konzerte veranstaltet werden. Darüber hinaus gibt es ein Hotel, das die Gäste zum Übernachten in den ›Efeustuben‹, dem ›Morgenzimmer‹ oder den ›Bischofsstuben‹ einlädt. Hier sind telefonische Voranmeldungen unbedingt notwendig, da sich die Plattenburg zum beliebtesten Ort für Hochzeiten in der Gegend entwickelt hat. Nach der standesamtlichen Trauung im Rittersaal und der kirchlichen in der Burgkapelle werden dann im historischen Ambiente von Rittersaal, Salon und Ahnensaal zumeist die Hochzeitsfeste gefeiert. Die Familiengäste bleiben dann in der Regel über Nacht in den Gästezimmern, so daß für Spontanbesucher kaum ein Platz frei bleibt. Sie ließen sich wohl auch dann nicht vom Besuch abhalten, wenn sie von einer Sage wüßten, sie sich um die Pattenburg rankt:

»In der gesamten Prignitz erzählt man, es sei einmal eine Edelfrau gewesen, die habe Frau Gode geheißen. Da sie sehr böse mit ihren Mägden umgegangen war, sei sie von einem mächtigen Zauberer verwünscht worden, ewig durch die Luft zu jagen. Vor allem zieht sie im Monat Dezember durch die Lüfte der Prignitz – und genau an einem Silvesterabend wurde sie auch einmal von einer Frau gesehen: Diese ging noch spät aus dem Haus, und der Mond schien gerade noch sehr hell. Plötzlich hörte die arme Frau ein Lärmen und Getöse, als wenn eine ganze Jagdgesellschaft daherkäme. Das Getöse kam immer näher und näher, so daß die verängstigte Frau zuletzt sogar die Schellen der kleinen Hunde in dem Lärm unterscheiden konnte. Aber sehen konnte sie nichts, obgleich es fast so hell war wie am Tage.«

Die ursprüngliche und heute noch als solche klar erkennbare Wasserburg besteht aus einer Hauptburg beziehungsweise einer Hochburg, die wiederum aus Oberburg, Unterburg und Vorburg besteht. Die gesamte Anlage wird durch ein System von Wällen und Gräben geschützt. Der älteste Teil der Hochburg, die von der Vorburg durch einen gut erkennbaren Wassergraben getrennt ist, trägt den Namen ›Bischofsflügel‹ – eine Bezeichnung, die wahrscheinlich noch aus der Zeit des Bischofs Johann Wöpelitz stammt. Sämtliche repräsentativen Innenräume sind um 1600 im Stile der Spätrenaissance umgestaltet worden.

Die Tür im Rittersaal aus dem Jahr 1609 (Aufnahme um 1910)

Die historischen Räume im ›Bischofsflügel‹ der Plattenburg – Rittersaal und Halle – gehören zu den schönsten erhaltenen Zeugnissen künstlerischer Innenraumgestaltung der Spätrenaissance in der Prignitz. Vor allem sind es die meisterhaften niederdeutschen Tischlerarbeiten wie Türen, Treppengeländer, Wandschränke und Paneele, die dem Wohnsitz durchaus höfische Eleganz verliehen. Die Arbeiten knüpfen vor allem an vergleichbare Leistungen in niedersächsischen Landschlössern der Weserrenaissance an. Hinzu kommen die beachtlichen Steinmetz- und Stuckateurarbeiten vor allem bei Kamin, Rittersaaltreppe, Mittelsäule und den Fensterrahmungen, die sämtlich zwischen 1602 und 1609 entstanden sind und deren Formenkanon sich im Sinne der italienischen Renaissance an die Bildhauerarbeiten der Magdeburger Bildhauergenerationen um Sebastian Ertle, Michael Spieß und Christoph Dehne anlehnt.

Das gesamte Burggelände wird von einer ausgedehnten Parkanlage umschlossen.

Chronologie

1319
Erste urkundliche Erwähnung der Burg; Markgraf Waldemar von Brandenburg verkauft sie an Bischof Reiner von Havelberg.

1548
Tod des letzten Havelberger Bischofs (Busso II. von Alversleben).

1552
Prediger Ellefeld verbrennt die Wilsnacker Wunderbluthostien. Kurfürst Joachim II. verpfändet die Burg seinem Kämmerer Matthias von Saldern.

1560
Matthias von Saldern erhält Burg und Herrschaft – mit Wilsnack – als erb- und eigentümliches Lehen.

1609
Neuausstattung der Oberburg im Stil der Spätrenaissance.

1631
Schwedenkönig Gustav II. Adolf stellt einen Schutzbrief für die Herrschaft Plattenburg aus.

1675
Belagerung der Burg durch schwedische Truppen.

1714
Einrichtung einer Kapelle im Back- und Brauhaus.

1724
Bau des Fachwerkflügels, Anlage des Großen- und des Burggrabens.

1861
Umbau der Oberburg durch Friedrich August Stüler.

1865
Turmbau, Ausbau des Burginneren.

1883
Brand des Burgturmes und Aufstockung.

1925
Sieghard von Saldern übernimmt die Herrschaft Plattenburg (bis 1945).

1940
Kriegsgefangene Franzosen werden

im Kapellflügel einquartiert, die Burg dient teilweise als Lazarett.
Nach 1945
Nach der Enteignung der Familie von Saldern leben unter anderem Flüchtlingsfamilien in der Burg.
1959
Beginn der Ausbauarbeiten zum Ferienlager der Deutschen Reichsbahn (bis 1991).
1991
Gründung des Fördervereins Plattenburg, Beginn der Sanierungsarbeiten.

Burgbesichtigungen Mi u. So zwischen 10 und 16 Uhr. Ganzjährlich zahlreiche Veranstaltungen, wie Konzerte und Burgspektakel, regelmäßig ›Tafelrunden‹ und ›Geisterabende‹.

Verein zur Förderung und Erhaltung der Plattenburg e.V., Auf der Burg 1, 19336 Plattenburg, Tel. 03 87 91/24 00

Putlitz

Die Gans der Edlen zu Putlitz ziert das Stadtwappen

Das Stadtwappen von Putlitz wird von drei Burgtürmen geziert. Darunter, in einem roten Feld, ist eine große weiße flügelschlagende Gans zu sehen. Normalerweise sind starke, kräftige oder auch schnelle oder als schlau geltende Tiere auf Wappen abgebildet – aber eine Gans?

»Vor langer, langer Zeit, als die Ritter der Burgen noch gegeneinander in Fehden lagen, war man sich vor einem Überfall nie sicher. Der Wächter im Turm mußte von seinem Ausblick immer zur rechten Zeit den Feind anblasen. Doch die Ritter der Burg Putlitz hatten an einem Tag sehr fröhlich gefeiert, und auch der Wächter hatte dabei tüchtig mitgetrunken. Alle waren schließlich satt, zufrieden und müde eingeschlafen. Die Gunst der Stunde nutzten die feindlichen Ritter und begannen, Vorbereitungen zum Erstürmen der Burg zu treffen. Als sie an die Stepnitz kamen und übersetzen wollten, wurden die im Schilf ruhenden Gänse aufgeschreckt. Sie schlugen mit den Flügeln und schrien angstvoll. Davon wurden die Wächter geweckt und bliesen Alarm. Die Feinde konnten zurückgedrängt werden und die Burg war geret-

Der Aussichtsturm ist der einzig erhaltene Rest der Anlage

Früherer Zugang im Burggraben

tet. Zum Dank und zur Mahnung wurde daraufhin die Gans ins Wappen genommen.«

So logisch diese Sage klingen mag, die Erklärung ist wesentlich einfacher: Gans ist der Name des Rittergeschlechts, und weil die Geschichte dieser Familie und die der Stadt Putlitz nicht voneinander zu trennen sind, ziert der Familienname bis heute – sozusagen in Bildschrift – das Stadtwappen. Was die Gans mit dem Geschlecht der Gans Edlen zu Putlitz zu tun hat, erhellt Wolfgang Gans Edler Herr zu Putlitz in seiner 1965 erschienenen Autobiographie ›Laaske, London, Haiti‹:

»Unser Familienname ist tatsächlich ›Gans‹; Putlitz ist die dazugehörige Ortsbezeichnung. Nachweisbar ist überliefert, daß der erste Stammvater unseres Geschlechts, der sich 1128 in Putlitz niederließ, ein Graf von Mansfeld war. Sein früherer Name wird noch bezeugt durch das etwa drei Kilometer von Putlitz entfernte Kirchdorf, das von ihm gegründet wurde und noch heute den Namen Mansfeld trägt. Die Familie legte zwar später den Namen ab, weitergeführt wurde aber das alte mansfeldische Wappen, das dann eine Gans im Schilde führte. Alte Chroniken sprechen jahrhundertelang stets von den ›Gänsen‹, die als Herren zu Putlitz residierten. Schon vor mehr als zweitausend Jahren haben sich die Gänse einen sagenhaften Verdienst errungen, als sie durch ihr Geschnatter das Kapitol von Rom alarmierten und vor einem Überfall der Barbaren retteten. Doch nicht nur, weil es meine Wappentiere sind, sondern auch um ihrer selbst willen sind mir Gänse sympathisch. Was kann es Besseres geben als einen knusprigen Gänsebraten?«

Putlitz gilt als einer der ältesten Orte in der Prignitz und wurde 942 in einer Stiftungsurkunde des Bistums Havelberg erstmals urkundlich erwähnt. Die Besiedlung durch slawische Stämme dürfte aber wesentlich länger zurückliegen. Bedeutende Adelsgeschlechter wie die Edlen von Gans, von Roh, von Winterfeld und von Jena prägten die Geschichte der Stadt und auch die ihrer Burg, von der nur noch Teile zu sehen sind.

Die eigentliche Burg mit ihren gewaltigen Steinmauern und dem Bergfried entstand erst im 12. Jahrhundert. Als um 1150 das Rittergeschlecht der Gänse ins Land kam, ließen diese auf den Trümmern einer slawischen Verteidigungsanlage eine für damalige Verhältnisse mächtige Grenzfeste errichten. Einige Mauerreste, die noch heute stehen, lassen erkennen, wie die Burg einmal angelegt war. Ihre Nordseite wurde durch die Stepnitz geschützt, um Ost-, Süd-, und Westseite führte ein tiefer Graben. Die Zugbrücke, von der aus man durch das mächtige Burgtor trat, lag auf der Westseite. In einem Raum auf der Nordseite der Anlage kann man noch eine schöne Gewölbedecke bewundern.

Außerhalb des Burggrabens an der Südseite lag die sogenannte Vorburg. Hier waren die Wirtschaftsgebäude untergebracht, die bis nahe an die noch heute existierende Kirche reichten. Die Stadtmauer, die noch im 17. Jahrhundert den Bürgern Schutz gab, ist nicht mehr vorhanden. Ihre letzten Reste verschwanden um 1800, als die Steine zum Straßen- und Häuserbau verwendet wurden. Nach einem Brand im 17. Jahrhundert wurden die Burganlage und der Turm verlassen und zerstört. Um 1750 waren nur noch zwei Räume in der gesamten Burganlage benutzbar, in ihnen wurden Gerichtsverhandlungen durchgeführt. Auch der Burgturm verkam zu einer Ruine. Erst nach baulichen Veränderungen im Jahre 1820 – das Mauerwerk wurde gereinigt, der Turmkranz erneuert, die Zugänge wurden verstärkt – und einer erneuten Renovierung 1889 entstand der Turm so, wie wir ihn heute kennen. Er konnte in jüngster Zeit unter anderem mit Hilfe der Aktion ›Rettet den Burgturm!‹ weiter rekonstruiert werden und heute den Besuchern als Aussichtsturm.

Chronologie

948
Otto I. schenkt die Burg dem Bistum von Havelberg als ›Pochlustini cum omni burgwardo‹ (Putlitz mit ganzem Burgwall).

983
Der Besitz geht wieder an die Slawen verloren

1150
Rückeroberung im Rahmen des Wendenfeldzuges, Putlitz wird zum Zentrum des Herrschaftsbereiches der Herren Gans Edlen zu Putlitz.

1319
Die Stadt Putlitz wird erstmalig urkundlich erwähnt.

1354
Putlitz geht an Mecklenburg.
1438
Putlitz gehört wieder zur Mark Brandenburg.
1684
Ein Großbrand löscht die gesamte Ortschaft aus.
Um 1890
Restaurierung des Bergfrieds.

Amtsverwaltung Putlitz-Berge, Zur Burghofwiese 2, 16949 Putlitz, Tel. 03 39 81/ 83 70.
Gaststätte Schumacher, Rudolf-Breitscheid-Str. 20, 16949 Putlitz, Tel. 0 33 98/8 03 24.
Restaurant und Café Borchert, Rudolf-Breitscheid-Str. 12, 16949 Putlitz, Tel. 03 39 81/ 8 02 13.
Im August Theaterfestival. Informationen über den Kulturverein Putlitz, 16949 Putlitz, Tel. 03 39 81/8 04 86.

Wittenberge

»An der Elbe erhob sich einst die starke Feste Wittenberge. Die Besitzerin war ein adliges Fräulein Kunigunde. Sie verlobte sich mit einem befreundeten Ritter. Dieser unternahm allerdings bald daraufhin einen Kreuzzug in das gelobte Land und wurde so eine längere Zeit in der Fremde festgehalten. Währenddessen verlor sich das Bild des Verlobten immer mehr aus dem Herzen der Braut, um schließlich ganz daraus zu entweichen. Ein anderer Ritter bewarb sich schließlich um das Fräulein und diese schenkte der Bewerbung Gehör und ging mit ihm die Ehe ein.

Der frühere Verlobte kehrte von seinem Kriegszug heim. Als schönster Siegespreis dünkte ihm Herz und Hand der Geliebten. Voll frohen Glücksempfindens zog er auf der Feste ein und kam gerade pünktlich zum Hochzeitstag seiner ehemals Verlobten. Kein Keulenschlag hätte ihn verwundbarer treffen können als die Untreue seiner Geliebten. Seine Zuneigung verwandelte sich in Haß und alles in ihm schrie nach Rache. Während man an der Hochzeitstafel schwelgte und jubelte, steckte er die Festung in Brand, tötete mit seinen Knappen Mann und Weib und machte die stolze Elbfeste dem Erdboden gleich.«

Die Burg Wittenberge, an der Mündung von Stepnitz und Karthane in die Elbe gelegen, gehört zu den ältesten Stützpunkten der Edlen Gans zu Putlitz in der Prignitz. Sie schützte eine wichtige Verbindungsstraße zwischen der Altmark und der Prignitz, die hier die Elbe überquerte. An dieser Straße entstand in der ersten Hälfte des 13. Jahrhunderts, unmittelbar zwischen der bereits existierenden Burg und dem Strom, die Stadt Wittenberge. Die Burg selbst wurde im Dreißigjährigen

Krieg zerstört und 1669 an ihrer Stelle ein schlichtes Herrenhaus erbaut, das den hochtrabenden Namen ›Weißes Schloß‹ erhielt. Dieses, noch heute als ›Alte Burg‹ bezeichnete Fachwerkhaus, war bis 1780 der letzte Wohnsitz der Edlen Gans zu Putlitz in Wittenberge. In ungefähr 200 Meter Entfernung soll noch das ›Rote Schloß‹ gestanden haben, das während des Dreißigjährigen Krieges von schwedischen Truppen geplündert und abgebrannt wurde. Nach 1780 wechselten die Besitzer recht häufig, aber noch bis zum ersten Jahrzehnt unseres Jahrhunderts gehörte die Putlitzstraße zum Burggelände. Erst 1907 erwarb die Stadt die ›Alte Burg‹ und damit auch das gesamte Areal.

Damit war allerdings auch das Schicksal der Burg besiegelt: Der Burgberg wurde abgetragen, lediglich das Burghaus zunächst noch weitergenutzt; erst als Schule für höhere Töchter, dann vom Bund Deutscher Mädchen. Nach dem Zweiten Weltkrieg wurden in diesem Gebäude Umsiedler untergebracht.

Im Jahre 1971 wurde hier das Stadtmuseum eingerichtet, das sich vor allem mit der Industriegeschichte Wittenberges beschäftigt. Das Museum trug hier auch die deutschlandweit größte Haushaltsnähmaschinensammlung zusammen. Nicht zufällig, denn in Wittenberge wurde 1903 die Singer-Nähmaschinenfabrik eröffnet. Im Jahre 1990 erhielt das Heimatmuseum einen neuen Namen: Stadtmuseum Alte Burg Wittenberge.

Die Alte Burg wurde 1669 als das Weiße Schloß der Edlen Herren Gans zu Putlitz erbaut

Chronologie

1239
Erste urkundliche Erwähnung des Ortes Wittenberge.
Mitte des 12. Jahrhunderts
Die Edlen Ganz erobern als Vasallen Albrechts des Bären die Prignitz von der Altmark aus und erbauen in Wittenberge eine Burg.
1300
Stadtherr Otto I. Gans bestätigt in einer Urkunde die Stadtrechte.
1618–1648
Der Dreißigjährige Krieg fügt der Stadt und seinen Bürgern empfindliche Verluste zu, die Burg wird zerstört.
1669
Die Familie Gans läßt ein neues Herrenhaus erbauen, das sogenannte ›Weiße Schloß‹, die heutige ›Alte Burg‹.
17./18. Jahrhundert
Häufige Überschwemmungen der Elbe und mehrere verheerende Stadtbrände – 1686, 1757, 1761 – bringen der Bevölkerung große Not.
1809
Das Ackerstädtchen Wittenberge erhält die Selbstverwaltung.
1813
Der Schriftsteller Theodor Körner nimmt Quartier in Wittenberge.
1823
Gründung einer ersten industriellen Anlage (Ölfabrik).
1846
Eröffnung der Eisenbahnlinie Berlin–Hamburg.
19./Anfang 20. Jahrhundert
Blütezeit der Elbschifffahrt.
1903
Eröffnung der Singer-Nähmaschinenfabrik.

Stadtmuseum, Putlitzer Str. 2, 19322 Wittenberge, Tel. 0 38 77/40 31 82.

Stadtinformation Wittenberge, Bahnstraße 56, 19322 Wittenberge, Tel. 0 38 77/90 42 19.
Stadtverwaltung Wittenberge-Tourismusamt, August-Bebel-Str. 10, 19322 Wittenberge, Tel. 0 38 77/95 12 54.

Galerie Restaurant, Bahnstraße 29, 19322 Wittenberge, Tel. 0 38 77/7 56 56.
Café und Restaurant ›Am Hafen‹, Bahnstraße 133, 19322 Wittenberge, Tel. 0 38 77/40 33 63.
Gaststätte ›Schnitzeleck‹, Bahnstraße 6, 19322 Wittenberge, Tel. 0 38 77/7 42 54.
Hotel ›Am Stern‹, Turmstr. 14, 19322 Wittenberge, Tel. 0 38 77/98 90.

Im August ›Wittenberger Stadt- und Hafenfest‹.

Wittstock

Kein Vergleich mit Wittstock

Ein Jeder hat seine Reisepläne,
weil er ja sonst zu einer Bildungslücke
käme.
So bin ich selbst im Traume oft
auf Reisen,
nur um der Welt das eine zu
beweisen:

Mein Wittstock hier am schönen
Dossestrand,
ist seiner Schönheit wegen weltbekannt.
Ich möchte es sogar mit Rom
vergleichen
oder mit Wien, das müßte auch
schon reichen.
Die Donau ist wahrscheinlich etwas
breiter,
doch uns're Dosse fließt genauso
heiter –
und hier wie dort sind beide
Wasser grau,
es rinnt bei rote Mühle schon die
Lobau.

Der Bleichwall ist zuweilen unser
Prater
und das ›Astoria‹ das Wiener
Burgtheater.
Und konkurrieren kann St. Marien
auch mit dem schönen Stefansdom
in Wien.

Und mit der stillen Wiener Kaffeestube,
da drücken die gewaltig auf die Tube.
Ist mir zu Mut' nach einer heit'ren
Sause,
dann geh' ich hier in die ›Theater-
klause‹.

So liebt ein jeder seine Heimatstadt,
weil sie für ihn was ganz Besond'res
hat.
Mit Liebe und ein bißchen Illusion –
ist alles drin. Paris und Wien und Rom.

Hubert Boger

Auch wenn der Heimatdichter Hubert Boger mehr als nur ein wenig übertreibt – der Vergleich zwischen dem gerade 750jährigen Wittstock und dem mehr als 2500 Jahre alten Rom ist wohl doch etwas vermessen –, gehört die alte Bischofsresidenz Wittstock ohne Zweifel zu den Perlen der Prignitz. Die ältesten Wurzeln der Stadt reichen bis in das 10. Jahrhundert zurück; in der 946 ausgestellten Stiftungsurkunde für das Bistum Havelberg wird die Stadt bereits erwähnt. Doch bleiben von den 1050 Jahren seit dieser Ersterwähnung die ersten drei Jahrhunderte im Dunkeln und mindestens zwei weitere im Dämmerlicht.

Die Wittstocker Burg, von 1271 bis 1548 Sitz der katholischen Bischöfe von Havelberg, entstand wahrscheinlich auf einem slawischen Burgwall. Gesichert

Wittstocker Stadtwappen

durch die Burg und günstig an einer alten Handelsstraße gelegen, dem Hellweg, entwickelte sich hier eine Stadt mit einem ausgesprochen wehrhaften Charakter. Bis heute ist die fast 2,5 Kilometer lange Backsteinstadtmauer – 1990–1996 restauriert – ein Wahrzeichen der Stadt. Bereits 1244 soll die Stadt »erstmals umbmauret« worden sein, aus gutem Grund: Die Grenze zum benachbarten slawischen Gebiet verlief direkt an der Stadtmauer am Flüsschen Dosse entlang. Die Ummauerung, die gesicherten Stadteingänge und die schützenden Wallgräben gehörten also zu den notwendigen Existenzbedingungen. Im Jahre 1248 wurde Wittstock das Stendaler Stadtrecht verliehen. Wie dieses Ereignis ausgesehen haben kann, zeigt der einheimische Maler Georg Marschall in einem Kolossalbild, das noch heute im Rathaussaal zu besichtigen ist.

Urkundlich wurde die Burg erstmals im Jahre 1309 erwähnt. Nachdem die Bischöfe von Havelberg sie um 1270 zu ihrem Wohnsitz auserwählt hatten, wurde sie mehrmals erweitert, zuletzt um 1400. Im Jahre 1438 erhielt die Stadt ein ganz besonderes Geschenk: Den Rosenplan, dessen Anlage sich einer Sage zufolge so zugetragen haben soll:

»In diesem Jahr begingen die Wittstocker wie üblich das Pfingsfest mit Spiel und Tanz im Freien. Der Platz, auf dem sie dies tun mußten, war aber alles andere als geeignet. Da kam der Bischof Konrad von Lintdorf (1427–1460) vorbeigeritten und sah dem Treiben ein ganze Weile zu. Weil nun aber auf dem unebenen Platz das Tanzen so holprig ging, fragte er die jungen Mädchen und Frauen, ob sie denn keinen besseren Spielplatz hätten. Sie verneinten es seufzend. Nun lagen gegenüber auf der anderen Seite der Straße die bischöflichen Wiesen, die sehr wohl zum Tanze geeignet waren. Da forderte der Bischof eine junge Bürgersfrau auf, mit ihrem Manne auf den Wiesen einen Tanz zu machen. Was sie ohne Ruhepause umtanzen würden, solle der Stadt als Festplatz gehören. Die beiden waren ein rüstiges Paar und sorgten dafür, daß der Platz nicht zu klein wurde. Später bepflanzten die Bürger ihn mit Linden und Rosen – so daß er bis heute Rosenplatz heißt.«

Nach dem Tode des letzten Bischofs – Busso II. von Alvensleben starb 1548 – verfiel die einst so prächtige Anlage. In der nachbischöflichen Zeit hat besonders der Dreißigjährige Krieg in der Stadt seine tiefen Spuren hinterlassen. Dem entscheidenden und in den skandinavischen Ländern jedem Schulkind bekannten

Ereignis dieser Zeit konnten die Wittstocker allerdings aus sicherer Entfernung von den Zinnen ihrer Stadtbefestigung aus zuschauen, sofern es nicht, wie jüngst Experten meinen herausgefunden zu haben, schon stockdunkel gewesen sein soll: Vor den Toren Wittstocks, am Scharfenberg, fand am 24. September 1636 eine der bedeutendsten und zugleich blutigsten Schlachten des Dreißigjährigen Krieges statt.

In der »intelligentesten Schlacht der Menschheitsgeschichte«, so die Meinung späterer Feldherren, griff der schwedische General Johan Baner mit seinen 16 000 Mann die zahlenmäßig weit überlegenen und am Scharfenberg verschanzten kaiserlichen und sächsischen Truppen an und schlug die 22 000-Mann-Armee in die Flucht. Beide Armeen sollen während dieses Massakers innerhalb von nur drei Stunden jeden fünften Mann verloren haben. Entscheidender aber als diese grausame Statistik war, daß die schwedischen Truppen mit dieser Schlacht den gerade verlorenen Handlungsspielraum zurückgewannen, der es ihnen ermöglichte, den Krieg weitere zwölf Jahre zu führen. Nachdem die Schweden ihren Sieg mit neuen Vorstößen zu nutzen wußten, ging der Krieg in seine zweite, weitaus blutigere Phase.

Doch auch angenehmere Geschehnisse haben mit dem Scharfenberg zu tun:

»In der geheimnisvollen Johannisnacht tut sich alljährlich im Scharfenberg ein hochgewölbtes Tor auf und heraus reitet eine wunderschöne Jungfrau auf einem prächtigen Roß. Der Jüngling, der es fertig bringt, sich auf ihr Pferd zu schwingen, führt sie als Braut heim und bekommt ihr heimliches Königreich dazu.«

›Fenster in die Vergangenheit‹: Die Stadtmauer

Genau an einem 24. September, im Jahr 1998, eröffnete im Amtsturm der Wittstocker Bischofsburg das erste europäische ›Museum des Dreißigjährigen Krieges‹: »Das Museum will den Besuchern paradigmatisch das Leben und Leiden der Soldaten, Stadtbewohnern und Bauern zwischen 1618 und 1648 nahebringen«, hieß es von den Ausstellungsmachern, weil »die Stadt im Norden Deutschlands schließlich zu einer der am meisten verheerten Regionen des Dreißigjährigen Krieges gehört.« Ungewöhnlich an der Konzeption ist, daß sich die Besucher die Geschichte förmlich ersteigen müssen, denn die Exponate sind auf die sieben Ebenen des Turmes verteilt. So werden sie von Etage zu Etage geführt, von den Ursachen und Voraussetzungen des Krieges über die einzelnen Schlachten bis zum Friedensschluß.

Zu sehen sind vollständige Rüstungen und Bewaffnungen von Infantrie, Kavallerie und Artillerie – unter anderem auch eine der sehr seltenen Pappenheimer-Rüstungen –, mittelalterliche Plattenpanzerrüstungen der Truppen des Generals von Pappenheimer, Töpfe und Pfeifenköpfe, Knochensägen, eine Kriegskasse und viele andere militärische Utensilien. Dazu kommen noch bibliophile Kostbarkeiten wie ein Brief des schwedischen Befehlshabers Baner, ein Befehl und die Besoldungsordnung Wallensteins, und als besondere Kostbarkeit ein Ausgabe des ›Simplicissimus Teutsch‹ von 1671.

»... da lagen abgeschossene Ärm, an welchem sich die Finger noch regten gleichsam als ob sie wieder in das Gedränge wollten, hingegen rissen Kerles aus, die noch keinen Tropfen Blut vergossen hatten; dort lagen abgelöste Schenkel, welche sie wohl der Bürde ihres Körpers entladen, danach viel schwerer worden waren, als sie vorher gewesen; da sahe man zerstümmelte Soldaten um Beförderung ihres Todes, hingegen um Quartier und Verschonung ihres Lebens bitten. Summa summarum, da war nichts anderes als ein elender jämmerlicher Anblick«,

Blick vom Turm über die Stadt

heißt es an einer Stelle im Roman des Hans Jacob Christoph von Grimmelshausen (1620–1676), der die Schlacht als Troßbube oder Pferdeknecht selbst erlebt hatte.

Vervollständigt wird die Ausstellung durch eine vor allem für Jugendliche erarbeitete Computeranimation, die das Thema noch einmal für diese Altersgruppe und für dieses spezielle Medium aufarbeitet. Neben diesem Krieg beschäftigt sich die Ausstellung mit der anderen großen Katastrophe, die die leidgeprüfte Bevölkerung zwei Jahre später traf: Die Pest. So wird beispielsweise ein Pestfloh unter einem Mikroskop gezeigt – 80 Prozent der Wittstocker Bürger starben am Biß eines solchen Tieres.

Nach dem Dreißigjährigen Krieg und seinen Folgen verfiel die Anlage immer weiter, und 1755 sah sie aus, wie Johann Christian Bekmann sie beschrieb: »Unter den öffentlichen Gebäuden dieses Ortes ist zuvorderst des Schlosses zu gedenken, auf welchem die Bischöfe zu Havelberg Hof gehalten, und ein ansehnlich starkes Gebäude gewesen, ietzo aber mehrheitlich verfallen, bis auf drei Türme, derer einer an dem Eingange desselben annoch in mittelmäßigem Stande, auch ziemlich hoch und viereckig ist. Ein ander südwärts, so ein schöner runder Turm, und nordwärts noch einer, wiewohl kleiner, in welchem die Bischöfe ihr Silberwerk sollen bewahrt haben.«

Sämtliche Gebäude der alten Bischofsburg waren zu dieser Zeit ungenutzt. Nach erneuten Abrissen um 1870, denen unter anderem die Stadttore zum Opfer fielen, wurden 1886 weitere Mauerstücke entfernt. Ein Bombentreffer im Jahre 1945 zerstörte ebenfalls Stücke der Mauer, gut zehn Jahre später fielen weitere Teile Straßenverbreitungen zum Opfer.

Dazwischen wurden aber auch immer mal wieder Restaurierungen vorgenommen: 1926–1930, Mitte der 30er Jahre, nach dem Zweiten Weltkrieg, 1989 und schließlich zwischen 1990 bis 1996.

In diesen sechs Jahren wurde die exakt 2435 Meter lange Mauer erstmals einer Gesamtrestaurierung unterzogen. Fachleute sprechen davon, daß während dieser Bauarbeiten mehr als 68 700 neue Steine, über 30 000 alte Klosterformatsteine, etwa 110 000 Biberschwänze und mehr als 9600 Firsthauben verbaut wurden. »Fenster in die Vergangenheit« nennen die Wittstocker die Verbindungen von alten und neuen Steinen, die tatsächlich wie gerahmte Einblicke in die Historie wirken. Nur wenige Meter von der alten Burg entfernt erhebt sich die gewaltige Schwedenpappel. Hier soll General Baner nach dem Sieg der Schweden seinen Dankgottesdienst abgehalten haben. Seit 1997 erinnert auch ein 80 Tonnen schwerer Findling an dieses Ereignis.

In Zukunft soll der Innenhof der Bischofsburg mit einer Zeltüberdachung ausgestattet werden, damit die Freilichtbühne wetterunabhängig wird. Eine kühne Vision sieht den mittleren Wallgraben wieder geflutet und so die Burg wieder auf eine Insel gesetzt. Das aber ist noch Zukunftsmusik.

Chronologie

946
In der Stiftungsurkunde Kaiser Ottos I. für das Bistum Havelberg heißt es: »In provincia Desseri Wizoka civitatem cum omni burgwardo« (In der Provinz der Desserer Wittstock mit dem gesamten Burgward). Die Urkunde ist aber nur in Abschriften vorhanden, so daß sie manche Wissenschaftler auch auf das Jahr 948 datieren.

1244
Baubeginn der fast 2500 Meter langen Burgmauer.

1248
Wittstock erhält das Stadtrecht.

1271
Wittstock wird bischöfliche Residenz.

1438
Bischof Konrad schenkt der Stadt den Rosenplan.

1523
Wittstock erhält eine 88 Paragraphen umfassende Stadtordnung.

1548
Im Alter von 80 Jahren stirbt auf Wittstock Busso II., der 40. und letzte katholische Bischof des Bistums Havelberg.

1636
Schlacht bei Wittstock.

1638
Die Hälfte der Einwohner stirbt an der Pest.

1716
Ein Brand zerstört zwei Drittel der Stadt.

1957
Eröffnung des Kreisheimatmuseums.

1990–1996
Restaurierung der 2,5 Kilometer langen Burgmauer.

1998
Anläßlich der 750-Jahr-Feier Eröffnung des ›Museums des Dreißigjährigen Krieges‹ im Amtsturm der Bischofsburg.

Museum des Dreißigjährigen Krieges, im Amtsturm der alten Bischofsburg, Tel. 0 33 94/43 37 25, geöffnet Di bis Do 9 bis 16 Uhr, Fr 9 bis 13 Uhr, Sa 13 bis 16 Uhr und So 11 bis 16.30 Uhr.

Stadtverwaltung Wittstock, Kulturamt, Rheinsberger Str. 18a, 16909 Wittstock (Dosse), Tel. 0 33 94/42 91 40.
Fremdenverkehrsverein Wittstock, Markt 1, 16909 Wittstock, Tel.0 33 94/43 34 42.

Hotel und Restaurant ›Deutsches Haus‹, Kirchgasse 1–3, 16909 Wittstock, Tel. 0 33 94/44 43 63.
Hotel und Restaurant ›Am Röbler Tor‹, Am Dosseteich, 16909 Wittstock, Tel. 0 33 94/43 35 56.
Gasthof ›Scharfenberger Krug‹, Scharfenberg 28, 16909 Wittstock, Tel. 0 33 94/71 24 17.

Zweijährig im Juli: ›Die Schweden kommen!‹: Buntes Lagerleben, großer Festumzug und die Große Schlacht von Wittstock mit über 300 Mitwirkenden.

Burgen im Ruppiner Land

Festes Haus Badingen

Wer ohne Vorbereitung durch das kleine Straßendörfchen Badingen kommt, zwischen Zehdenick und Gransee und somit an der Grenze von Ruppiner Land und Uckermark gelegen, wird am Ortsausgang nach Zehdenick, östlich der Dorfkirche, eine Überraschung erleben: Hier steht, direkt am Rande einer Niederung, das als ›Festes Haus‹ oder manchmal sogar als ›Schloß‹ bezeichnete Haus Badingen. Eine Schautafel weist das Gebäude als eines der ältesten profanen Renaissancebauten der Mark Brandenburg aus. Die Überraschung wäre noch größer, wäre daneben der Kupferstich des Matthäus Merian aus dem Jahre 1652 abgebildet. Denn darauf ist ein riesiger, von einer hohen Mauer umschlossener Bau zu sehen, dessen ehemalige Höhe man sich vergegenwärtigen kann, wenn man die Schloßdächer ins Verhältnis zur heute noch existierenden Kirche stellt.

Die Frage, was die Erbauer bewogen haben mag, in dieser netten und beschaulichen Einöde ein Gebäude mit diesen Ausmaßen zu errichten, läßt sich sich heute nicht mehr beantworten, denn eine sinnvolle Nutzung hat der Komplex nie erfahren. Wer seinen Bau begonnen hat und welche Geschichte sich dahinter verbirgt, ist aber bekannt.

Bereits zum Ende des 12. Jahrhunderts entstand an dieser Stelle eine gegen die Slawen gerichtete Wehranlage des Pommernherzogs Wratislaw. Nachdem bereits um 1160 erste Kolonialisierungsbestrebungen des früheren Slawenlandes einsetzten, soll auch an diesem Ort eine Neugründung stattgefunden haben. Ein Ritter von Bdyngen taucht deshalb schon früh in den Urkunden der Askanier auf. Nach einer ersten urkundlichen Erwähnung gelangt ›Bodingen‹ mit dem Land Löwenberg um 1270 an das Bistum Brandenburg. Aus dieser Zeit stammt wahrscheinlich auch der Turmhügel, dessen Reste sich hinter dem Schloß noch heute finden.

Im Jahr 1289 wurden die Herren von Badinghe aus der Uckermark hier Lehnsherren und übertrugen ihren Namen auf den Ort, der bis in das 15. Jahrhundert im Besitz der Familie von Badingen auf Schloß Badingen blieb, sie errichteten einen befestigten und massiv gebauten Wohnsitz. Von diesem Wehrbau sind noch sehr starke Mauern mit darin eingelassenen Treppen im Innern des heutigen Schlosses erhalten, an verschiedenen Stellen finden sich auch noch zugesetzte Türen und Fenster mit gotischen Vorhangbogenformen.

Nach der Verarmung der Familie von Badingen gelangte der Besitz 1460 an Hans von Bredow auf Friesack. Im Jahre 1536 ging es an den Kurfürsten Joachim II., der es zwischen 1536 und 1540 seinem Oberhofmarschall und Geheimen Rat Adam von Trott zum Lehen gab. In diesem Geheimen Rat, der auch Eigentümer einer Ziegelei war, wird der Bauherr des Renaissanceschlosses vermutet. Badingen steht am Anfang einer Reihe ländlicher befestigter Herrensitze, die vor dem Dreißigjährigen Krieg entstanden und den Typ ›Festes Haus‹ begründeten. Heute sind in der Mark Brandenburg noch weitere Vertreter dieses Bau- und wehrhistorischen Typs vorhanden, wie sie ein in einer anonymen Darstellung beschrieben werden:

»Diese befestigten Wohnbauten des niederen Adels, im Mittelalter meist nicht mehr als größere, von Gräben und Mauern umgebene Bauernhöfe, waren in der Renaissance mehrgeschossige, blockhafte Steingebäude geworden, die zwar noch mit Mauern und Türmen befestigt waren, aber vor allem die gestiegenen Wohnbedürfnisse ihrer Besitzer befriedigen sollten. Sie stellten somit eine wichtige Übergangsstufe von der Burg zum Schloß dar.«

Der oben erwähnte Merianstich zeigt Badingen von Osten. Zu sehen ist darauf eine Anlage mit drei Geschossen und hohen Ziergiebeln, Zwerchhäusern und Volutenschmuck sowie ein gewaltiger, zweistöckiger Kamin, all dies durch einen zweifachen Mauerring geschützt. Die meterdicken Innenmauern stammen wohl noch vom Wehrbau des 13. Jahrhunderts.

Im Jahr 1727 erlosch der Badinger Zweig der Familie von Trott, der Besitz fiel an den Landesherren zurück, der hier ein königliches Domänenamt einrichtete und in der zweiten Hälfte des 18. Jahrhunderts das oberste Stockwerk wegen Baufälligkeit abtragen, dabei auch den Bauschmuck – Ziergiebel, Zwerchhäuser, Voluten – beseitigen ließ. Im Jahre 1800 verpachtete König Friedrich Wilhelm III.

Schloß Badingen, Kupferstich von Matthäus Merian, 1652

das Amt an eine Familie Fischer, in den folgenden Jahrzehnten beherbergte das Schloß Witwensitze und Beamtenwohnungen.

Nach dem Zweiten Weltkrieg wurde in einem Nebentakt des Schlosses, der ehemaligen Kapelle, die zwischendurch als Schmiede, Pferdestall, Backstube und Waschhaus gedient hatte, eine öffentliche Badestube eingerichtet, das Schloß wurde enteignet und diente später als Wohnraum für Umsiedler. Im Jahr 1982 begann die Interessengemeinschaft ›Denkmalpflege Zehdenick‹ mit Arbeiten zur Sicherung der Bausubstanz.

Heute gehört das Schloß der Gemeinde, die zwei Räume museal nutzt. Das spätgotische ›Feste Haus‹ selbst zeigt sich heute als zweigeschossiger Rechteckbau aus Mischmauerwerk mit einem Wendelstein – Treppenturm – an der Hofseite, wobei einige Räume noch mit spätgotischen Netz- und Sterngewölben sowie den dazugehörigen Balkendecken erhalten sind. Gesichert wird die ganzen Anlage von einer Umfassungsmauer. Sie war mit Türmen verstärkt; einer davon ist noch teilweise erhalten. Ursprünglich war das Gebäude von Graben und Wall umgeben, und ein Verbindungsgang führte bis zum vorigen Jahrhundert zur westlich gelegenen Feldsteinkirche aus dem 13. Jahrhundert. In dieser Kirche kann man heute noch ein 2,5 Meter hohes, farbiges Totenschild des geheimen Rates Friedrich von Trott bewundern.

Mehr ist für Besucher derzeit auch nicht zugänglich. Das ›Feste Haus‹ kann nicht besichtigt werden, und Planungen für eine öffentliche Nutzung des Gebäudes gibt es noch nicht.

Chronologie

1270
Das Dorf ›Bodingen‹ geht mit dem Land Löwenberg an das Bistum Brandenburg.

Bis zum 15. Jahrhundert
Das Feste Haus gehört der Familie von Badingen.

Um 1460
Der Besitz geht an Hans von Bredow auf Friesack.

1536
Badingen gelangt in den Besitz des Kurfürsten und weiter an die Familie von Trott.

Nach 1650
Das Feste Haus wird zu einem Schloß ausgebaut.

1727
Badingen untersteht dem königlichen Domänenamt.

1982
Die Denkmalpflege Zehdenick beginnt mit Arbeiten zur Sicherung der Bausubstanz.

Touristinformation Badingen, Heimatstube, 16775 Badingen, Tel. 0 33 07/28 77. Fremdenverkehrsbüro des Fremdenverkehrsverbandes Zehdenick e.V., Schleusenstraße 15, 16792 Zehdenick, Tel. 0 33 07/28 77.

Restaurant Kupke, Badinger Chaussee 1, 16775 Badingen, Tel. 0 33 07/23 10.

Mitte Mai ›Historisches Dorffest‹, im September ›Sommermusik‹ in der Dorfkirche, Informationen über das Fremdenverkehrsbüro Zehdenick und die Kirche: Frau Trosien, Tel. 0 33 07/ 24 94.

Garz

Exakt 14 Kilometer von Neustadt an der Dosse entfernt liegt das kleine Dörfchen Garz, das auch Theodor Fontane in seinen ›Wanderungen‹ beschrieben hat. Allerdings interessierte ihn nicht so sehr das alte Gutshaus und der Sturm, Wetter und Zeitläufen trotzende Burgturm als vielmehr ein Stiefel, der bereits seit dem letzten Jahrhundert als Kuriosum erst im Turm und später im Haus aufbewahrt wurde.

Dieser Riesenstiefel besaß die beachtliche Höhe von 170 Zentimetern und überragte damit das Treppengeländer, an dem er im ersten Stockwerk des Hauses stand. Da im Innern des Schaftes Holzkloben stecken, steht der noch heute blank geputzte Stiefel trotz seines Alters von fast 200 Jahren aufrecht da.

Er erinnert an einen recht unternehmungslustigen Leutnant des einstigen Berliner Regiments Gens d'armes, den 1769 geborenen Wolf Ludwig Friedrich von Quast. Eines Tages schlenderte der Leutnant mit seinem Freund von Jürgaß, der später unter dem Feldmarschall Yorck ein ruhmreicher Kavalleriegeneral wurde, über die Weidendammer Brücke in Berlin, um schließlich vor einer Eisenwarenhandlung stehen zu bleiben und sich das Reklamestück des Ladenbesitzers anzusehen – einen Riesensporn. Dieser Anblick brachte die zu Streichen aufgelegten jungen Leutnante auf eine Idee. Sie verabredeten, daß derjenige, der von beiden zuerst in Arrest gesteckt werden sollte, diesen Sporn kaufen müsse.

Bald danach wurde Leutnant von Jürgaß in Arrest gesteckt. Zum Sporn gehört aber immer auch ein Reitstiefel, und es wurde verabredet, daß der nächste Arrestant den zu diesem Sporn passenden Stiefel machen lassen sollte. Nur wenige Tage waren vergangen, und der ›tolle Quast‹, wie er in seinem Regiment wegen seiner Späße und Gelage allgemein genannt wurde, mußte nun bei seinem Schuhmacher einen Riesenstiefel von 1 Meter und 70 Zentimeter Länge bestellen. Da von Quast gut zahlte, war der Stiefel in verhältnismäßig kurzer Zeit hergestellt.

Gutshaus und Wohnturm

Wie Fontane urteilte, war es »ein Kunstwerk in seiner Art und trotz seines Umfanges von einer gewissen Eleganz der Erscheinung.«

Dieses Ungetüm wurde in der Kaserne feierlich ›bespornt‹. Von Quast ließ eine Bowle brauen, diese in den Stiefel gießen und seinen Kameraden vorsetzen. Nach dem Gelage zu Ehren des Sieben-Meilen-Stiefels waren die Offiziere am nächsten Morgen zum Dienst wenig zu gebrauchen. Darüber höchst erbost, ließ der Oberst nach der Ursache der allgemeinen Katerstimmung suchen. Als er vernahm, daß der Bowlen-Stiefel schon mit einer Extrapost nach dem Dorfe Garz unterwegs sei, ließ er Reiter hinterher schicken, da der Stiefel nach Berlin zurückgebracht werden sollte. Als die Offiziere davon hören, sattelten die besten Reiter des Corps ihre Pferde und, machten sich ebenfalls auf den Weg und kamen noch vor den Berittenen des Oberst in Garz an. Der Stiefel wurde in das Nachbargut Ganzer umgeleitet und dort in einer Scheune so gut versteckt, daß er bald in Vergessenheit geriet. Nach Jahrzehnten ist der Stiefel dann wieder zum Vorschein gekommen und zur Erinnerung an den fröhlichen Anlaß im Gutshaus von Garz aufgestellt worden. Wolf von Quast hat allerdings ein weniger fröhliches Ende gefunden: Am Wilhelmsplatz stürzte der ehemals so schneidige Reiter samt Pferd im Jahre 1812 in eine Baugrube und zog sich so schwere Verletzungen zu, daß er im nahen Palais Radziwill bald darauf starb.

Bei dem mittelalterlichen Gebäude selbst handelt es sich um einen Wohnturm von zwölf Meter Höhe, der auf einem rechteckigen Grundriß steht. Der Feldsteinbau mit seinen Backsteinkanten ist im Innern in drei Etagen unterteilt und stellt – zumindest in der Mark – ein einmaliges Zeugnis für eine niederadlige

Eigenbefestigung dar. Der Bau ist das südöstlichste erhaltene Beispiel für einen solchen Wehrturm überhaupt.

Der Wohnturm in Garz wird privat genutzt und ist der Öffentlichkeit nicht zugänglich. Es gibt auch keine Informationsmöglichkeiten oder Führungen. Um sich ein Bild zu machen, muß man abermals auf Fontane zurückgreifen – und kann wohl mit einiger Sicherheit davon ausgehen, daß sich seitdem nicht allzuviel verändert hat:

»Besser als irgend ein anderer alter Burg- oder Schloßbau, den ich in der Mark kennen gelernt habe…, giebt uns dieser Garzer Thurm ein Bild davon, wie der märkische Adel vor vier, drei und selbst vor zwei Jahrhunderten wohnte und lebte. Der ganze Bau besteht aus einem Keller und drei Zimmern, alle gleich groß; nur in Klein-Machnow, zwei Meilen von Berlin und den Hakes gehörig, bin ich einem viereckigen Thurm von ziemlich gleichem Alter und gleicher Gestalt wie der Garzer begegnet.«

Zu hoffen ist, daß der Besucher in Zukunft nicht auf Fontane zurückgreifen muß, um sich von dem Bauwerk ein Bild machen zu können. Das aber ist fraglich.

Chronologie

Erstes Jahrzehnt des 13. Jahrhunderts
Das Dorf Garz wird angelegt und befindet sich im Besitz der Familie von Quast.

13. Jahrhundert
Wohnturm wird erbaut; wahrscheinlich mit Gräben und hölzernen Einfriedungen umgeben.

1364
Erste urkundliche Erwähnung von Garz.

1419
Erste Erwähnung der Familie von Quast.

1681
Umbauten, die aber den mittelalterlichen Wehrcharakter nur unwesentlich veränderen.

1705
Anbau eines Herrenhauses.

Nach 1945
Enteignung der Familie von Quast und Nutzung der Gebäude als Kulturhaus.

90er Jahre
Überführung des Sarges von Albrecht Christoph von Quast aus der Spandauer Nikolaikirche in die Gruft von Garz.

Mitte der 90er Jahre
Restitution und Restaurierung, private Nutzung.

›Zum Bayrischen Wirt‹, Dorfstraße 89, 16845 Manker, Tel. 0 33 92 81/7 11 05 (zwei Kilometer von Garz entfernt).

Alt-Ruppin – die Planenburg

Lieblich weht's vom See herüber,
Leise, langsam, wie verdrossen
Ziehen still die Wolken drüber,
Gleichen Schritts mit unsern Rossen...
Drüben liegt im Sonnenscheine
So alt und sauber Örtchen,
Kirch' und Turm von rotem Steine,
In der Mauer Ausfallpförtchen.

George Hesekiel

»Wo früher die Burg gestanden hat, erinnert nichts mehr an die alte Zeit. Nur um Mitternacht soll man noch öfter eine weiße Frau sehen können. Diese schreitet dann majestätisch mit einem Schlüsselbund in der Hand und unsicher suchend um den Platz bis zur Brücke; dann kehrt sie wieder um: Sie findet aber nicht mehr die Stätte, die sie zu hüten hätte.«

Mehr kann man heute von einer der ehemals schönsten und imposantesten Burgen der Mark Brandenburg nicht sehen. Dabei hatte die Planenburg bis ins Hohe Mittelalter eine glänzende Entwicklung genommen: Von einem slawischen Stützpunkt zu einer frühdeutschen Burg bis zu einem stattlichen Schloß, daß von einer Vorburg geschützt und von breiten Wassergräben umgeben und gedeckt von mehreren Wehrtürmen war und die Residenz der Grafen der Linie Lindow-Ruppin.

Ansicht der Planenburg nach Merian

Und die wußten zu leben. Der letzte Sproß der Edlen zu Ruppin war Graf Wichmann, der 1503 geboren wurde und die Herrlichkeit seines Hauses noch einmal hoch leben ließ und den Untergang damit wohl auch endgültig festschrieb. Noch zu Zeiten der Vormundschaft durch den Bischof von Havelberg, Johann von Schlabrendorf, gab es die großartigsten Turniere zu Ruppin. Wenn man sich heute die Stelle betrachtet, kann man sich nicht im entferntesten vorstellen, daß hier so etwas wie der kulturelle Mittelpunkt der Mark gewesen sein soll – entsprechend glanzvoll und repräsentativ gestaltet.

Überliefert ist, daß anläßlich eines Turniers im Jahre 1512 nicht nur der brandenburgische Kurfürst Johann, sondern auch sein Bruder, der Kurfürst Albrecht von Mainz erschien, mit ihnen ein reiches Gefolge an Rittern und mehr als dreihundert Speerreitern. Die Kurfürstin gab sich ebenfalls die Ehre, »in einer vergoldeten, mit Atlas bedeckten Kutsche und wurde von zwölf anderen Wagen, die mit purpurfarbenen Decken behangen waren… begleitet«.

Von dem Chronisten Petrus Haftitius, einem Berliner Lehrer, stammt diese Beobachtung, aus dem 1599 verfaßten, aber erst im 19. Jahrhundert veröffentlichten ›Microchronicon Marchicum‹. Er vergißt nicht zu erwähnen, daß auch die Herzöge Heinrich und Albrecht von Mecklenburg, Johann und Heinrich von Sachsen, Philipp von Braunschweig und die Bischöfe von Havelberg und Brandenburg und noch viele andere Fürsten anwesend waren. Gewonnen hat übrigens Herzog Albrecht von Mecklenburg.

Die Feste verursachten allerdings Kosten, die aufgrund der seit geraumer Zeit herrschenden angespannten Haushaltslage im Hause der Ruppiner Grafen nicht mehr zu decken waren. Spätestens als der Vormund 1520 verstarb, dürften der Graf und sein Haus pleite gewesen sein. Denn als den Grafen vier Jahre später während eines Jagdausfluges in den heimischen Wäldern eine Krankheit im Endstadium, vermutlich die Syphillis, niederstreckte, war noch nicht einmal das Geld für einen Arzt vorhanden.

Mit dem Tod des jungen Wichmann starb dieses Geschlecht aus. Die Hohenzollernfürsten sollten von nun an auch den Titel Grafen von Ruppin tragen und die Planenburg damit den Zenit ihrer Herrlichkeit überschritten haben. Aber auch die absolute Herrlichkeit der Ritter hatte bereits zu dieser Zeit erste Kratzer bekommen, gerade in Ruppin. Zu dieser Zeit soll in einem Ruppiner Gasthaus ein Adliger mit einem Bürger in Streit gekommen sein. Der Ritter erschlug nun den braven, aber einfachen Mann und damit sollte die Sache nach alter Sitte eigentlich beigelegt sein. Diese Zeiten aber waren vorbei. Die selbstbewußten Bürger ergriffen den Ritter, zerrten ihn vor das Stadtgericht und dieses verurteilte ihn zum Tode durch das Schwert. Die Standesgenossen wollten den Ritter befreien, doch die Ruppiner schlossen das äußerste Tor, köpften den Ritter »so nahe beim ersten, daß die Ritter draußen es hören konnten« und warfen Kopf und Rumpf den Wartenden vor die Füße. Die Adligen beschwerten sich daraufhin bei Markgrafen Albrecht Achill und dieser verurteilte die Stadt dazu, daß in Zukunft deren Wappentier, der freie Adler, nur noch mit Kappe abgebildet werden durfte; eine Strafe, mit der die Bürger sicherlich leben konnten.

Obwohl die Burg niemals erobert wurde, nagte der Zahn der Zeit an den festen Mauern; Dreißigjähriger Krieg, Mißwirtschaft, Vergessen und Verfall taten ihr übriges. Dennoch konnte man noch im 18. Jahrhundert viele, wenn auch nicht mehr alle, Teile der einstigen Herrlichkeit sehen. Der Chronist Brantring gibt uns 1799 die wohl letzte vollständige Schilderung, die hier daher ausführlich wiedergegeben werden soll:

»Es war ein stattlicher Bau (an der Nordspitze des Sees) und galt als eine der angesehensten Vesten des Landes. Der tiefe Graben, der es einfaßte, stand mit dem See in Verbindung und die 36 Fuß hohe Mauer war durch 20 Rundtürme gekrönt. Eine Zugbrücke und nur ein einziges Thor führte an der Nordseite, wo noch gegenwärtig die Auffahrt zum Amtshofe ist, auf den Burghof; dieser war rund und von allen Seiten mit Gebäuden bebaut, die sich an die Mauer lehnten. Dem Eingang gegenüber stand das gräfliche Schloß, welches mit der Schloßkirche und dem rechten Flügel, einen kleinen viereckigen Hofraum umschloß. Es war ein massives, zwei Geschoß hohes Gebäude, mit vielen Zimmern und Sälen, deren Decken der meisterhaften Stukkatur-Arbeit wegen, sehenswerth waren. Groß muß die Anzahl der Zimmer gewesen sein, da im 14. Jahrhundert vier regierende Grafen zugleich im Schloß wohnten. Eine vorzüglich schöne Treppe führte zum zweiten Geschoß, inn welchem sich über dem Portal eine kleine Kapelle befand, mit einem Altar, einer gewölbten Decke und verschiedenen in Stein gehauenen Statuen der Garfen geziert. Sie war der heiligen Anna gewidmet, und diente der gräflichen Familie zu den täglichen Messen. An einer der Wände las man folgende Inschrift:

Anno millino quingenteno tria lustra
Jungito, dum tauri medium sol cernerit albi,
Dumque duodenum Wichmannus tangerit annum
Nobis hic Comes, est pictum hoc sic arte sacellum.

Am südlichen Ende des linken Flügels stand die ansehnliche Schloßkirche. Diese ist aber mit dem ganzen Flügel im dreißigjährigen Kriege verwüstet, wahrscheinlich angezündet, weil man, so lange noch Rudera davon übrig waren, die deutlichsten Spuren von Brand sah. Alle unsere Zeitgenossen haben nur noch die Mauern der Kirche und eine einzige Wand des Flügels gesehen. Die übrigen Theile des Schlosses hatten sich mit ihren schönen Kellern bis zum Jahre 1779 so ziemlich erhalten; damals aber stürzte das Dach ein, durchschlug beide Decken im ersten und zweiten Geschoß, und verwandelte das Innere in einen Schutthaufen. Das Mauerwerk dieser schönen Ruine ward endlich 1787 theils zu dem Neu-Ruppiner Bau, theils zum Bau des neuen massiven Amtshauses abgebrochen. Ein gleiches Schicksal hatten die Neben-Gebäude, welche den Schloßhof umgaben, so daß gegenwärtig nur noch ein geringer Theil am Thorwege vorhanden ist, der von der ehemaligen Beschaffenheit der Gebäude eine Idee geben kann. Alles Übrige ist nach und nach demoliert, der Schloßgraben verschüttet und dem neuen Amtshofe die Gestalt eines Vierecks gegeben«.

Der Palas soll mit reichen Wandmalereien und Stuckdecken geschmückt gewesen sein. Der innere Torturm diente auch als Gefängnis und soll den eigentümlichen Namen ›Venusberg‹ getragen haben. Als ein Brand 1787 das benachbarte Neuruppin in Schutt und Asche legte, befahl König Friedrich Wilhelm II., die Burg Alt-Ruppin endgültig abzureißen; damit war dann das Ende der gräflichen ›Planenburg‹, der Stammburg der Grafen von Ruppin, endgültig besiegelt. Auf dem Gelände der Burg wurden später zu verschiedenen Zeiten Gefäßreste, Waffen und Schwerter gefunden; bei der Schiffbarmachung des Rhin im Jahre 1836 fand man die eiserne Hand, eine linke Armprothese, deren Finger durch einen Mechanismus im Inneren der Hand bewegt werden können. Fontane bemerkte dazu: »Die Götze-Hand… ward im Februar 1836 bei der Schiffbarmachung des Rhin, innerhalb der Stadt Alt-Ruppin, dicht neben der langen Brücke gefunden. Diese eiserne Hand ist zum Festschnallen am linken Arm eingerichtet und hat, der Maschinerie nach, wahrscheinlich zur Führung des Zügels in der Linken gedient. Der Rost hat an einzelnen Stellen das Innere offen gelegt und man sieht mit Hilfe dieser Öffnungen die kleinen Räder des Mechanismus, der sich in seiner Gesamtheit gut genug erhalten hat, um auch jetzt noch die gekrümmten und beweglichen Finger in jede beliebige Stellung bringen und in dieser fixieren zu können. Dies wird durch Schieben an einer Daumenplatte und mittels zweier Knöpfe an der Handwurzel bewirkt.«

Chronologie

Beginn des 13. Jahrhunderts
Die Grafen von Arnstein, die Herren des Landes Ruppin, erbauen an der Stelle, wo die Seenkette leicht zu überschreiten war, ihre Planenburg, als erster Burgherr wird der 1356 gestorbene Graf Gebhard vermutet.

1238
Am 6. Januar urkunden die Markgrafen Johann und Otto zu ›Ruppin‹.

Um 1250
Der Name ›Alt-Ruppin‹ bürgert sich für das nahe gelegene Städtchen ein, im Unterschied zum schon gegründeten Neuruppin während des 13. und 14. Jahrhunderts ist die Planenburg der bevorzugte Aufenthaltsort der Grafen.

15. Jahrhundert
Anlage der inneren Burg, drei Wiekhäuser werden abgerissen.

1524
Nach dem Tode des letzten Grafen von Ruppin, Wichmann von Arnstein, gelangt die Burg in den Besitz des Kurfürsten von Brandenburg.
1618–1648
Dreißigjähriger Krieg. Vor dem Krieg war die Burg noch gut erhalten und bewohnbar, während des Krieges brennen Palas und Kapelle ab.
1675
Die Schweden richten schwere Schäden an.
1779
Der rechte Flügel des Gebäudes stürzt ein, der Zerfall der Burg beginnt.
1787
Die Steine der ›schönen Ruine‹ werden in Neuruppin verwendet.
1788
Beginn des vollständigen Abbruchs von Gebäude und Mauern.
1791
Ein Amtshaus wird neu errichtet, vermutlich an Stelle des rechten Flügels des ehemaligen Palas.
1932
Ausgrabung fast ohne Ergebnisse, da beim Abbruch selbst die Fundamente beseitigt wurden, unter der angrenzenden Kleingartenkolonie sollen aber noch Tonnengewölbe mit meterdicken Mauern erhalten sein.

Tourismusinformation Neuruppin, Bürgerbahnhof, Karl-Marx-Str. 1, 16816 Neuruppin, Tel. 0 33 91/35 86 78, Mo bis Sa 7 bis 19 Uhr, So 9 bis 17 Uhr.

Seehotel ›Gildenhall‹, Wuthenower Str. 10, 16827 Alt Ruppin, Tel. 0 33 91/ 76 70.
Hotel ›Zum Alten Siechenhospital‹, Siechenstr. 4, 16827 Alt-Ruppin, Tel. 0 33 91/39 88 44.
Restaurant ›Bärenschenke‹, Dorfstraße 24, 16816 Nietwerder, Tel. 0 33 91/21 90.

Im Juni findet der Neuruppiner Kultursommer statt.

Burgen in der Uckermark

Boitzenburg

Sie ist eine Burg wie aus einem Märchenfilm: hohe Türme, eine breite Auffahrt, ein malerischer See und die hohe undurchdringliche Hecke. Zwar besteht sie nicht, wie in Sagen und Märchen die idealtypische Hecke oft beschrieben wird, aus Rosengehölzen mit schmerzhaften Dornen, sondern aus Maschendraht und Drahtzaunfeldern. Der Effekt ist jedoch der gleiche: Zutritt nicht möglich – die Burg bleibt verwunschen.

Da sich auch die Besucher kein Bild von dem heutigen Zustand machen können, muß man eine Quelle zu Rate ziehen – wie so oft Fontane, und hier seinen Aufsatz ›Die Mark und Märkische Kriegsobersten zur Zeit des dreissigjährigen Krieges‹:

»Einzelne Schlösser machten nach außen hin durchaus den Eindruck des Stattlichen, Reichen, Vornehmen; aber im Innern herrschte eine Einfachheit, die uns heute in Staunen versetzen würde. Es liegt uns, mit Hilfe eines glücklichen Ohngefährs, eine Schilderung vor, wie die Zimmereinrichtungen, um die Zeit des dreißigjährigen Krieges, in Schloß Boitzenburg war, und um das Bild zu vervollständigen, das ich von den Aeußerlichkeiten der damaligen Zeit geben möchte,

Boitzenburg, Lithographie von Alexander Duncker, 1863/64

lasse ich dieselbe hier folgen: In einer der Stuben befanden sich 37 Rehköpfe mit Geweihen und ein vier- und ein fünfarmiger messingner Kronleuchter; an der Wand hingen verschiedene Bilder: das jüngste Gericht, der Baum des Lebens, Jagdstücke und heidnische Darstellungen. Die Tische und Bänke waren weiß, d.h. ohne Anstrich und Politur. In der sogenannten blanken Stube befanden sich dreizehn fürstliche und kurfürstliche Conterfeis, ferner die spanische Inquisition und der Gekreuzigte. Die Wände waren mit dunklen Gobelintapeten bekleidet, in die mit grüner Seide allerhand Darstellungen eingewirkt waren. Auch war hier ein guter eiserner Ofen, dabei aber Tische und Bänke wiederum von rohem Holz. Die Wohnstube war ohne allen Schmuck. Man sah darin einen sehr alten Kachelofen, einen alten Stuhl mit grünem Tuch beschlagen, einen kleinen Schiefertisch, einen einfachen Holztisch, eine Bank und ein verschlossenes Spind. Man sieht an den Gobelins, an den Kronleuchtern und der großen Zahl der Bilder, daß es keineswegs an Reichthum, vielleicht auch nicht einmal an Kunstsinn gebrach; aber alles das fehlte, was man als die kleine Münze der Kunst und des Luxus bezeichnen könnte. Völlig fehlte der Sinn für Natur und landschaftliche Schönheit; von Blumen an den Fenstern existierte nichts, als was der Winter an die Scheiben malte, und die Jagdlust, die mit langem Speer und klaffender Meute durch die Wälder zog, freute sich des Waldes, wie sich der Hirsch des Waldes freut. Die Frische labte, nicht die Schönheit…«

Die Ruine des Zisterziensernonnenklosters

Allzu angenehm oder gar luxuriös kann das Leben auf Boitzenburg also nicht gewesen sein, dafür ist die Lage auch heute noch bemerkenswert: Das in der wasserreichen Umgebung allen Feinden nur schwer zugängliche Schloß liegt auf einem Hügel inmitten eines Parks. 1276 wird es zum ersten Mal erwähnt, dürfte aber wesentlich älter sein, da bereits 1240 ein pommerscher Tuchseß – Johann von Boyceneburch – urkundlich genannt wird. Im Jahr 1528 gelangte der erste von Arnim in den Besitz der Burg, die bis 1945 im Besitz der Familie blieb.

Der hochgelegene Westteil, das sogenannte Oberhaus mit den beiden Zwerchhäusern, stammt noch aus dem 16. Jahrhundert, während der Rest der Anlage, vor allem das Unterhaus als zweiflügliger Komplex, im historisierenden Stil der Renaissance erst im 18. Jahrhundert erbaut wurde. Der ehemals barocke Garten

Blick in die Klostermühle

wurde 1840 erweitert und von Peter Joseph Lenné in einen herrlichen Landschaftspark im englischen Gartenstil umgestaltet, der einige bemerkenswerte Baudenkmäler aufzuweisen hat. Zum Gedächtnis an den 1801 verstorbenen preußischen Finanzminister Friedrich Wilhelm von Arnim wurde vom Baumeister des Brandenburger Tores, Carl Gotthard Langhans, ein Tempel errichtet, in dem die Marmorskulptur einer Trauernden von Johann Gottfried Schadow stand. Heute ist diese Figur in der Berliner Friedrichswerderschen Kirche zu sehen.

Obwohl sämtliche Bauten des Parks sehr verfallen sind – ein Wiederaufbau wird derzeit diskutiert –, ist der Apollotempel im sogenannten Carolinenhain sehenswert. Auf eine weitere Sehenswürdigkeit, die sich außerhalb der eigentlichen Boitzenburg befindet, deutet eine alte Sage hin:

»Vor vielen, vielen Jahren lebte in Boitzenburg ein armer Böttchermeister. In einer Nacht, als er sanft und süß nach den Anstrengungen des Tages schlief, rief ihn eine unbekannte Stimme ins nahe Kloster Marientür. Er sollte kommen und sein Handwerkszeug mitbringen, denn es gäbe dort Arbeit für ihn. Der Meister stand also auf, und als er vor die besagte Tür trat, empfing ihn ein Mann mit langem weißen Bart und führte ihn durch mehrere unterirdische Gänge in einen großen Keller, wo viele Fässer standen, die bis zum Rand mit Gold und Silber gefüllt waren. Hier erhielt nun der Böttchermeister den Auftrag, diese Fässer mit neuen Reifen zu versehen. Aber es waren ihrer gar viele – so viele, daß der arme Mann ihre Anzahl kaum übersehen konnte. Eine alte Tranlampe erhellte ein wenig den Raum, und es war unserem Meister, als wenn die alten Nonnen gleich

Gespenstern durch die vielen Tonnen dahinschlichen. Auf einmal erfaßte ihn ein furchtbares Grauen; er ließ sein Handwerkszeug liegen und lief, was er laufen konnte nach Hause. In der folgenden Nacht kam der Greis wieder und brachte dem Böttchermeister sein zurückgelassenes Handwerkszeug. Der alte Mann dankte dem Böttcher trotz der nicht verrichteten Arbeit, denn das Kloster hatte nur die Werkzeuge gebraucht – auf die Arbeit selbst verstand man sich im Kloster selbst recht gut. Der Meister atmete erleichtert auf und schlief ein. Als er nun am nächsten Morgen erwachte, da lag sein Werkzeug neben dem Bett und dabei ein Haufen Gold, und so war er plötzlich ein reicher Mann; aber er wäre wohl noch viel reicher geworden, hätte er die Arbeit selbst getan.«

Die rekonstruierte Ruine des 1298 gegründeten Zisterziensernonnenklosters liegt auf der gegenüberliegenden Dorfseite. Ein ausgeschilderter Rundweg führt zur Klostermühle, die um 1271 errichtet und nach ihrer Zerstörung während des Dreißigjährigen Krieges 1640 in ihrer heutigen Gestalt wiedererbaut wurde und in der sich sowohl der Nachbau einer Müllerwohnung als auch ein voll funktionstüchtiges Mahlwerk befindet. Das war sogar bis 1959 noch in Betrieb.

Chronologie

1276
Erste urkundliche Erwähnung.
1330
Übernahme durch die Wittelsbacher.
Um 1350
Friedrich von Lochen erhält die Burg.
1365
Markgraf Otto kauft Boitzenburg.
1416
Hasse von Bredow auf Boitzenburg.
1427
Familie von Arnim wird erstmals als Pfandherr erwähnt.
1528–1945
Familie von Arnim als Lehensherren über Schloß und Herrschaft.
1838–1842
Überbauung durch Stüler im neugotischen Stil.
1856
Boitzenburg wird zur Grafschaft erhoben.
1881–1884
Weitere Umbauten im historisierenden Stil.
Nach 1884
Boitzenburg dient als Offiziers-erholungsheim.

i Amt Boitzenburg, Templiner Straße 17, 17268 Boitzenburg, Tel. 03 98 89/76 04.
Klostermühle Boitzenburg; Mühlenweg 5a, 17268 Boitzenburg, Tel. 03 98 89/2 36, Di bis So 10 bis 17 Uhr.

Gerswalde

In'n Sommer
De Sommer is dor,
As siedene Hoor
teust Wind nu dät Korn
un dukert de Ohrn.
Nu wennt sich dät Johr.
De Sommer ist dor.

De Aust, de is dor.
Nu reikt uns dät Johr
noh Planeten und Säjen,
noh Hacken un Mähjen
dät Brot wedder dor.
So lohnt uns dät Johr.

Is't Feld kum ierst klor,
reehgt Fohr sich on Fohr.
Drifft soot, dät wi leben.
De lerchen, de schweben,
sunn lücht't di in't Hoor.
De Sommer is dor.

Erna Taege-Röhnisch

Die Gegend um Gerswalde ist geradezu geschaffen für eine Entdeckungsreise. Unweit der B 109, eingebettet in die Heidelandschaft und zwischen noch immer weitgehend unzugänglichen wie unergründlichen Wäldern gelegen, befindet sich die Ruine einer ehemals mächtigen Burg. In früheren Zeiten war sie im ganzen Land bekannt und oft genug ein Streitpunkt zwischen den Brandenburgern, Mecklenburgern und Pommern. »Von hier aus«, so heißt es in einem Ortsprospekt, »wurde die slawische Bevölkerung unterdrückt und die Aussiedlung deutscher Bauern aus den Gebieten westlich der Elbe gesichert«. Zwischen 1239 und 1250 erbauten die Eroberer der Uckermark, die deutschen Ordensritter, jene Wasserburg ›Gyrswalde‹, die damals zu drei Seiten von Wasser und Sumpf umgeben war.

Die mittelalterliche Anlage war ein klassisches Beispiel für eine Burg mit Kemenate, Bergfried und Palas. Die Grundanlage ist kastellartig angelegt und verdeutlicht damit ihren Wehrcharakter. Während die meisten Gebäude auf einem Feldsteinsockel aus klosterformatigen Ziegeln errichtet wurden, besteht die Kemenate überwiegend aus Feldsteinmauerwerk. Fast 400 Jahre hielt diese Burg, hinter deren Mauern so bedeutende Familien wie die von Holzendorff und später dann die von Arnims wohnten, allen Angriffen stand. Im Dreißigjährigen Krieg aber, im Jahre 1637, wurde nicht nur das Dorf Gerswalde, sondern auch die alte Burg zerstört.

Trotzdem sind vom dreigeschossigen Ostflügel der Burg noch heute beträchtliche Teile des Feldsteinmauerwerks mit den Schießscharten sowie die Unterbauten eines hofseitig anschließenden runden Bergfrieds und eines halbrunden Wehrturms erhalten. Daraus kann man schließen, daß weite Teile der Anlage nach ihrer Zerstörung wieder aufgebaut wurden. Ebenfalls erhalten haben sich einige Kellerräume mit ihren Tonnengewölben. Der Bergfried selbst befindet sich in der Nordostecke der Anlage. Seine Reste haben eine noch immer beachtliche Höhe von

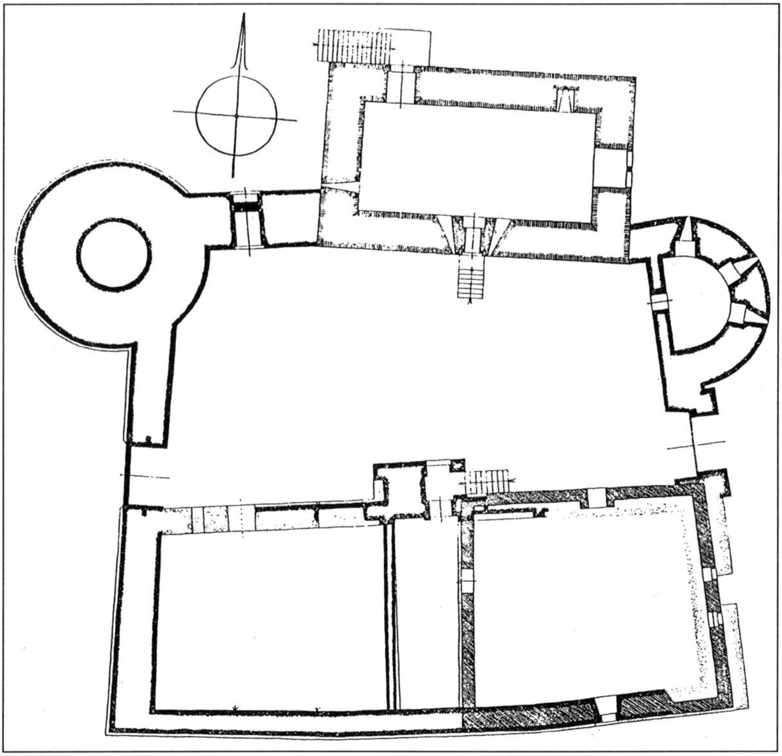

Grundriß der Burganlage

über acht Metern. Sein offenbar später eingebrochener Eingang von der Außenseite ist heute nicht mehr zugänglich.

Die eigentliche Wehranlage nimmt die Südostseite der Anlage ein, während sich die Hauptgebäude im Westen des Hofs befanden. Aus der Zeit, in der die gesamte Anlage wieder in Stand gesetzt war, stammt die auch folgende Geschichte.

»Von jeher und besonders in unsicheren Zeiten war die Erde eine Bank, der man seine Ersparnisse anvertrauen konnte. Besonders zur Zeit des Dreißigjährigen Krieges brachten unsere Vorfahren ihre wertvollste Habe auf diese Weise in Sicherheit. Allerdings starben die Besitzer oftmals, bevor die den Schatz wieder heben konnten. So blieb es dann meist dem Zufall überlassen, wann und von wem

Die Ruine soll denkmalgerecht ausgebaut werden

ein solches Versteck entdeckt wurde. Vor nunmehr 300 Jahren ging in Gerswalde das Gerücht, daß an der Straße solch ein Schatz vergraben sei, den eine Mauer umgebe. Es hatte sich jedoch noch niemand aufgemacht, den Schatz zu heben. Nun lebte im Flecken der Bauer Kähmke, dessen Sohn mit einem wunderschönen Mädchen verlobt war. Wegen der Mittellosigkeit der beiden Verliebten war allerdings an eine Heirat nicht zu denken. Da verfielen im Jahr 1702 die beiden Brautleute auf die Idee, doch einmal nachzusehen, ob nicht doch etwas Wahres an dem Gerücht von dem verborgenen Schatz sei. Sie gruben emsig nach und stießen eines Tages auf eines Kessel, in dem sie 4 silberne Becher, 16 silberne Löffel, 4 Goldstücke, 3 silberne Schaustücke und ein kleines Kästchen mit Schmuck fanden. Nun war für einen eigenen Brautschatz gesorgt.

Trotzdem versteckten die beiden ihren Fund an einem sicheren Ort. Nach einigen Tagen bemerkte der Gerichtsherr des Ortes, ein von Arnim, das Loch, das die glücklichen Schatzgräber in der Eile nicht zugeschüttet hatten. Da dem Gerichtsherrn inzwischen wohl auch etwas über den Fund zu Ohren gekommen war, ließ er alle Bewohner des Ortes zu sich kommen und stellte ein strenges Verhör an. Kähmkes Eltern, die ihre zukünftige Schwiegertochter nicht leiden konnten und glaubten, so eine Heirat verhindern zu können, verrieten die Namen der Schatzgräber. Eiligst wurden die beiden in den Keller der Burg gesperrt – dorthin, wo einer alten Chronik zufolge ›weder Licht noch Sonne hinkam‹.

Dem jungen Kähmke gelang es nach drei Tagen, ein Loch in die Mauer zu brechen, obwohl er an den Händen und Füßen mit eisernen Ketten gefesselt gewesen sein soll. Zum großen Leidwesen des Gerichtsherren verschwand er anschließend mit dem Schatz. Der von Arnim ergoß seinen Zorn nun über die junge Braut. Er ließ sie ›stöcken und pflöcken‹ und drohte ihr schließlich, sie wie eine Diebin an den Füßen aufhängen zu lassen. Bevor er allerdings zur Tat schreiten konnte, befreite der Bräutigam die junge Frau. Dort, wo der Machtbereich des Herren von Arnim endete, gründeten die beiden Verliebten von dem Erlös des Schatzes ein eigenes Heim.«

Die heute noch vorhandenen Akten zu diesem ›Fall‹ geben leider keine Auskunft darüber, ob sie auch glücklich und bis ans Ende ihrer Tage zusammen waren. Allerdings ist zu erfahren, daß die Frau den König um Schutz gegen die Nachstellungen von Arnims anflehte, der ihr dann auch zugesagt wurde.

Die späteren von Arnims scheinen von einem anderen Geist beseelt gewesen zu sein als der hartherzige Gerichtsherr. Im Jahre 1847 wurde mit einem Teilausbau der Burgruine begonnen, »der romantischen Neigung derer von Arnims wegen«, wie es in der Ortschronik heißt, unter Verwendung barocker Bauteile. Die meisten dieser Einbauten sind allerdings wieder zerstört worden. Lediglich im Südflügel und an der Einfahrt haben sich bis heute Reste davon erhalten. Knapp ein halbes Jahrhundert später erfüllte sich ein weiterer von Arnim seinen romantischen Traum: Anstelle der ehemaligen Vorburg wurde um 1900 ein kleines Schloß errichtet. Dieses führte den Namen ›Weißer Hof‹ und fungierte als Stammsitz der Familie von Arnim, die von 1463 bis 1926 Burg und Dorf Gerswalde besaß.

Nachdem die Gerswalder Linie derer von Arnim nach dem Ersten Weltkrieg bankrott ging, wurde 1930 aus dem Herrensitz eine ›Erziehungsanstalt für seelenpflegebedürftiger Beamtenkinder‹. Zu DDR-Zeiten befand sich hier ein Jugendwerkhof, eine Art Erziehungsanstalt. In den 60er Jahren setzten die hier zwangsweise untergebrachten Jugendlichen den Dachstuhl des Schlosses in Brand; seitdem ist das Gebäude um ein Stockwerk niedriger. Im Jahre 1993 ist die Ruine der Burg mit dem Haussee und großen Teilen des Parks in das Eigentum der Gemeinde übergegangen. Sie ist jetzt bestrebt, ihr Kleinod für eine weitere touristische Nutzung behutsam und denkmalgerecht auszubauen. Dazu gehört unter anderem die Nutzung des romantischen Innenhofes der Burg, die eine hervorragende Akustik für klassische Konzerte bietet. Die ehemalige Kemenate wird als kleines Heimatmuseum genutzt.

Chronologie

1256
Erstmalige Erwähnung der Burg Gerswalde.

1271–1311
Der Aufenthalt mehrerer askanischer Markgrafen ist verbürgt, die Anlage dient als Wehrburg gegen Pommern und Mecklenburg.

1373
Erwähnung von Burg und Dorf Gerswalde.

1477
Familie von Holtzendorff besitzt Gerswalde.

1463–1927
Burg und Dorf befinden sich im Besitz der Familie von Arnim.

1847
Um- und Einbauten verändern die Burg.

Um 1900
Anstelle der alten Vorburg wird ein kleines neobarockes Schloß errichtet.

Bis 1990
Das kleine Schloß wird als Jugendheim genutzt.

1993
Übereignung in Gemeindebesitz; seitdem Leerstand und Restaurierungs- und Erweiterungsarbeiten.

Amt Gerswalde, Dorfmitte 14a, 17268 Gerswalde, Tel. 03 98 87/75 80. Tourismusverein Region Gerswalde e.V., Dorfmitte 14, 17268 Gerswalde, Tel. 03 98 87/2 89. Heimatmuseum, 17268 Gerswalde, Besuch nur nach tel. Voranmeldung: 03 98 87/2 24 oder -2 97.

Hervorragend das drei Kilometer entfernte Schloß Herrenstein mit seiner ausgezeichneten Küche und den vielen Sport- und Freizeitmöglichkeiten, Tel. 03 98 87/7 10. Direkt in Gerswalde: Gasthaus und Pension ›Zum Schwarzen Adler‹, Haßlebener Straße 32, 17268 Gerswalde, Tel. 03 98 87/60 60 oder Gaststätte und Pension ›Kastanienhof‹, 17268 Gerswalde, Tel. 03 98 87/5 13, mit Fahrradverleih.

Greiffenberg

Die ehemalige Burg Greiffenberg dürfte als eines der traurigsten Beispiele denkmalpflegerischer Vernachlässigung in Brandenburg gelten. Es gibt keinen touristischen Hinweis auf dieses einmalige Zeugnis brandenburgischer Geschichte des Mittelalters.

Leider gibt es auch wenig historisch verbürgte Geschichten über die Burg oder ihre Eigentümer. Wer aber die Ruine besuchen möchte, sollte sich am Lauf des Flüßchens Sernitz orientieren und nach dem Überqueren der einzigen Brücke in Greiffenberg einer Erhöhung folgen, die später auf den Burgberg führt.

An ehemals strategisch wichtiger Stelle, an eben jenem Sernitzübergang zwischen Angermünde und Gamzow gelegen, wird Burg Greiffenberg erstmals in einer Urkunde von 1261 erwähnt. Die ›civitas Grifenberg‹ gehörte nebst einem Hospital der gleichnamigen Familie. Die Burg wird als Stammsitz dieser im Mittelalter sehr bedeutenden Familie bezeichnet.

Ruine seit über 300 Jahren

Im Jahre 1349 wird den Adligen von Greiffenberg das Eigentum an Burg und Stadt durch den pommerschen Herzog bestätigt. Fünf Jahre später gehört das Gebiet allerdings wieder zu Brandenburg – eine Tatsache, die die Lage der Burg nicht vereinfachte, befand sich Greiffenberg doch nun als ›oppidum‹ (1373 so erwähnt) inmitten pommerschen Gebietes. Nachdem die Pommern die Burg 1426 erobert hatten, trat Markgraf Friedrich ein Jahr später Burg und Stadt an die Eroberer ab, bis der Besitz 1446 zurückerobert werden konnte. Von 1473 bis 1803 blieben Burg und Stadt im Besitz der Familie von Sparr.

Nach den Zerstörungen während des Dreißigjährigen Krieges verlor die Burg jede Bedeutung und verfiel. Wer heute den künstlich erhöhten Burgberg besteigt, kann nur noch den Torturm, den Stumpf eines Rundturmes sowie Teile der Ringmauer erkennen. Die gesamte Anlage ist derzeit nicht gesichert und somit ungeschützt dem weiteren Verfall preisgegeben.

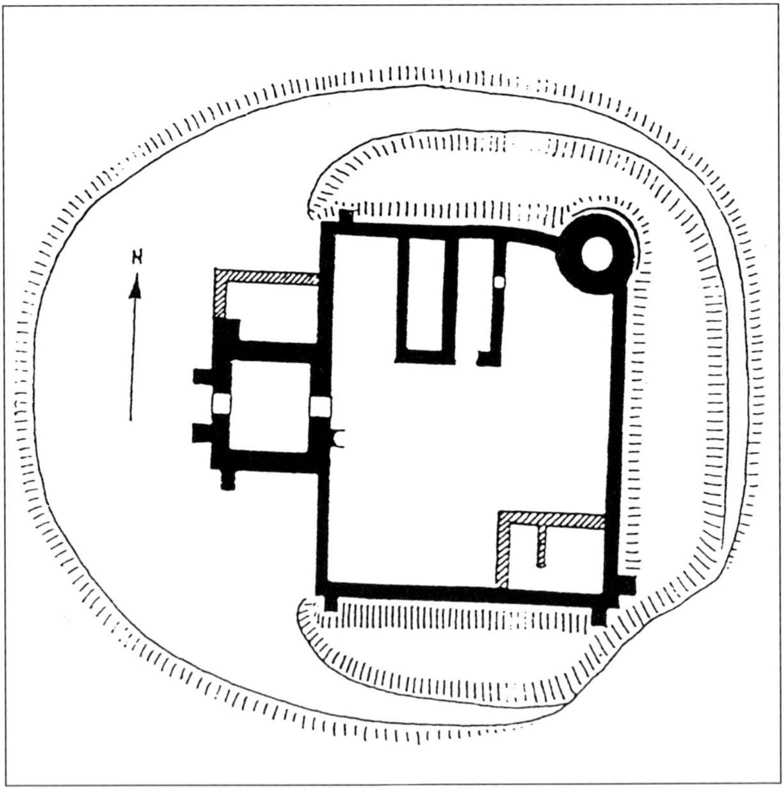

Grundriß der ursprünglichen Anlage

Chronologie

1261
Erstmalige Erwähnung der ›civitas Grifenberg‹ mit Hospital als Stammsitz der Familie von Greiffenberg.

1349
Bestätigung des Besitzes durch Pommern.

1354
Burg Greiffenberg gehört wieder zur Mark Brandenburg.

1373
Das ›oppidum‹ ist von Pommerschen Gebiet umgeben.

1426
Eroberung durch die Pommern.

1446
Greiffenberg gehört wieder zur Mark Brandenburg.

1473–1803
Greiffenberg gehört der Familie von Sparr.

Ab 1850
Der Besitz geht an die Familie der Grafen von Redern.

Restaurant Grilleck, Breite Straße 85, 16278 Greiffenberg, Tel. 0 33 34/7 03 39.

Der Bergfried in Stolpe

Wenige Kilometer von Angermünde entfernt, in Richtung Oder, direkt am Kanal der Hohensaaten-Friedrichsthaler Wasserstraße, steht auf einem Steilhang etwa 50 Meter über dem Dorf Stolpe ein von hohen Erdwällen umgebener Bergfried einer mittelalterlichen Burg, der ›Grützpott‹. Es ist ein merkwürdiger Name, der auf eine alte Legende zurückgeführt wird:

»Einst hauste der Raubritter Tiloff mit seiner Mutter und seinen Kumpanen auf der Stolper Burg. Häufig fand er sich auf dem Markt der Stadt ein, um reiche Kaufleute auszukundschaften. Rüsteten diese zum Aufbruch, ritt Tiloff eilends zu seiner Burg und rief seine Leute zusammen. Im Hinterhalt lauerten sie dann den Kaufleuten auf und mordeten und plünderten. Eines Tages beobachtete Tiloff einen Kaufmann, der viel kostbares Schleierleinen auf dem Markt verkauft hatte und eine gut gespickte Geldkatze um den Leib geschnallt trug. Tiloff machte sich diesmal allein an die Verfolgung des Kaufmanns, in dem er eine ebenso reiche wie leichte Beute witterte. Doch der Kaufmann war auf der Hut. Als ihn der Raubritter mit gezogenem Schwert bedrohte, zog der Händler seine Pistole, die mit einem silbernen Knopf geladen war und schoß Tiloff mitten ins Herz. So fanden ihn seine Leute dann später auch im Wald.

Schnell verbreitete sich die Kunde vom Tode des gefürchteten Wegelagers und die mutig gewordene Bevölkerung wollte jetzt auch sein Raubnest zerstören. Die Bauern scharten sich zusammen und stürmten die Burg. In ihrer Bedrängnis flüchteten sich die Strauchritter in den mächtigen Bergfried, den sie hartnäckig mit allen ihnen zu Gebote stehenden Mitteln verteidigten. Von der Höhe des Turms warfen sie schwere Steine in die Tiefe, gossen aus großen Pfannen siedend heißes Pech auf die Angreifer, und zuletzt schütteten sie das soeben fertiggekochte Essen, einen Kessel mit heißem Grützbrei, herab. Aber das vermochte die Bauern nicht zu erschrecken. Der Stolper Schmied, der auf der obersten Sprosse der Sturmleiter stand, bekam die Grütze auf seine Sturmhaube. Wutentbrannt rief er: »Den Grützpott wärn wir bald utschüren.«

Mit voller Wut rammte er daraufhin seine Eisenstange gegen die Bohlentür des Turmes. Das Holz krachte und splitterte, und die erbitterten Bauern drangen in den Bergfried ein. Das war das Ende des Raubnests. Die Burg zerfiel, nur die Mauern des Bergfrieds ragen noch auf – vom Volksmund ›Grützpott‹ genannt.«

Heute ist er eine weitbekannte Attraktion, und zu Ostern Ort eines besonderen Schauspiels. Die Einheimischen lassen dann von den Hängen die Ostereier rollen, und die Kinder versuchen ihnen hinterher zu laufen und sie zu fangen. Obwohl der

Lithographie von Alexander Duncker, 1861/62

›Grützpott‹ sehr fest in der Landschaft zu stehen scheint, hat auch an ihm der Zahn der Zeit genagt, und Restaurierungsarbeiten sind dringend erforderlich. Wie ernst der Zustand des Turmes ist, zeigt schon die Tatsache, daß er nicht mehr von Innen besichtigt werden kann. Daher geben wir an dieser Stelle eine Beschreibung wieder, die von dem ›Burgen-tourist-team-Berlin‹, einer Gruppe von Burgenfreunden aus Berlin, stammt:

»Mit seinen rund 18 Metern Durchmesser und einer Mauerstärke von 6 Metern ist der ›Grützpott‹ wahrscheinlich der ›dickste‹ Bergfried Deutschlands. Der heute noch sichtbare Eingang des Bergfrieds liegt etwa in zehn Metern Höhe über dem Sockel, um den Verteidigern bei einer Belagerung einen zusätzlichen Schutz zu bieten. Innerhalb der Turmmauer führt eine Treppe vom Eingang zu einem tiefer gelegenen Raum, dessen außen angebrachte Kragsteine auf einen Aborterker schließen lassen. Der Turm ist innen bis zu einer Höhe von zehn Metern aus Feldsteinen erbaut. Ein Rippengewölbe schließt den unteren Raum, der sicher auch als Verließ diente, noch oben hin ab. Darüber befindet sich ein weiterer Raum von zehn Metern Durchmesser und vier Meter Höhe, dessen Decke leider eingestürzt ist. Darüber befand sich die Wehrplattform, von der die Verteidiger, durch einen noch in Resten erkennbaren Zinnenkranz gedeckt, die ganze Burg mit ihren Waf-

Der ›Grützpott‹ ist eine weitbekannte Attraktion

fen beherrschen konnten. Sicherlich waren die noch gut sichtbaren Erdwälle mit Holzpalisaden befestigt und weitere Wohn- und Wirtschaftsbauten komplettierten die Anlage.«

Um in das Innere des Turmes zu gelangen, konnte man einen heute gesperrten Gang benutzen, den der Geologe Christian Leopold von Buch (1774–1853) wahrscheinlich im Jahre 1844 anlegen ließ. Der zwanzig Meter lange Gang ist etwa 1,70 Meter hoch und 1,16 Meter breit.

Der ›Grützpott‹ gilt als der erste Ziegelbau dieser Art im nordosten Deutschlands und soll nach Plänen der Landesregierung demnächst wieder als zinnenbekränzter Aussichtsturm den Blick in den Nationalpark Unteres Odertal ermöglichen.

Chronologie

Im alten Grenzland an der Oder befand sich an dieser Stelle eine slawische Wallanlage, in der die heute noch sichtbaren Wälle ihren Ursprung haben könnten.

Um 1190
Der Turm soll mit dänischer Hilfe von den Pommern errichtet worden sein.

13. Jahrhundert
Die Wallburg wird von den Deutschen erobert.

Um 1250
Die Markgrafen von Brandenburg setzen einen Vogt ein.

1251
Stolpe wird das erste Mal urkundlich erwähnt.

1301
Stolpe wird an Magdeburg verpfändet.

1324
Durch Schiedsspruch König Christophs von Dänemark wieder zu Brandenburg gehörig.

1348–1446
In pommerschem Besitz.

1423
Burg und Landschaft Stolpe gelangen in den Besitz der Familie von Buch.

1553
Schloß Stolpe entsteht als zweigeschossiger spätgotischer Bau.

18. Jahrhundert
Barocke Erweiterung.

1917
Schloß Stolpe brennt aus.

1945
Die berühmte Schloßbibliothek und das Archiv fallen Plünderungen zum Opfer.

Nach 1945
Nutzung des Schlosses als Lehrwerkstatt.

Hotel und Restaurant ›Stolper Turm‹, Dorfstr. 40, 16278 Stolpe, Tel. 03 33 38/5 40 oder 3 33, Fax 3 34.

Vierraden

Das Stadtwappen – Rose mit goldener Mitte – geht auf die Grafen von Hohenstein zurück

Wer von Schwedt aus die B2 weiter Richtung Norden fährt, erblickt nur wenige Kilometer nach Verlassen der ehemaligen Residenzstadt an der Oder einen plötzlich aus der hügellosen Landschaft ragenden Burgturm: Vierraden. Inmitten von Schrebergärten und Pferdekoppeln gelegen, macht dieser Turm einen kläglichen Eindruck; kaum etwas erinnert daran, daß hier einmal eine für die Uckermark bedeutende und oft umkämpfte Burg stand. Ein Stich von 1478 zeigt dagegen einen wehrhaften Bau mit Turm, Back- und Brauhaus, umgeben und geschützt von einer dicken ringförmigen Mauer und zusätzlichen Wassergräben. In dieser Zeit gehörte Vierraden den Grafen von Hohenstein, die bis zu ihrem Aussterben 1609 im Besitz der Burg blieben und Vierraden sogar als ›Schloß Hohenstein‹ bezeichnet haben sollen. Die Burg wurde am linken Welseufer erbaut und 1321 erstmals urkundlich erwähnt. Zu dieser Zeit hieß sie aber noch nicht Vierraden. Über die Entstehung dieses Namens berichtet ein Sage:

»Ursprünglich hieß die Burg nach dem Willen des Erbauers die ›Rote Burg‹. Den Namen hatte der Ritter nach den Farben seines Wappenschildes gewählt. Er wachte auch darüber, daß alle den Namen ›Roteburg‹ gebrauchten. Nun lag an der alten Handelsstraße, die von Schwedt nach Stettin führte, direkt an der Welse eine Mühle mit vier Mahlgängen, also vier Rädern. Diese Mühle war für die Bauern der Umgebung wichtiger als die Burg des Ritters. Man gewöhnte sich daran, den Übergang über die Welse nach der Mühle zu benennen und die Burg ebenso, also ›Vierraden‹. Das verdroß den Ritter. Da er aber dem angesehenen Müller der Vierrädermühle nichts anhaben konnte, auch weil dieser in der Gunst des Landesfürsten stand, griff der Ritter zu einer List. Er lud den Müller freundlich zu einer Abendmahlzeit auf der Burg ein. Während des Essens stand der Ritter plötzlich auf, sah aus dem Fenster und rief: »Ich sehe einen Stern, den sehe ich gern!« Der Müller, der gleich Böses ahnte, sagte in seiner bedächtigen Art: »Ich sehe den Stern aber gar nicht gern.«

Die Vierrädermühle stand in Flammen. Um den verhaßten Namen der Mühle für seine Burg loszuwerden, hatte der heimtückische Ritter durch einen begnadigten Mörder die Mühle anzünden lassen. Ritter und Müller sind längst tot. Der Ritter aber hat keine Ruhe gefunden. Noch heute begegnet er den Menschen zur

Mitternachtszeit im Küselwind und ruft: »Roteburg, Roteburg!«, aber kein Mensch hält sich daran.«

Eine andere Sage erzählt, daß Burg und Dorf hinter einer hohen Rosen- und Dornenhecke versteckt lagen und den Namen Rosengarten trugen. Eine Frau soll im Dreißigjährigen Krieg den schwedischen Soldaten den Weg verraten haben. Nach der Einäscherung von Dorf und Burg und deren mühevollem Wiederaufbau soll man dann den Namen ›Verraden‹, das später zu Vierraden wurde, gewählt haben.

Diese Sage fußt aber nicht auf einer wahren Begebenheit, da sich bereits 200 Jahre zuvor die Besitzer von Dorf und Burg als Grafen von Hohenstein-Vierraden bezeichneten. Wie auch immer: Stadt und Burg nennt man heute nur noch Vierraden.

Wie man auch heute noch erkennen kann, wurde Burg Vierraden im 14. Jahrhundert ausschließlich für die Bedürfnisse des Krieges eingerichtet. In der nordöstlichen Ecke der Burg, am Nordende der gegen die Straße gerichteten Mauer an der langen Seite des Rechtecks, steht der Turm, der im unteren Teil viereckig, im höheren oberen Teil rund ist. Sein Durchmesser beträgt zwischen 3 und 3,5 Meter, seine Mauerstärke rund 1 Meter. Auf seiner Westseite befindet sich der heutige, später gebrochene Eingang. Der ursprüngliche Eingang befand sich zwar ebenfalls an dieser Seite, war aber weitaus höher gelegen. Man gelangte über den Wehrgang der Außenmauer durch eine rundbogige Tür in 16 Meter Höhe in den Turm.

Reproduktion Stich der Burgruine Vierraden, Zustand vor 1842.

Unterhalb dieses Eingangsgeschosses befand sich ein mit einem Kreuzgewölbe abgeschlossener Raum, der vermutlich wie bei anderen Anlagen als Verließ diente. Durch die Anlehnung an die äußere Ringmauer ist der Turmunterbau viereckig, ebenso wie der unterste Raum. Ursprünglich sollen die Ziegelsteinmauern mit unbearbeiteten Feldsteinen verkleidet gewesen sein und wären somit erheblich stärker gewesen. Um das oberste Turmgeschoß soll, wie man auf dem erwähnten Stich erkennen kann, ein hölzerner Wehrgang geführt haben. Diese Annahme wird durch die am Mauerwerk erkennbaren Löcher gestützt, die man als Balkenlöcher deutet. Ansonsten haben sich noch die Reste der äußeren Wehrmauern sowie eines Gebäudes erhalten. Im Innern der Burg waren nur Räume für die Besatzung, die Familie des Burgherren, die Vorräte und das Kriegsmaterial vorhanden. Durch den massiven Turm und die strategisch wichtige Lage stand die Burg wiederholt im Brennpunkt des sich über Jahrhunderte hinziehenden Streits zwischen Brandenburger und Pommerscher Fürsten um den Besitz der Uckermark. Nachdem Graf Wolfgang von Hohenstein-Vierraden vom Kurfürsten Joachim I. das Stadtrecht für seine Herrschaft 1515 erhalten hatte, verlegte die Familie ihren 1520 den Wohnsitz nach Schwedt, da die Wohnräume in der Burg Vierraden wohl nicht mehr standesgemäß waren.

Während der Regierungszeit des Kurfürsten Joachim II. brannte die Burg Vierraden völlig aus. Sie wurde zwar schnell wieder aufgebaut, verlor aber immer mehr an Bedeutung. Schließlich erlaubte die Kurfürstin Dorothea nach der Feuersbrunst von 1681 den Schwedter Bürgern, das zu dieser Zeit Schloß Vierraden genannte Gebäude als Steinbruch zu benutzen. Andere Quellen sprechen davon, daß ihr Schwedter Schloß mit den Steinen aus Vierraden wieder aufgebaut wurde.

Erst im August 1842 wurden die eingestürzte Kuppel und das Türmchen an der Südwestecke wieder hergestellt. Auch die Öffnungen des Turms wurden mit Türen und Fenstern, sämtliche fünf Turmspitzen mit kleinen Wetterfahnen versehen. 1843 wurde dann eine Tür zu ebener Erde eingebaut und mehrere Leitern zum Ersteigen des Turmes angebracht. Am 4. Mai 1878 verkaufte die Königliche Hofkammer den Schloßplatz und die Ruine dem Ackerbauern Julius Kummerow, der Turm selbst blieb aber im Besitz des Königs. Dieser Umstand führte dazu, daß heute noch die Besitzverhältnisse ebenso klar wie kompliziert sind und in jüngster Zeit zu Streitigkeiten zwischen Gemeinde und Privatbesitzer führten.

Die Gemeinde bemüht sich nicht um den Erhalt der denkmalgeschützten und daher kostenintensiven Liegenschaft und konzentriert ihre Bemühungen auf das gerade aufgebauten Vierradener ›Tabakmuseum‹; der Besitzer der Burg beziehungsweise ihres Turms verfügt nicht über die finanziellen Möglichkeiten zu seinem Erhalt.

Der Burg muß aber unbedingt geholfen werden, ihr Zustand ist marode. Denn, so die Ortschronik, »als die Rote Armee im Kampf um die Befreiung über die Oder setzte, erhielt der Turm einen Volltreffer durch Artilleriefeuer. Dabei wurde seine Spitze vollständig zerstört. Die beiden Soldaten, die zur Beobachtung dort oben Posten bezogen hatten, mußten noch in den letzten Tagen ihr Leben lassen. Erst am 4. August 1946 konnten die Überreste der Leichen geborgen werden. Sie wurden auf dem hiesigen Friedhof beigesetzt.«

Seitdem hat sich nicht viel an dem baulichen Zustand geändert, auch wenn der Besitzer während der DDR-Zeit versucht hat, mit Betonausgüssen dem Auseinanderbersten der Mauern Einhalt zu gebieten. Das war allerdings weder ein Erhalt im Sinne des Denmalschutzes, noch ist der Turm auf diese Weise dauerhaft saniert.

Chronologie

1230
Die Welse wird Grenzfluß zwischen Pommern und Brandenburg.

1269
Erste urkundliche Erwähnung einer Wassermühle an der Welse.

14. Jahrhundert
Als pommersche Grenzburg gegen Brandenburg an der von Frankfurt/Oder nach Stettin führenden Straße angelegt.

1321
Erste Erwähnung der Burg.

1420
Herzog Otto von Stettin zieht sich auf die Burg zurück, »to den vierraden up dat hohe huß«.

1424
Erfolgreiche Verteidigung der Burg durch die Pommern bei einem Angriff der Brandenburger.

1470
Im brandenburgischen Besitz, die Burg wird an einen Ritter von Arnim verpfändet.

1471
Hans von Buch wird Amtmann auf der Burg und verpflichtet sich, sie mit »fünfzehn wehrhaften Trabanten« zu sichern.

1472
Endgültiger Übergang der Burg in brandenburgischen Besitz durch den Vertrag vom 30. Mai mit den Herzögen von Wolgast.

1473
Die Burg wird auf Lebenszeit an Karl von Schlabrendorf übergeben.

1637
Im Dreißigjährigen Krieg Zerstörung von Stadt und Burg, danach Zerfall.

1681
Kurfürstin Dorothea läßt die Steine der Burg abbrechen und zum Bau des Schwedter Schlosses verwenden.

1685
Zuwanderung französischer Hugenotten, die in Vierraden den Tabakanbau betreiben.

1842/43
König Friedrich Wilhelm IV. lässt die Turmkuppel wieder aufbauen.

1945
Beschuß und teilweise Zerstörung des Burgturmes.

Stadt Vierraden, Am Markt, 16306 Vierraden, Tel. 0 33 32/2 20 21.
Heimatstube Vierraden, im Tabakmuseum Vierraden, Breite Str. 14, 16306 Vierraden.

Hotel ›Am Markt‹, Welsestraße 2, 16306 Vierraden, Tel. 0 33 32/52 47 40.
Bistro am Markt, Am Markt, 16306 Vierraden, Tel. 0 33 32/ 2 27 71.

Wolfshagen

Der Name Wolfshagen scheint früher ein beliebter Name für Burgen und Schlösser in der Mark Brandenburg gewesen zu sein. Knapp ein halbes Dutzend Orte dieses Namens zählt das berühmte Landbuch Kaiser Karls IV. auf. Zwei haben sich bis in unsere Zeit erhalten: Schloß Wolfshagen bei Perleberg in der Prignitz und Wolfshagen in der Uckermark. Trotz gleichen Namens sind die beiden Orte einfach auseinander zu halten, denn die Burg des hier interessierenden Wolfshagen führt den Namen Blankenburg. Sie ist bekannt geworden durch die heftigen Fehden, die die ortsansässigen Knappen Hasse von Blankenburg und dessen Freund Hans von Klützow um 1384 gegen die Stadt Prenzlau geführt haben. Die Knappen haben diese Auseinandersetzungen über Jahre und mit viel Erfolg führen können; nicht zuletzt wegen ihrer sicheren Burg.

Im Landbuch Kaiser Karls IV. wird Wolfshagen 1375 als Festung in der Uckermark benannt. An der Heerstraße von Prenzlau nach Woldegk und damit an der mecklenburgischen Grenze gelegen, erhob sich also einst eine stolze Wasserburg, von der heute nur noch Reste zu finden sind. Die Knappen Hasse von Blankenburg und Hans von Klützow sind für das Jahr 1384 als Burgmannen verbürgt. Ebenfalls aktenkundig sind ihre ständigen Fehden mit der Stadt Prenzlau. Nachdem der Bischof von Schwerin und der Herzog von Mecklenburg im Jahre 1339 Wolfshagen belagert, wenn auch nicht eingenommen hatten, mußten die Burgmannen weitgehende Zugeständnisse einräumen.

Mehr als 100 Jahre später, im Jahr 1486, wurden Arnt, Allert und Achim von Klützow auf Dedelow von Kurfürst Johann mit Wolfshagen belehnt. Noch 1608 war die Burg im Besitz des Jürg von Blankenburg, dessen Erben Wolfshagen aber wegen finanzieller Schwierigkeiten aufgeben mußten. 1670 verlieh der Große Kurfürst den Besitz an seinen Ratgeber Otto von Schwerin, dessen Nachkommen am Südufer des Haussees zwischen 1734 und 1738 ein Schloß errichten ließen. Das Schloß wird als zweigeschossiger Bau beschrieben, der mehr als 17 Achsen gehabt haben und von einem Mansardendach gekrönt worden sein soll. Das Schloß wurde 1838 noch erweitert, bevor es mit der gesamten Einrichtung und dem Archiv am 27. April 1945 Opfer eines Brandes wurde.

Das Schloß kann ein Besucher nicht mehr bewundern, wohl aber eine der schönsten Gartenanlagen Brandenburgs. Peter Joseph Lenné gestaltete diese Landschaft 1832 im englischen Stil. Fachleute zählen sie zu seinen gelungensten Leistungen.

Die Ironie der Geschichte ist in Wolfshagen auch zu erleben: Während von dem vor 350 Jahren erbauten Schloß nichts mehr zu sehen ist, ist von der 400 Jahre älteren Burg noch einiges erhalten. Obwohl im Dreißigjährigen Krieg fast vollständig zerstört und danach nicht wieder aufgebaut, steht heute noch der beeindruckende Rest des 24 Meter hohen Bergfrieds mit seinen bis zu 4 Meter dicken Mauern. Es ist das Wahrzeichen der Blankenburg. Steht man an diesem Bergfried, kann man gut erkennen, wie die einstige Wasserburg mit einem Graben geschützt war, der sein Wasser aus dem Haussee bezog.

Der Park ist sehr gepflegt, dank der fast 900 000 Mark, die 1999 für seine Pflege und den Erhalt der Wolfshagener Kirche bereitgestellt wurden. Auch der Weg zur mittelalterlichen Burgruine wurde neu gestaltet.

Für die Restaurierung des Turms reichten die Mittel dann aber offensichtlich nicht mehr. Und so drückt der Bauwagen, der dort seit längerem schon die Idylle stört, nurmehr die Hoffnung auf bessere Zeiten aus.

Die Mauern des Bergfrieds sind bis zu vier Meter dick

Chronologie

13. Jahrhundert
Beginn des Burgbaus von der Familie von Raben.

1292
Erstmalige Erwähnung als ›castrum‹.

1326
Friedrich und Heinrich von Blankenburg sind als Besitzer verbürgt.

17. Jahrhundert
Die Burg wird während des Dreißigjährigen Krieges zerstört und nicht wieder aufgebaut.

Gemeindeverwaltung Wolfshagen, Hauptstr. 35, 17335 Wolfshagen, Tel. 03 97 45/ 2 02 39.

Hotel ›Zur Königssäule‹, Hauptstraße 38, 17335 Wolfshagen, Tel. 03 97 45/ 2 02 39.

Am erstes Wochenende im Juli findet das Rosenfest in Wolfshagen statt.

Zichow

Passow war einmal ein für die Region nicht unbedeutender Ort. Es gab eine direkte Eisenbahnverbindung nach Berlin, und in diesem Bahnhof wurden auch die Rüben der Umgebung zur Weiterverarbeitung verladen. Heute ist der Ort mit öffentlichen Verkehrsmitteln nicht eben einfach erreichbar, und noch schwieriger wird es, wenn man sich das wenige Kilometer entfernte Zichow zum Ziel genommen hat – auf die Fahrpläne sollte man sich nicht unbedingt verlassen.

Dort wissen viele Einheimische noch zu berichten, daß ihre Schule in einem richtigen Schloß untergebracht war. Dieses Schloß, das auf den Fundamenten einer sehr viel älteren Burganlage 1745 errichtet wurde, ist schnell gefunden: Auf dem Hof einer Baustoffversorgung, hinter einem häßlichen Betonparkplatz und noch unerträglicheren Wirtschaftsbauten, erhebt er sich der sogenannte Hungerturm oder Alte Turm. Auf alten Feldsteinfundamenten errichtet, ist noch heute der ursprüngliche Eingang in zehn Meter Höhe zu erkennen. Der Zinnenkranz, wenn auch nicht mehr vollständig, ist ebenfalls noch zu sehen. Im Abstand von zwei Metern zum Fundament wurde vor vielen Jahren einmal ein Maschendrahtzaun gezogen, der aber seine eigentliche Funktion schon längst aufgegeben hat, so daß auch einige unschöne Grafitties den mit Backsteinen aufgemauerten Turm verunzieren.

Neben dem Turm, über den es kaum gesicherte Erkenntnisse gibt, erhebt sich ein ehemals prächtiges Schloß, und es gibt Spuren einer früheren Parklandschaft. Zu Füßen dieser Idylle liegt ein kleiner, verträumter See.

Heute macht die ganze Szenerie einen sehr verwilderten Eindruck. Der Park ist kaum noch zu erkennen, der See beginnt zu verlanden und die hineinragenden Stege sind mehr als baufällig. Lediglich in dem neben dem kaum gesicherten Turm befindlichen Schloß der Familie von Arnim (Nebenlinie Arnim-Blumenberg) scheint sich etwas zu tun.

Es soll schon sehr, sehr lange her sein – da standen Turm und Schloß fast wie heute treu nebeneinander. Das Schloß war natürlich viel schöner als heute, und ob es damals schon die eingemauerten, steinernen Kanonenkugeln gab, weiß man nicht mehr. Im Schloß gab es eine alte Frau, die den Hühnerhof zu besorgen hatte.

Nun waren dieser Frau nicht alle Hühner gleich, denn eins davon war von so leuchtend roter Farbe, daß die arme Frau es einfach lieb hatte. Es traf sich eines Tages, daß eine Zigeunerin auf den Hof kam, das rote Huhn andächtig beobachtete und dann zu der Frau sprach: »Liebe Frau, ein solches Huhn gibt es nur einmal und ihr könnt damit einen echten Schatz gewinnen«. Auf die ungläubige Frage der Frau, wie das denn möglich sein soll, antwortete die Zigeunerin: »In der nächsten Johannisnacht müßt ihr mit dem roten Huhn in der Hand dreimal um den alten Turm herumgehen. Beim letzten Mal werden blaue Flammen aus dem Fundament schlagen. In diese müßt ihr das Huhn hineinwerfen.«

Weil die arme Frau doch ein sehr ängstliches Gesicht machte, beruhigte sie die Fremde: »Ihr müßt euch nicht sorgen, dem Huhn wird nichts geschehen.« Mit diesen Worten verschwand die Zigeunerin – ohne der Frau gesagt zu haben, wie sie nun an den Schatz kommen sollte. Nach vielem Hin- und Herüberlegen ging die Frau in der Johannisnacht zum Turm. Ängstlich drückte sie ihr Lieblingshuhn an sich, als sie durch die stockdunkle Nacht lief. Nach der ersten Runde um den Turm erschien plötzlich ihr längst verstorbene Mann: »Nimm mich mit und wärme mich – mich fröstelt so sehr«, hauchte er mit zitternden Stimme. Die Frau antwortete nur: »Geh zurück, in Abrahams Schoß«, worauf das Trugbild wieder verschwand. Während der zweiten Runde züngelten bereits die ersten kleinen blauen Flammen aus dem Turm. Die brave Frau hatte noch nicht die Hälfte der Runde zurückgelegt, als ihr ein riesiger schwarzer Stier den Weg versperrte und brummend sprach: »Nimm mich mit, mich fröstelt.« Die Frau antwortete: »Geh' woher

Das Schloß ist auf den Fundamenten einer Burganlage errichtet

du gekommen bist – in der Hölle ist es warm genug.«

Damit verschwand das Tier und die Frau konnte ihren Weg fortsetzen. Nun hatte sie nur noch eine Runde zu laufen, bis der Schatz ihrer sein würde. Doch plötzlich stand der Teufel höchstselbst vor ihr und drohte mit lauter Stimme: »Endlich – jetzt, liebe Frau, ist deine Seele endlich mein!« Natürlich erschrak die arme Frau ganz fürchterlich und ließ in ihrem Graus das nun schon aufgeregt in ihrem Arm gackernde Huhn los, das flügelschlagend direkt in das Angesicht des Leibhaftigen flatterte. Der Teufel schrie kurz auf, und so plötzlich wie der ganze Spuk begonnen hatte, war er auch vorbei. Die blauen Flammen waren verschwunden, als hätte es sie nie gegeben und der Schloßpark lag wieder ebenso still da wie das Wasser des Haussees. Nur das rote Huhn war verschwunden. Die arme Frau ging traurig und müde nach Hause und legte sich völlig zerschlagen in ihr Bett.

Der Alte Turm

Wie groß war ihre Freude, als sie am nächsten Morgen ihr Lieblingshuhn leuchtend rot auf der Stange neben allen anderen Hühnern sitzen sah. Noch größer aber war ihr Erstaunen, als sie sah, was für ein sonderbares Ei ihr rotes Huhn gelegt hatte: Es war von reinem Gold! Das war also der Schatz, den sie gehoben hatte. Nach diesem Morgen konnte die Frau ein Jahr lang jeden Tag ein neues goldenes Ei im Nest des roten Huhns finden. Als sie aber am Tag nach der nächsten Johannisnacht wieder den Stall betrat, war das Huhn verschwunden. Die Frau war zwar traurig ob des Verlustes ihres geliebten Tieres, aber auch so reich, daß sie sich von der Schloßherrenfron freikaufen konnte. Sie hielt es nicht in Zichow, siedelte nach Angermünde über und lebte dort ohne Sorgen bis an ihr Lebensende.

Hier endet die Sage und gesicherte Erkenntnisse über den Verbleib der alten Frau oder ihres Hahns liegen uns ebensowenig vor wie über die bloße Daten zu Turm oder Schloß, die über Erzählungen hinausgehen. Selbst über die in die Schloßfassade eingelassenen, steinernen Kanonenkugeln gibt es nur eine ›Mär‹ aus dem Dreißigjährigen Krieg. Man weiß auch nichts über den Künstler, der im 18. Jahrhundert die ebenso schöne wie großformatige Wappenkartusche mit den Insignien der Familie von Arnim gestaltet und ausgeführt hat, die im Giebel des Schlosses eingelassen ist. Dennoch lohnt ein Blick – und auch die Anfahrt.

Chronologie

Mitte des 13. Jahrhunderts
Die Anlage wird als Sperrburg am Randow-Luch zur Beherrschung der Straße Schwedt-Prenzlau errichtet.

1288
Erste Erwähnung des Ortes Zichow (eine Burg wird nicht erwähnt, ihr Bestehen ist aber sehr wahrscheinlich).

1354
Erste Erwähnung einer ›veste‹ Zichow im Oderberg-Vertrag mit Pommern (Abtretung an Pommern).

1355
In den Grenzverträgen zwischen Pommern und Mark-Brandenburg ist von ›castrum‹ Zichow die Rede.

1437
In einer Urkunde des Pommernherzogs Joachim wird ein Ritter von Zichow erwähnt: »her Haffe von Blankenborch ridder to Czichow«.

1447
Nach der Eroberung durch den Kurfürsten von Brandenburg gehört ›sloß‹ Zichow wieder zur Mark.

1449
Hans von Beerfelde wird die Burg verpfändet, verbunden mit der Pflicht, diese zu bemannen und baulich zu unterhalten.

1456
Zichow gelangt in den Besitz der Familie von Arnim.

1527
Erstmals taucht die Bezeichnung ›Alter Turm‹ für den Bergfried auf (später auch ›Hungerturm‹ genannt).

1745
Nach einem großen Brand wird auf den Fundamenten der Burg das Schloß Zichow errichtet.

1860
Die Schloßflügel werden modernisiert.

Nach 1945
Das Schloß wird erst als Kornspeicher genutzt, dann als Schule (bis 1990).

2000
Es beginnen erste umfangreiche Restaurierungsarbeiten am Schloß, nicht aber am Alten Turm.

i Amt Oder-Welse, Schwedter Straße 45, 16306 Passow, Tel. 0 33 33/6 75 90.

Special

Drense

In Drense, auf halber Strecke zwischen Schmölln und Prenzlau gelegen, befindet sich das ›Erste Geschichtsdorf der Uckermark‹. Zum Dorf gehört auch eine der eindrucksvollsten slawischen Burganlagen der Mark Brandenburg. Drense selbst ist ein kleines verschlafenes Dörfchen, weit entfernt von größeren Ansiedlungen. Die Drenser sagen über sich, ihr Dorf sei »nicht weit der Straße Prenzlau–Schmölln« zu finden, also nicht bei Prenzlau und auch nicht bei Schmölln. Drense ist also ein Örtchen im Irgendwo der uckermärkischen Landschaft.

Wenn man dann noch erfährt, daß Drense 1945 gerade einmal drei Einwohner hatte, kann man sich erklären, warum dieser Ort in kaum einem Reiseführer zu finden ist. Er ist aber trotzdem erwähnenswert, als Fleckchen mit langer Tradition, der erst jetzt und sehr langsam seine angemessene Beachtung findet.

Vor über 750 Jahren entstand neben einer bereits lange vorher existierenden slawischen Burganlage das Dorf Drense. Die Burg selbst wurde erstmals 1240 als Hauptburg des damals hier noch ansässigen Ukranestammes erwähnt. Ein aus vorgeschichtlicher Zeit stammendes Körpergräberfeld – wahrscheinlich aus jungslawisches Zeit –, das 160 Meter westlich des Burgwalls im Lehmboden liegt und seit dem 19. Jahrhundert bekannt ist, zeugt von einer noch wesentlich früheren Besiedlung. Weitere Gräber wurden 1956 und 1983 bei Ausschachtungsarbeiten gefunden. Sieben der insgesamt zwölf Gräber dieses Bestattungsplatzes enthielten Grabbeigaben.

Die Burg wurde Anfang des 8. Jahrhunderts errichtet. In der ersten Hälfte des

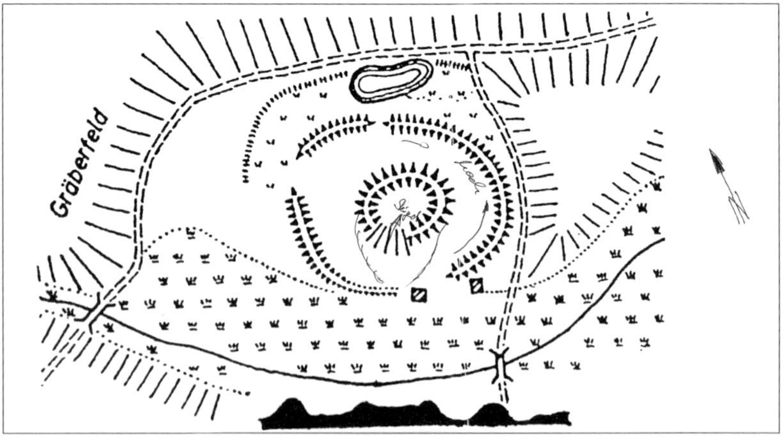

Lageplan des Burgwalls

9. Jahrhunderts wurde dieser Bau dann mit einer großen Vorburg versehen. Um das Jahr 1000 entstanden am Fuße der Burg noch zwei Vorburgsiedlungen. Im 11., spätestens im 12. Jahrhundert stellte diese mächtige zweigliedrige Burg das gesellschaftliche und militärische Zentrum des Stammes der Ukranen dar. Wahrscheinlich wurde auch aus diesem Grund die Burg bis in das 11. Jahrhundert ständig erweitert und verstärkt. Nach wissenschaftlich gesicherten Erkenntnissen sollen hier Wälle bis zu einer Höhe von 7 Metern und 20 Metern Tiefe gestanden haben. Heute kann man nur noch die Reste sehen, auch sie sind immer noch beeindruckend.

Die Versorgung der hufeisenförmig angelegten Burg wurde von den umliegenden Bauernsiedlungen gesichert, von denen heute noch 40 bekannt sind. Die Bedeutung dieser Burg kann man daran erkennen, daß um 1240 ein Ritter Vrowinus de Drensen zu den wohlhabendsten Adligen der Gegend gehörte. Zehn Jahre später wurde allerdings das gesamte slawische Stammesgebiet der Ukranen vom Pommernherzog Barnim I. an die brandenburgischen Askanier abgetreten. Damit entfiel jegliche militärische Bedeutung der Anlage, ihr Verfall begann. Mehr als zweihundert Jahre lang gehörte Drense dann den Zisterziensern des Klosters Seehausen. Die Burg selbst oder ein Teil davon scheint noch bis 1701 – dem Jahr des Untergang des Drenser Rittergeschlechts – bestanden zu haben. Danach wurden die drei Ritterfelder des Vorwerks Drense an sieben Familien in Erbpacht übergeben. Anschließend breitete sich der dunkle Mantel der Geschichte über Drense, bis ab 1980 erste archäologische Grabungen des Burgwalls begannen. Seit 1993 ist Drense anerkanntes ›Erstes Geschichtsdorf der Uckermark‹. Das heißt für die Besucher, daß sie sich durch den ortsansässigen Verein ›Geschichtsdorf Drense e.V.‹ informieren und führen lassen können.

Der Burgwall geht auf das 10. Jahrhundert zurück

Chronologie

8. Jahrhundert
Errichtung des Burgwalls.
Erste Hälfte des 9. Jahrhunderts
Ausbau einer großen Vorburg.
10. Jahrhundert
Zwei Vorburgsiedlungen werden angelegt.
Mitte des 12. Jahrhunderts
Einverleibung der Ukranen in den pommerschen Feudalstaat.
1240, 1243 und 1248
Urkundliche Erwähnungen der Burg Drense.
1260
Beginn der völligen Bedeutungslosigkeit und des Verfalls.
1375
Erwähnung im Landbuch Kaiser Karls IV.
1701
Geschlecht derer von Drense stirbt aus.
1980–1984
Erste archäologische Grabungen.
1993
Drense wird ›Erstes Geschichtsdorf der Uckermark‹.
1993
Drense feiert 750jähriges Jubiläum.

Gemeindeamt, Dorfstraße 8, 17291 Drense, Tel. 03 98 57/2 17, Frau Walli Mundt.

Pension Gierke, Dorfstraße 16, 17291 Drense, Tel. 03 98 57/51 00.
Imbiß am See, Neuer Weg 1, 17291 Drense, Tel. 03 98 57/2 95.
Restaurant zum Schafstall, Seeweg 4a, 17291 Grünnow, Tel. 03 98 57/3 65 99.

Jedes Jahr im Juli findet das ›Burgwallfest‹ statt. Informationen gibt es über das Gemeindeamt.

Hakeburg in Kleinmachnow

Am südlichen Stadtrand Berlins gelegen und direkt mit dem Berliner Stadtbezirk Zehlendorf und den Nachbargemeinden Stahnsdorf und Teltow verbunden, hat sich Kleinmachnow von einem bescheidenen Gut zu einer der größten Gemeinden in Deutschland entwickelt. Heute präsentiert es sich als ruhige, idyllische Schönheit.

Nachdem die Gegend um Kleinmachnow – wie Überreste belegen, die beim Bau des Teltow-Kanals und der neuen Hakeburg gefunden wurden – bereits schon zum Ende der Steinzeit besiedelt war, finden sich urkundlich belegte Aussagen erst nach der deutschen Besiedlung der Mark Brandenburg im Landbuch Kaiser Karls IV. von 1375. Während der kriegerischen Auseinandersetzungen in der brandenburgischen Frühzeit erlangten Kleinmachnow und seine Burg eine gewisse Bedeutung durch einen Damm, der hier die Sümpfe der Nuthe-Nieplitz-Niederung überbrückte und damit einen wichtigen Teil der Heerstraße von Cölln (Berlin) über den Teltow nach Sachsen darstellte. Die Gründung des deutschen Dorfes dürfte im 13. Jahrhundert erfolgt sein. Das erwähnte Landbuch benennt unter dem Namen Parwa Machenow die Familie von Quast als Eigentümer, die den Besitz zwanzig Jahre zuvor – 1357 – von der Berliner Bürgerin Thilo Brugge erworben hatte. Die eigentliche Geschichte des Ortes mit seinem historischen Stadtkern ist

Schloß Hakeburg präsentiert sich als romantische Kulisse

Der Turm gehört zur neogotischen Burg von 1907

aber dann untrennbar mit der Familie von Hake verbunden, in deren Besitz sich die Region ab 1400 für über 550 Jahre befand.

»Das Dorf ist alter Besitz der von Hakes«, berichtet dann auch Fontane und ergänzt: »Diese Familie, die drei Gemshörner (Haken) im Wappen führt, war früher wie im Havellande so auch im Teltow reich begütert…«

Beliebt war die Familie von Hake wohl nicht, jedenfalls nicht bei ihren Untertanen. Denn sonst wären ihnen wohl kaum so furchtbare Geschichten wie die folgende angedichtet worden:

»Vor vielen Jahren wohnte in Kleinmachnow ein Edelmann, der bei allen Leuten verhaßt war. Einmal brach eine Hungersnot aus. Mit Tränen in den Augen baten die Leute aus dem Ort den Edelmann um Brot, aber dieser stellte sich taub gegen ihr unverschuldetes Elend. Endlich sagte er: ›Nun gut, kommt, ihr sollt Brot haben!‹ Er nahm den Schlüssel und ging zu seiner großen wohlgefüllten Kornscheune. Hier angekommen, öffnete er das Tor und fragte höhnisch: ›Hört ihr meine Mäuse pfeifen? Die wollen auch Brot haben!‹ Dann drehte er den Schlüssel wieder herum und ließ die Scheune lachend vor den Augen der Hungernden niederbrennen. Von dem Tage an verfolgte ihn aber alles Ungeziefer. Der Edelherr wurde von Zimmer zu Zimmer gejagt und stürzte sich zuletzt völlig verzweifelt und zerrütteten Geistes ins nahe gelegene Wasser des angrenzenden Machnowsees. Hier sollen ihn dann unzählige Schlangen angefallen und aufgefressen haben.«

In einer Variante dieser Sage wird erzählt, daß die Schlangen unter dem brennenden Speicher hervorgekrochen kamen und den Edelmann in seiner Burg anfielen. Beide schließen mit dem Hinweis, daß zur Erinnerung an diese Begebenheit der Kopf mit den Schlangen am Gutstor eingemauert worden sein soll.

Eine andere Geschichte beschreibt die von Hakes ebenfalls als ungestüm und aufbrausend: Im Herbst 1637 soll ein Hans Georg von Hake ins Cöllner (Berliner) Rathaus gestürmt sein und den Bürgermeister Wedigen wegen angeblicher Schulden mit einem Hirschfänger durchbohrt haben. Nun war aber die rechtlose Zeit für die bürgerlichen Stände schon lange vorbei, und ein eilig eingeholtes juristisches Gutachter der Frankfurter Universität empfahl, erst die todbringende Hand abzuhacken und dann den Kopf vom Rumpf zu trennen, auf daß der Tod eintrete. Später sollten dann beide Körperteile aufgespießt und ausgestellt werden. Das Gericht schloß sich dem Gutachten nur zum Teil an, und Hans Georg von Hake verlor zwar sein Leben, behielt aber beide Hände.

Neben dem Eingang zum Kleinmachnower Friedhof findet sich ein weiteres Zeugnis hakescher Brutalität: Das Sühnekreuz erinnert an den Totschlag eines Herren von Schlabrendorff, den ebenfalls ein von Hake auf dem Gewissen haben soll. Wie weiter erzählt wird, hingen Säbel und Sporen des auf offener Straße Erstochenen lange Zeit im Vorraum der Kirche, bis jemand diese in den 90er Jahren entwendete.

An gesicherten Fakten ist demgegenüber nicht viel überliefert. Fontane bemerkt dazu : »In Klein-Machnow ist es umgekehrt, die Burg existiert, aber die Geschichte fehlt.« Sie ist bestenfalls noch an den Resten gleich dreier Burgen zu erahnen, die wohl alle auf diese Familie zurückgehen. »Das alte Schloß, in unmittelbarer Nähe des jetzigen Herrenhauses, ist eines der wenigen alten Schloßgebäude, die sich bis auf diesen Tag in unserer Mark erhalten haben«, urteilt Fontane und gibt auch eine Beschreibung: »Es besteht aus einem schmucklosen Viereck, an dessen Nordseite sich ein sechseckiger Turm lehnt... In der Mitte des eigentlichen Schloßbaus aber und zwar in seinem Erdgeschosse befindet sich ein starker sechs- oder achteckiger Pfeiler, der das Obergeschoß zu tragen scheint. Welcher Zeit dieser Pfeiler angehört, mag dahingestellt bleiben.«

Fontane konnt sich vor Ort noch ein Bild machen. Heute erinnern an dieses ›alte Schloß‹, die vermutlich um 1600 ausgebaute Burg, nur noch Fundamentreste, da es ebenso wie das 1803 von David Gilly erbaute ›neue Schloß‹ im Zweiten Weltkrieg durch Brandbomben zerstört wurde und die Ruinen nach 1945 abgetragen worden sind. Was heute noch zu sehen und zu genießen ist, ist ein liebvoll restauriertes Parktor und ein korbbogiges Sandsteinportal mit dem oben erwähnten schlangenumwundenen Medusenkopf und der darüber angebrachten Minerva, sowie ein weiteres, sehr respektierliches Gebäude, das aber erst im Jahre 1907 errichtet wurde:

Die neugotische Hakeburg von Bodo Ebhardt, angeblich von Dietloff von Hake in Auftrag gegeben. Die heute im Besitz der Deutschen Telekom befindliche ›Neoburg‹ geht bereits seit einigen Jahren wegen ständig wechselnder und unglücklicher Pachtverhältnisse durch die Presse. Inwieweit sie heute als Hotel genutzt wird, läßt sich deshalb nicht sagen – die große Terrasse ist allerdings im Sommer immer als Restaurant geöffnet gewesen – ebenso wie einige Räume immer für Veranstaltungen sehr unterschiedlicher Art genutzt wurden. Über eine sehr gelungene soll an dieser Stelle berichtet werden.

Mord á la carte – die gruseligen Dinners auf Schloß Revelstoke

Im Nebel sind nur die Umrisse eines kleinen Schlosses zu erkennen. Eulenrufe und Käuzchenschreie durchdringen die Nacht – Schloß Revelstoke empfängt seine Besucher. Ängstlich aneinandergeschmiegt tasten sich zwei Dutzend Menschen vorsichtig durch den Nebel. Plötzlich ein markerschütternder Schrei. Eine Frau in weißer Krankenhauskleidung taucht aus der Dunkelheit auf, verfolgt von zwei kräftigen Pflegern. »Helfen Sie mir! Bitte! Ich gehöre hier nicht her!« bettelt sie die Neuankömmlinge an, um dann brutal von ihren Verfolgern weggezerrt zu werden. Zurück bleiben die erschreckten Besucher.

Was sich wie eine Szene aus einem Edgar-Wallace-Film anhört, war eine Zeitlang jeden Freitag und Samstag Realität: der Beginn des ›Twilight Dinners‹ auf der Hakeburg in Kleinmachnow bei Berlin und ein weiteres Produkt der Erlebnisgastronomie. Das Essen allein genügt schon lange nicht mehr. Das richtige Ambiente ist mindestens ebenso wichtig. Und um für exklusive Dinners ein Publikum zu finden, muß sich etwas ganz besonderes einfallen lassen.

Und so servierte ein Unternehmen mit den Namen ›Twilight Dinners‹ zusammen mit dem Berliner Spitzenhotel Kempinski ein Abendessen für Gäste mit starken Nerven: ein Gruselerlebnis um eine angebliche Testamentseröffnung mit einem vorzüglichen Vier-Gänge-Menü und vier Morden.

Bevor die Gäste das ›Schloßsenatorium Revelstoke‹ auf der Hakeburg erreichen, gibt es einen Willkommensdrink in der ›Bristol-Bar‹ des Kempinski, wo sich die angeblichen Erben kennen lernen können. Stilgerecht hat jeder Teilnehmer vorher einen anderen Namen und eine neue Biographie vom Veranstalter erhalten. Da stehen nun die noblen Brigitte Gräfin von Dossenheim, Patricia von Grossenburg, Reinhold von Hohenwied und Wayne Hallbrook in ihrer festlichen Abendkleidung neben dem weniger vermögenden Teil der Familie: dem Mafiaboss Bruno Brussi, dem Schlagersänger Guido Born oder dem schmierigen Privatier Bruce Campbell. Jeder der Gäste ist in seine Rolle geschlüpft und benimmt sich entsprechend. Niemand weiß allerdings, daß einige Familienmitglieder als Gäste getarnte Schauspieler sind, die später den Part der Leichen übernehmen werden.

Wenn dann um Mitternacht das Testament des verblichenen Nervenarztes Sir Graham Revelstoke geöffnet wird, kann Inspektor Long die unheimlichen Vorkommnisse erklären und präsentiert nach bekannter Art den wahren Mörder.

Neben einem Aufenthalt auf der Hakeburg lohnt sich auch ein Besuch der wenige Meter entfernten Bäkemühle – einer alten, liebevoll restaurierten Wassermühle mit Mühlenteich in einer parkähnlichen Umgebung, in der sich heute ein Hotel- und Restaurantbetrieb befindet.

Chronologie

Erste Besiedlung bereits in der Steinzeit.

1357
Familie von Quast kauft Dorf und Burg.

1375
Erwähnung im Landbuch Kaiser Karl IV.

1400
Familie von Hake wird Besitzer Kleinmachnows.

Um 1600
Die Burg wird zu einem, dem ›alten‹, Schloß ausgebaut.

1803
Bau des ›neuen‹ Schlosses nach den Plänen von David Gilly.

1907
Bau der neogotischen ›Hakeburg‹ nach Plänen von Bodo Ebhardt.

1945
Zerstörung des ›alten‹ und ›neuen‹ Schlosses durch Brandbomben.

Nach 1945
Die Hakeburg wird als Gästehaus der SED und der Staatsführung der DDR genutzt.

Ab 1995
Die Hakeburg ist wieder öffentlich zugänglich und beherbergt Hotel und Restaurant.

Gemeindeamt Kleinmachnow, Meiereifeld 33, 14532 Kleinmachnow, Tel. 03 32 03/2 20 68.

Hotel und Restaurant Hakeburg, Zehlendorfer Damm 185, 14532 Kleinmachnow, Tel. 03 32 03/2 28 58.

Restaurant ›Bäkemühle‹, Zehlendorfer Damm 217, 14532 Kleinmachnow, Tel. 03 32 03/7 80 08.

Vehlefanz

Tanz ist heut im Kruge zu Vehlefanz.
Oben, auf rotgestrichener Empore,
sitzt die Musik in vollem Chore:
Klarinette, Geigen, Kontrabaß,
und vor jedem ein Pult und ein Weißbierglas.

Und unten dreh'n sich, in Schott'schem und Walzer,
die Paare, dazwischen ein Juchzer, ein Schnalzer,
und Zug und Hitze und blakende Lichter,
am Fenster neugierige Kindergesichter,
ein Rempeln und Rennen, ein Stozen und Stemmen
und mit eins:
»Da kommt ja der Neumann aus Kremmen.
der Laatsche-Neumann. Was will denn der?
Laatsche-Neumann, hierher, hierher,
er bringt was, stillgestanden, Stramm,
ich wett, er bringt ein Telegramm.«

Und Neumann, plötzlich steht er oben,
sie haben ihn auf den Tisch gehoben.

»Lesen...»
»Muß erst zu Puste kommen...«
»Lesen...«
»Düppel ist genommen;
Wir Schanze fünf, Garde Schanze sieben,
Feldwebel Probst beim Sturm geblieben.
Verluste wenig. Danske viel...«

Alles sich in die Arme fiel,
und zu wissen, wie's eigentlich gewesen,
muß Neumann es immer wieder lesen.
Dem aber will es nicht mehr zu Sinn.

»Vehlefanzer, wo denkt ihr hin,
habe noch andere gute Bekannte...«
»Welche denn, welche?«

»Muß noch nach Schwante.«
»Schwante? Die lumpigen tausend Schritt,
Hurra, Neumann, da kommen wir mit.«

Und hinein in die laue Frühlingsnacht,
ganz Vehlefanz hat sich aufgemacht.
Neumann laatscht nach.
Schwante lag noch im Schlaf,
als aber die Siegesbotschaft es traf,
ward's wach.

Der Mond am Himmel stand
und in Jubel stand das Havelland.

Theodor Fontane, ›Märkische Reime‹; anläßlich der Siegesbotschaft am 18. April 1864 abends in Vehlefanz gedichtet

Die Burg in Vehlefanz hat mit einigen anderen Burgenstandorten gemein, daß sie auch in detaillierten Kulturreiseführern keine Erwähnung findet, obwohl ihnen die Kirche dieses Ortes allein oft Gegenstand ist. Zu Unrecht, denn hat man die Kirche betreten, wird dem Besucher schnell deutlich, sich in der Umgebung eines ehemaligen mittelalterlichen Rittersitzes zu befinden.

Überrest eines Tor- und Wehrturms

Die Feldstein- und frühere Wehrkirche ist wahrscheinlich im 13. Jahrhundert erbaut worden, und gleich im Vorraum sind fünf großartig erhaltene Epitaphien zu sehen. Auf den erst 1986 unter dem Sakristeistuhl gefundenen Grabplatten wird ein Teil der Familientragödie derer von Bredow erzählt: dem Ehepaar Margarete Gans von Putlitz und Archim von Bredow wurde im Jahre 1605 ein toter Sohn geboren, zwei Jahre später erkrankte der jüngere Bruder der Frau an den Pocken und starb im Alter von nur 19 Jahren.

Im Hauptraum ist links vor dem Altar Alexander von Bredow in voller Ritterrüstung dargestellt. Der Sage nach erschlug er, in Wut geraten, einen Knecht. Daher muß der Blau- und Heißblütige bis in alle Ewigkeit den am Kreuz hängenden Heilland anschauen. Weiterhin wurde der sogenannte ›Vier-Annen-Altar‹ – alle vier Ehefrauen des Didrich von Bredow hießen Anne – von dessen Bruder Alexander von Bredow im Jahre 1589 gestiftet. Man kann das anhand der noch immer vorhandenen märkischen Wappen nachvollziehen. Eine Reihe von Bredows sind in der Kirche also verewigt, und tatsächlich findet man in Vehlefanz sogar zwei Burgen.

Der Ort im östlichen Havelland wurde, wie Scherbenfunde und ein Gräberfeld zwischen Vehlefanz und Eichstädt beweisen, schon in vorgeschichtlicher Zeit besiedelt. Bei Vehlefanz sind gleich zwei Burgenstandorte nachgewiesen.

Der entweder um 900 oder um 1100 künstlich aufgeschüttete Burgstallberg, auch Bossel- oder Bottscheberg genannt, befindet sich südlich des Dorfes Vehlefanz. Er wurde zu slawischer Zeit von einem Wall umschlossen, von dem heute noch Reste zu erkennen sind. Nach der Vehlefanzer Chronik soll dieser ›Gottesberg‹ ein wendisches Heiligtum gewesen sein, »auf dem früher eine Eiche als symbolischer Träger der Fruchtbarkeit und als Sitz von Dämonen und Geistern Verstorbener stand.« Weiter heißt es: »Unter dieser Eiche wurde Gericht abgehalten und auch Menschenopfer dargebracht.« Leider wird keine dieser Äußerungen mit einem Beweis belegt, ebenso wenig die Behauptung, daß die Eiche »bei einem Unwetter durch Blitzschlag vernichtet worden« ist. Nach anderen Quellen soll sich auf dem Berg auch noch eine frühdeutsche Hochburg befunden haben, von der es aber auch keine weiteren Nachrichten gibt.

Der zweite Burgstandort befindet sich südwestlich des Ortes. Hier ist für spätestens 1375 eine Wasserburg nachgewiesen, die der Familie von Redern gehörte. Im Landbuch Kaiser Karls IV. ist diese Wasserburg bereits aufgeführt; ebenso wie ein ›Burchadus de Valewantz‹ (Ritter Burchard von Vehlefanz, Sohn des Spandauer Vogtes Albrecht, der Vf.).

Das Dorf und die Burg soll später dem markgräflichen Hofrichter Marquard von Lauterbach gehört haben, der es dann 1627/28 an Kopke von Bredow veräußerte. Die Mauerreste und der Teil eines Tor- und Wehrturmes aus dieser Zeit haben sich bis heute erhalten. Bevor man allerdings diese Mauer- und Turmreste erreicht, geht man, von der Kirche kommend, durch den romantischen Burgwall an uralten Linden vorbei, zum 1765 erbauten Amtshaus. Dieses wurde – wie zu dieser Zeit leider oft üblich – auf Findlingen errichtet, die früher zur Wasserburg gehört haben müssen. Um das freistehende Amtshaus herum sind überall noch Spuren der alten Burg zu erkennen: Vom Burgwall aus soll man, wie die Ortschronik vermeldet, früher über eine Zugbrücke die Burganlage betreten haben. Aus der gleichen Quelle ist zu erfahren, daß eine zweite Zugbrücke »am westlichen Eck der alten Burganlage gelegen war.« Ungefähr 50 Meter westlich des Amtshauses findet man die gut erhaltenen Reste eines Turmes. Die Chronik bezeichnet dieses Denkmal als einen ›kleinen Wachturm‹. Burgenexperten haben an dieser Deutung allerdings ihre Zweifel, da die Richtung des Einstiegs eher einen Lug ins Land vermuten läßt. Wenn der Turm tatsächlich ein Wachturm war, muß die gesamte Burg ein andere geographische Lage gehabt haben. Denn ein Lug ins Land befand sich auf freiem Feld, ein Wachturm hingegen war stets ein Teil der Burgmauer.

Vielleicht hätte ein anderes Bauwerk, das noch bis Anfang des 20. Jahrhunderts zu sehen war, über die wirkliche Lage und Ausmaße der Burg Auskunft geben können. Der sogenannte Hungerturm soll der Ortschronik zufolge zwischen dem Amtshaus und dem Bottscheberg gestanden haben und noch bis zuletzt »zur Verwahrung von Landstreichern und Trunkenbolden« gedient haben. Leider haben sich auch von diesem Bauwerk keine Abbildungen erhalten. Wer aber andere Abbildungen oder andere Informationen aus der Geschichte des Ortes sehen und hören möchte, dem sei die Wirtschaft des Ortes empfohlen, in der man einen Einblick in die Ortschronik erhalten kann. Sie verzeichnet neben Fakten und Namen auch Sagen wie die folgende:

»Es war einmal vor vielen, vielen Jahren, als ein Riesenpaar auf dem Glin wohnte. Der Riesenmann hieß Krämer und seine Frau nannte man die ›lange Briese‹. Eine Höhle hatten die beiden nicht, in der sie wohnen konnten, denn solche großen Höhlen gab es in dieser Gegend nirgends. Darum stellten sie sich auch ihr Bett zwischen Vehlefanz, Eichstädt und Neu-Vehlefanz auf. Natürlich gab es diese Orte damals noch nicht. Das Riesenpaar ernährte sich von dem vielen Wild der

Im Frühmittelalter Wendisches Heiligtum? Der Burgwall

Waldes. Im heutigen Pausin soll ihre Küche gestanden haben; wenn der Braten fertig war, riefen sie ihre Kinder zum Essen. Die Kleinen ließen dann den Sand, den sie an ihren Schürzen beim Spielen umhertrugen, sofort fallen und kamen folgsam zum Essen. Überall entstanden deshalb kleine Hügel in der Landschaft, die man heute noch sehen kann. Die Riesen lebten so glücklich und zufrieden, bis eines Tages Wesen in der Gegend auftauchten, die ebenso aussahen wie sie, aber viel, viel kleiner gewesen sein sollen. Als diese Winzlinge begannen, die Bäume zu fällen und damit Häuser und Kirchen zu bauen, wurde der Riese Krämer sehr wütend. Er ergriff einen mächtigen Stein und warf ihn nach der Kirche von Eichstädt. In dem glitschigen Gelände aber rutsche er aus und der Stein fiel auf dem Wendenmarker Gebiet nieder. Da wo der Riese Krämer sich fest gegen den Boden gestemmt hatte, entstanden Eindrücke seiner Riesenfüße. Eine Riesentrappe war an der Straße nach Perwenitz; sie ist aber zugeschüttet worden. Die andere Riesentrappe ist noch heute an der Straße zwischen Kremmen und Amalienfelde zu finden. Wo das Paar, von den Winzlingen verärgert, hingegangen ist, weiß keiner. Nur ihre Namen sind bis heute geblieben: Die Dörfer Krämer und Brieselang heißen nach ihnen.«

Chronologie

3000 v. Chr. bis ca. 300 n. Chr.
Germanische Semnonen siedeln hier, Gräberfelder sind teilweise noch erhalten.

3. Jahrhundert bis 5. Jahrhundert
Ansiedlung slawischer Liutizen.

900 oder 1100
Aufschüttung des Bottscheberges.

1375
Wasserburg der Familie von Redern.

1355
Kauf durch Kopke von Bredow.

1627/28
Wallenstein, Herzog von Friedland, nimmt in Vehlenfanz sein Quartier: »seine Soldaten hausten hier sehr übel« (Ortschronik).

1649
Zwei Frauen aus Kremmen werden in Vehlefanz wegen Hexerei verbrannt.

1680
Teilweiser Kauf durch den brandenburgischen Kurfürsten.

1812
Kaiser Napoleon schlägt sein Hauptquartier im Amtshaus auf und hält auf der Feldmark eine Heerschau.

Essen und Geschichten: ›Gaststätte Lindenschenke‹, Breite Straße 24, 16727 Vehlefanz, Tel. 0 33 04/50 28 89.

Wildberg

Wildberg ist ein kleines Städtchen, wenige Kilometer südwestlich von Neuruppin gelegen. Daß hier einmal Geschichte geschrieben wurde, erkennt nur ein geschultes Auge. Wer vor dem Bahnübergang kurz vor Wildberg warten muß, bemerkt linker Hand ein kleines Flüßchen und einen Hügel, der nicht so recht in die Landschaft passen will. Und richtig – ihn hat nicht die Natur geschaffen, sondern Menschenhand, und das schon vor vielen hundert Jahren.

»Bei Wildberg, das ehemals eine große Stadt gewesen sein soll (woher auch noch die Reste von Wällen um den Ort stammen und der Schulze den Titel Richter führte), liegt hart an der Temnitz in der Wiese ein Hügel, um den dieser kleine Fluß herumgeleitet worden ist, wodurch er in früherer Zeit ein bedeutend befestigter Platz gewesen sein muß«, heißt es in Adalbert Kuhns ›Märkische Sagen und Märchen‹.

Diese Einleitung zur Namensgeschichte derer von Zieten ist durchaus richtig, denn wie Ausgrabungen im 19. Jahrhundert und 1968/69 zutage brachten, war Wildberg bereits in der Bronzezeit besiedelt. Im Mittelalter stand hier eine geschlossene, massive Burg mit Vorwällen und Gräben, die mit Zugbrücken gesichert wurde. Es wird davon ausgegangen, daß die Grafen von Arnstein um 1214 die Burg als einen ihrer Ausgangspunkte zur Eroberung des Ruppiner Landes benutzt haben. Obwohl der Ort selbst erst 1395 urkundlich erwähnt wird, ist ein Geschlecht der Herren von Wildberg bereits seit 1315 nachweisbar.

Um 1491 sind dann die von Zieten hier auf Burg Wildberg ansässig, als erbliche Burghauptleute waren sie aber sicherlich schon viele Jahre vorher auf Wild-

Nur für das geübte Auge ist zu erkennen, daß sich hier einst eine Sumpfburg befand

berg zu finden: »... der Hügel, der die Burg trug, heißt der Schloßberg«, fährt Adalbert Kuhn fort, »und es soll hier ein Schloß der Grafen von Ruppin gestanden haben; in ihm wurde einer von ihnen einst von einem überlegenen feindlichen Herr belagert und war schon mutlos, daß er sich ergeben wollte. Bei dem Rat, den er aber noch zum letzten Mal hielt, war auch sein Koch zugegen, der ihm tüchtig Mut einsprach und zuredete, er solle doch noch einen Ausfall wagen, und wenn der Graf selber nicht mitziehen könne, so wolle er die Reisigen anführen und sei überzeugt, sie würden die Feinde besiegen. Der Graf glaubte zwar nicht an einen solchen Erfolg, indes wollte er doch das letzte versuchen und gab dem Koch die Erlaubnis zu dem Ausfall mit den Worten: ›Zieht hen!‹ Da ging er mit seiner Mannschaft mutig auf den Feind los, der bei Lüchfeld stand, und in wenigen Stunden war die Schlacht gewonnen, und sie kehrten triumphierend in die Burg zurück...«

Diese Lesart muß auch Kuhn etwas zu sagenhaft vorgekommen sein, denn ein im Waffenhandwerk geübter Koch muß als ungewöhnlich oder gar unwahrscheinlich gelten. Deshalb wird von Kuhn auch noch eine zweite – plausiblere – Version präsentiert: »Andere erzählen, der Koch habe geraten, viele Kessel mit Brei zu kochen und diese so heiß wie möglich den Feinden beim nächsten Sturm auf den Kopf zu schütten; der Graf habe an dem Erfolg dieses Mittels zwar gezweifelt, aber doch endlich mit den Worten: ›Zieht hen‹ seine Zustimmung gegeben; worauf der Feind wirklich vertrieben und der Koch mit dem Namen Zieten in den Ritterstand erhoben sei.«

Die im Wappen der von Zieten abgebildeten Kesselhaken sollen auf diesen früheren Stand der Urahnen hinweisen. Wie das Ansehen der von Zieten, in deren Besitz Wildberg bis 1945 war, in wenigen Jahren steigen sollte, wird daran deutlich, daß ein Mitglied dieser Familie es war, der dann Jahre später den Grafen Wichmann auf dessen erster und wichtigster ›außenpolitischer Mission‹ begleitete.

»Hans von Zieten auf Wildberg, das damals ein fester und reicher Burgflecken war, war geschworener Rat beim letzten Garfen von Ruppin, und begleitete diesen auf den Reichstag zu Worms«, erklärt Fontane am Anfang des Bandes ›Die Grafschaft Ruppin‹, der den ersten Teil der ›Wanderungen‹ bildet. Und er schreibt in seinen ausführlichen Anmerkungen zu Wildberg: »Wann, durch wen und unter welchen Umständen die alte Burg zerstört wurde, ist nicht mehr festzustellen. Der Sage nach wurde sie durch Kurfürst Friedrich I. niedergebrochen... So viel ist erwiesen, daß die ›Burg‹ nicht mehr existierte, als die dazu gehörigen Ländereien der Gräfin Anne Jacobine, der Großmutter des letzten Grafen von Ruppin im Jahre 1478 als Witwensitz zugeschrieben wurden. Die alte Gräfin soll zwar 1499 eine Zeit lang auf dem ›Schlosses zu Wildberg‹ gewohnt haben, ein Ausdruck, der aber nicht anders zu verstehen ist, als z.B. das Wohnen auf dem Nicolai- oder Georgen-Kirchhof.«

Leider führt Fontane für seine Ausdeutungen der zutreffenden Daten keine Belege an. Richtig ist, daß die alte Gräfin noch 1499 auf dem Wildberg residierte.

Auf den Kirchhof wurde sie erst 1526 zur letzten Ruhe gebettet – also fast dreißig Jahre später. Experten halten sich heute an ein Dokument, daß die Burg erst für das Jahr 1525 als ›verödet‹ beschreibt. Trotz einer Einäscherung Wildbergs durch General Gallas während des Dreißigjährigen Krieges existierten 1713 noch die vollständigen Feldsteinwände der Burg, und am Anfang des 19. Jahrhunderts sollen sie der Ortschronik nach noch ›mannshoch› gewesen sein.

Aber bereits Theodor Fontane fand auf seinen Wanderungen nicht mehr von der Burg vor als das, was man auch heute noch sieht. Er bemerkte zu Wildberg: »… ist interessant genug und zwar dadurch, daß er uns ein Musterbeispiel von der Anlage einer alten Sumpfburg gibt. Was der alte Garzer Thurm nach der baulichen Seite hin ist, das ist dieser Überrest von Burg Wildberg nach der Seite territorialer Anlage hin. Wir sehen hier, nicht wie man baute, sondern wo; welches Terrain man aussuchte und wie man es benutzte. Sumpfland, an manchen Stellen eine halbe Meile breit, hinderte jeden Zugang und die Ausdehnung des Sumpfterrains machte eine Umstellung und Aushungerung fast unmöglich. Wer es dennoch eroberte, bleibt, wie schon angedeutet, unermittelt.«

Eine letzte schaurige Geschichte hatte die Anlage auch nach ihrem Verfall noch zu bieten: Anfang des 19. Jahrhunderts durchwühlten Schatzsucher den alten Berg, vor allem die Kuppe des Hügels, auf der Suche nach vergrabenen Schätzen. Gold und Silber fand man zwar keines, fündig geworden ist man aber trotzdem: »Man hat nichts anderes gefunden als ganze Lager hochaufgeschichteter Knochen… Die Sage ist natürlich geschäftig, an jene Knochenmassen (ich verschweige absichtlich die Centner-Zahl, die man mir sagte) allerhand Schauergeschichte zu knüpfen; doch scheint das einzig Richtige, daß in den Tagen des 30jährigen Krieges, wo immer wiederkehrende Seuchen die Hälfte der Bevölkerung wiederholentlich fortrafften, die Todten auf dem alten Burghof begraben wurden.«

Trotz der einsichtigen Begründung Fontanes kann man sich den Schrecken der verängstigten Burgschänder angesichts der Knochenberge aber sicherlich vorstellen.

Chronologie

Bronzezeit
Erste Ansiedlung in der Temnitzniederung, durch Funde belegt.

Um 1214
Grafen von Arnstein nutzen die Burg.

Um 1220
Erste Erweiterungen der Burg (Wälle).

1315
Familie von Wildberg erstmals nachweisbar.

1395
Ort Wildberg erstmals urkundlich erwähnt.

Um 1491
Familie von Zieten auf Wildberg ansässig (bis 1945).
1499
Gräfin Anne Jacobine soll auf Wildberg gewohnt haben.
1525
Burg wird als ›verödet‹ beschrieben.
1638
Kaiserlicher General Gallas läßt Wildberg einäschern.
1968/69
Letzte Grabungen auf Wildberg.

Gemeindeamt Wildberg, 16845 Wildberg, Dorfstraße 1a, Tel. 03 39 28/7 03 44.

Gaststätte ›Zum letzten Winkel‹, Karl-Marx-Str. 17c, 16845 Wildberg, Tel. 03 39 28/7 10 27.

Hotel & Pension Rohlack, Barsikower Weg 6, 16845 Rohlack, Tel. 03 39 28/7 03 99.

Gaststätte ›Am Markt‹, Am Markt 9, 16845 Wildberg, Tel. 03 39 28/7 03 39.

Gaststätte Lindenhof, Barsikower Weg, 16845 Rohlack, Tel. 03 39 28/7 03 23.

Der Autor

Jo Lüdemann wurde 1963 in Greifswald geboren, wuchs in Berlin-Prenzlauer Berg auf und lebt seit kurzem in Potsdam. Nach der Relegation von der Erweiterten Oberschule Ausbildung zum Schlosser, nach dem Abitur (Abendschule) Studium der Germanistik und Philosophie an der FU Berlin, gleichzeitig erste Buch- und Theaterkritiken in der ›Tribüne‹, dann der ›Jungen Welt‹, von 1991 bis 1998 Kulturjournalist und Kunstkritiker der ›Welt am Sonntag‹.
Daneben Tätigkeiten für Rundfunk und Fernsehen und Leitende- bzw. Chefredaktionen kleinerer, unabhängiger Publikationen.

Bisherige Veröffentlichungen
›Theater des Westens. Gründung, Aufstieg, Inszenierungen, Skandale‹, Berlin 1999.
›Liebes Bier. Bierführer durch Ostdeutschland‹, Berlin 1999.

Weiterführende Literatur

Standardwerke

Landbuch des Kaisers Karls IV. (Bestand Geheimes Preußisches Staatsarchiv)

Bumke, Joachim, Höfische Kultur, Literatur und Gesellschaft im Hohen Mittelalter, 1986.

Ebhardt, Bodo, Deutsche Burgen, 1899–1907.

Ders., Der Wehrbau Europas im Mittelalter. Versuch einer Gesamtdarstellung der europäischen Burgen, 2 Bdd 2. Bdd., 1939–1958.

Piper, Otto, Burgenkunde, 1912.

Allgemeine Geschichte und Burgengeschichte

Badstübner, E., Dumont Kunstreiseführer, Brandenburg.

Das Land um Berlin – Kunst und Geschichte zwischen Elbe und Oder, 2000.

Borst, Arno, Das Rittertum im Mittelalter, 1976.

Creutz, Ursula, Geschichte der ehemaligen Klöster im Bistum Berlin in Einzeldarstellungen, Leipzig 1995.

Georg Dehio (bearbeitet von Gerhard Vinken u.a.), Handbuch der Deutschen Kunstdenkmäler. Brandenburg (2000).

Ebner, H., Die Burgenpolitik und ihre Bedeutung für die Geschichte des Mittelalters, 1974.

Ebner, H., Die Burg in historiographischen Werken des Mittelalters, 1977.

Foelsch, Torsten, Adel, Schlösser und Herrenhäuser in der Prignitz, 1999.

Heinrich, Gerd (Hg.), Handbuch Historischer Stätten Deutschlands. Berlin/Brandenburg, 1995.

Historisches Ortslexikon für Brandenburg. Bearbeitet von L. Enders, 1997.

Huber, R./Rieth, R. (Hgg.), Burgen und Feste Plätze. Der Wehrbau vor der Einführung der Feuerwaffen, 1977.

Kiess, W., Die Burgen in ihrer Funktion als Wohnbauten, 1961.

Klebel, E., Mittelalterliche Burgen und ihr Recht, 1952.

Knappe, K.-B., Das Leben auf Burgen im Spiegel mittelalterlicher Literatur, 1974.

Kohlhaussen, H., Geschichte des deutschen Kunsthandwerks, 1955.

Meckseper, C., Ausstrahlung des französischen Burgenbaus nach

Mitteleuropa im 13. Jahrhundert, 1975.
Meyer, Werner/Lessing, E., Deutsche Ritter – Deutsche Burgen, 1976.
Mrusek, Hans-Joachim, Gestalt und Entwicklung der feudalen Eigenbefestigung im Mittelalter, 1973.
Pfütze, M., Burg und Stadt in der europäischen Literatur des Mittelalters, 1958.
Piltz, Georg, Kunstführer durch die DDR, 1969.
Schuchhard, Carl, Die Burg, 1930.
Seifart, K., Das Bett im Mittelalter, 1857.
Sobotka, Bruno J./Strauss, J., Burgen, Schlösser, Gutshäuser in Brandenburg und Berlin, Stuttgart 1996.
Steinbrecht, O., Preußen zur Zeit der Landmeister, 1888.
Steinbrecht, O., Die Baukunst des deutschen Ritterordens in Preußen, 1885–1910.
Steele, Philip, Das große Buch der Burgen, Nürnberg 1995.
Van Winter, J.M., Rittertum. Ideal und Wirklichkeit, 1969.
Waas, Adolf, Der Mensch im deutschen Mittelalter, Wiesbaden 1996.
Zeisig, Max, Fotografien von 1900 bis 1930 (Hg.: Stadt Perleberg), Perleberg 1993.

Sagensammlungen

Bartsch, Karl, Altmärkischer Sagenschatz, Berlin 1909.
Bechstein, Ludwig, Deutsches Sagenbuch, Leipzig 1853.
Brachwitz, Oskar, Sagen aus dem Kreise Zauch-Belzig, Belzig 1937.
Burde-Scheidewind, Gisela, Historische Volkssagen zwischen Elbe und Niederrhein, Berlin (DDR) 1973.
Burkhardt, Albert, Märkische Sagen und Märchen, Berlin (DDR) 1965.
Burkhardt, Albert, Der Schatz von Chorin. Sagen und Märchen aus der Mark Brandenburg, 1995.
Dümke, Oskar, Havelsagen, Leipzig 1924.
Engelien, A./Lahn, W., Der Volks mund in der Mark Brandenburg. Sagen, Märchen, Spiele, Sprichwörter und Gebräuche, Berlin 1968.

Gander, Karl, Niederlausitzer Volkssagen, Berlin 1894.
Gliede, Eugen, Heimatsagen aus dem Havelland, Berlin 1999.
Grau, Ernst, Berliner Sagen und Geschichten, Berlin (DDR) 1954.
Gräve, Heinrich Gottlob, Volkssagen und volkstümliche Denkmale der Lausitz, Bautzen 1839.

Haase, Carl Eduard, Sagen der Grafschaft Ruppin und Umgebung, Neuruppin 1887.
Handtmann, Eduard, Neue Sagen der Mark Brandenburg, Berlin 1883.
Haupt, Karl, Sagenbuch der Lausitz, Leipzig 1862.
Heuer, Reinhard, Prignitzer Sagen und Geschichten, Pritzwalk 1922.
Kuhn, Adalbert, Märkische Sagen und Märchen, 1848.
Kunzendorf, Paul, Sagen der Provinz Brandenburg, Cottbus 1911.
Lemmer, Konrad, Sagen und Märchen aus Berlin und der Mark Brandenburg, Berlin (West) 1968.
Nedo, Paul, Sorbische Volksmärchen, Bautzen 1956.
Neumann, Ernst, Wilhelm Märkische Sagen, Berlin (West) 1955.
Neumann, Siegfried, Märkische Sagen, Augsburg 1998.
Pohlandt, Max, Lebuser Sagen und Geschichten, Leipzig o. J.
Schmidt, Märkisches Sagenbuch, Sagen aus Barnim und Uckermark, Charlottenburg 1909.
Temme, J.D.H., Die Volkssagen der Altmark, Berlin 1839.
Wermusch, Günter, Rätselhafte Mark, Berlin 1995.
Woeller, Waltraud, Volksagen zwischen Hiddensee und Wartburg, Berlin 1980.

Belletristisches, Sonstiges

Fontane, Theodor, Wanderungen durch die Mark Brandenburg (zahlreiche Ausgaben).
Karl May, Karl, Ritter und Rebellen, Bamberg 1990.
Klödens, Karl Friedrich von, Die Quitzows und ihre Zeit, Berlin 1836.

Personenregister

Adler, Friedrich 181
Albrecht der Bär 6, 7, 13, 38, 173
Albrecht Schenk von Landsberg 106
Arenstorff, Adam Friedrich von 95
Arnim, Bettina von 38
Arnim, Friedrich von 88
August von Sachsen 51
August Wilhelm 29

Bagge, Adam 120
Bennewitz, David 80
Blankenburg, Jürg von 241
Boger, Hubert 203
Borßdorff (Bürgermeister) 85
Bosel, Hans von 166
Brand zu Lindau auf Wiesenburg, Benno Friedrich 57
Brantano, Clemens von 38
Bredow, Agnes von 77
Bredow, Hans von 210
Bredow, Kopke von 259
Bredow, Lippold von 78
Brunold, Friedrich (Conrad Friedrich Meyer) 32
Buch, Christian Leopold von 236
Buch, Nikolaus von 24
Bülow, Vicco von (Loriot) 15

Calandrelli, Alexander 59
Caspar Gans Edler Herr zu Putlitz 63
Christian II. 105
Colins, Alexander 57
Cottbus, Hans von 94
Diepow, Hans Ehrenreich von 95
Dietrich von Bülow 145
Dietrich von Landsberg 89
Dorothea (Kurfürstin) 239
Drauschwitz (Familie) 100
Driescher, Eva 34

Ebhardt, Bodo 107, 253
Ebmaier, Jochen 101
Edle Gans zu Putbus 176
Edle Gans zu Putlitz 7, 198, 200
Edle Schenken von Landsberg und Syda 150
Edle von Arnstein 7
Edle von Gorenz 97
Edle von Ileburg 94
Edle von Plotho und von Jerichow 7
Edle zu Ruppin 217
Einsiedel, Joachim Emanuel von 41

Friedrich von Lüttichau 103
Fontane, Theodor 23, 26, 34, 76, 116, 128, 222, 252, 262
Friedrich Barbarossa 15
Friedrich I. 9, 137
Friedrich II. 139
Friedrich IV. 97
Friedrich von Hohenzollern 79
Friedrich von Nürnberg 9
Friedrich Wilhelm (Kurfürst) 28
Friedrich Wilhelm I. 81, 151
Friedrich Wilhelm II. 219
Friedrich Wilhelm III. 212
Friedrich Wilhelm IV. 29

Gebbers, Karl Günther 58
Gierhold, Karl 85
Gilly, David 253
Gloßen, Hermann von 112
Görne, Friedrich von 76, 80
Graf Fleming 107
Graf von Wittgenstein 46
Grafen von Lindow-Ruppin (Geschlecht) 28
Gustav von Schweden 20

Haeseler, August Ferdinand Graf von 107
Hake, Gertrud von 192
Hake, Hans Georg von 252
Hardenberg, Karl August Freiherr von 142
Heinrich I. 6
Heinrich von Gersdorf 91
Hempel (Apotheker) 29
Herren von Badinghe 210
Herren von Polenz 112
Christian I. von Sachsen-Merseburg 112
Herzog, Roman 29
Herzöge von Pommern 28
Hohenstein-Vierraden, Graf Wolfgang von 239

Ilenburg, Otto von 84
Isermann, Ludolph 177

Jaxa (von Köpenick) 7, 13
Joachim Friedrich 134
Joachim II. 210
Jobst (Markgraf) 78
Jobst von Mähren 95
Johann I. 7
Johann Abraham von Wülfing 107
Johann Gans Edler Herr zu Putlitz 167
Johann Georg (Kurfürst) 20
Johann Georg I. 51
Johann Georg von Sachsen 91
Johann von Küstrin 145
Johann von Mecklenburg 78
Johann von Waldow 63
Jühlke, Ferdinand 30

Karl (der Große) 6, 172
Karl IV. 9, 33, 91, 241
Karl V. 124
Katte, Hans Hermann von 139
Klützow auf Dedelow (Familie) 241
Königsmarck (Familie) 77
Königsmark, Klaus von 166
Konow, Hans 190
Kopf, Joseph von 59
Kuhn, Adalbert 18
Kummerow, Julius 239
Küstrin, Hans von 134

Lambsdorff, Otto Graf von 15
Langen, Caspar Siegmund von 88
Langhans, Carl Gotthard 224
Lauterbach, Marquard von 259
Lenné, Peter Joseph 101, 224, 241
Lingenthal, Karl Eduard Zacharias von 105
Loriot (Vicco von Bülow) 15
Ludwig II. 33
Luise Henriette 28
Lüttichau, Hans 104
Lüttichau, Wolfgang 104
Lynar, Moritz Ludwig Ernst Graf von 100
Lynar, Wilhelm Friedrich Graf zu 121
Lynar, Wilhelm Graf zu 121

Matthias von Jagow 62
May, Karl 27, 63
Mehlhorn, Johann 80
Memhard, Johann Gregor 28, 30
Meyer, Conrad Friedrich (Friedrich Brunold) 32
Minckwitza (Familie) 100

Nering 30
Neumann, Franz 134
Nikolai de Treskow 64

Oettken, August 113
Otto (Sohn Albrechts des Bären) 7
Otto I. 13, 14
Otto III. 7
Otto IV. 23, 63
Otto V. 166
Otto von Askanien 55
Otto von Schwerin 241
Otto von Wittelsbach 74

Parpat-Parcobron, Arthur von 151
Parr, Domenicus 163
Peter I. (russischer Zar) 46, 81
Peter van Falkenburg 33
Poppe von Köckritz 103
Promnitz auf Pleß, Sorau und Triebel, Balthasar Erdmann Graf von 100

Quast, Wolf Ludwig Friedrich von 213
Quast, Henning 112
Quitzow (Familie) 174, 176
Quitzow, Dietrich von 28, 70
Quitzow, Dietrich XIII. von 156
Quitzow, Herren von 170
Quitzow, Johann von 70, 77
Quitzow, Kuno Hartwig von 155, 159
Quitzow, Kuno von 170
Quitzow, Philipp von 169

Ranfft, Kaspar 112
Renner (Familie) 177
Ritter Nickel von Minckwitz 91
Rohr, Adalbert von 161
Rohr, Conrad von 162
Rohr, Cyriax von 162
Rohr, Hans von 186
Rohr, Klaus von 185

Rohr, Kurt von 164
Rohr, Otto von 181
Rudolf (Kurfürst) 56
Rudolf III. 45
Runge, Friedlieb Ferdinand 29

Saldern, Matthias von 192
Schadow, Johann Gottfried 224
Schenkendorf, Erich Schenk zu 94
Schieball, Christoph Adam Burchard von 95
Schinkel, Karl Friedrich 15
Schlabrendorf, Georg von 132
Schulenburg, Graf von 119
Schwarzenberg, Adam Graf zu 135
Siegel, Karl August Benjamin 120
Sigismund 63
Stengel, Walter 120

Thietmar von Merseburg 111
Trott, Adam von 210

Ulrich Seyfried von Wolfersdorf 88
Ulrich von Biberstein 145
Unruh, Erasmus 51
Veit von Thümen 132

Virchow, Rudolf 111
Von Alvensleben (Familie) 176
Von Arnim (Familie) 20, 229, 245
Von Bredow (Familie) 68, 257
Von Buxdorf (Familie) 87
Von Köckritz (Familie) 94, 103
Von Leipziger (Familie) 40
Von Lossow (Familie) 132
Von Lynar (Familie) 119
Von Maltitz (Familie) 97, 100
Von Plotzick (bzw. Plötzke, Familie) 150
Von Quast (Familie) 251
Von Redern (Familie) 258
Von Rohr (Familie) 180
Von Schlieben (Familie) 69, 142
Von Steglitz (Familie) 20
Von Suttheimer (Familie) 41
Von Thermo (Familie) 88
Von Wallenberg-Pachaly (Familie) 101
Von Werle (Familie) 166
Von Winterfeld (Familie) 184
Von Wollenfels (Familie) 40
Von Zieten (Familie) 261

Waldemar (Markgraf) 24, 180
Waldemar zu Liebenwalde (Markgraf) 73
Waldenfels, Georg von 76
Wätjen (Reeder) 100
Watzdorf, Kurt von 58
Weizsäcker, Richard von 15
Wiesike, Karl Ferdinand 77, 81
Wilhelm II. 113
Wilhelm Schenk von Landsberg 107
Winterfeld, Georg von 186
Winterfeld, Henning von 185

Yorck zu Wartenburg, Johann David Ludwig Graf von 213

Orts- und Sachregister

Alt-Ruppin 216
Askanier 6
Askanierturm 32
Bad Liebenwerda 84

Barnim 17
Bärwalde 38
Beeskow 128
Belzig 42
Biesenthal 18
Blankenburg 241
Boitzenburg 222
Bornsdorf 87
Bötzow (Oranienburg) 26
Brandenburg/Havel 13
Burgtypen 11

Doberlug-Kirchhain 89
Drebkau 94
Drense 248

Eisenhardt 42
Eldenburg 154
Erstes Geschichtsdorf der Uckermark 248

Festes Haus Badingen 210
Finsterwalde 96

Fläming 37, 55
Freyenstein 160
Friedland 132
Friesack 68
Fürstlich Drehna 99

Garz 213
Gerswalde 226
Goldbeck 166
Götze-Hand 219
Greiffenberg 231
Grimnitz 22
Groß Leuthen 106
Großkmehlen 102
Grützpott 233

Hakeburg 251
Havelland 67

Joachimsthal 22
Judenklemme 156

Karwerburg (Lobeckeburg) 187
Kleinmachnow 251
Kletzke 169
Königs Wusterhausen 137

Landbuch Kaiser Karls IV. 9
Lenzen 172
Liebenwalde 73
Lietzen (Komturei) 141
Lobeke-Burg 188
Lübben 109
Lübbenau 116

Mark Brandenburg 6
Meyenburg 179
Mühlberg 123

Neuhausen 184
Niederlausitz 83

Oder-Spree-Dahme-Land 127
Oranienburg (Bötzow) 26

Perleberg 189
Planenburg 216
Plattenburg 192
Plaue 76
Prignitz 153
Putlitz 196

Quitzowburg 73
Quitzowring 156

Raben 50
Rabenstein 50
Rote Burg 237
Ruppiner Land 209

Scharfenberg 205
Schenkenländchen 148
Schloß Lindau 105
Schloß Revelstoke 254
Spreewald 116
Stolpe 233
Storkow 144

Teupitz 148

Uckermark 221

Vehlefanz 256
Vierraden 237

Werbellin 32
Wiepersdorf 38
Wiesenburg 55
Wildberg 261
Wittenberge 200
Wittstock 203
Wolfshagen 241

Zauche 61
Zichow 243
Ziesar 61

Baden in und um Berlin
Pack die Badehose ein
ISBN 3-928409-71-9

Brandenburg einst & jetzt
Das Bild der Mark in historischen und aktuellen Farbfotografien
ISBN 3-928409-92-1

Brandenburg entdecken (I)
Prignitz, Ruppiner Land, Uckermark, Barnim
ISBN 3-928409-63-8

Brandenburg entdecken (II)
Märkische Schweiz, Spreewald, Lausitz
ISBN 3-928409-64-6

Brandenburg entdecken (III)
Potsdam, Elbe-Elster-Gebiet, Fläming, Havelland
ISBN 3-928409-65-4

Die 66-Seen-Wanderung
Durch die Regionalparks rund um Berlin
ISBN 3-89794-005-1

Essen in Brandenburg
Ein kulinarischer Wegweiser
ISBN 3-928409-87-5

Große Radtour um Berlin
Um die Hauptstadt in 42 Tagen
ISBN 3-928409-77-8

Wandern in der Schorfheide
Touren durch eine ungewohnliche Landschaft
ISBN 3-89794-009-4

Trescher Verlag im Internet unter **www.trescherverlag.de** mit ausführlichen Informationen über **alle** unsere Bücher. Schnell und bequem bestellen in unserem **Online-Shop**.